2006-2007

体育科学

学科发展报告

REPORT ON ADVANCES IN SPORTS SCIENCE

中国科学技术协会　主编
中国体育科学学会　编著

中国科学技术出版社
·北　京·

图书在版编目(CIP)数据

2006—2007体育科学学科发展报告/中国科学技术协会主编；中国体育科学学会编著. —北京：中国科学技术出版社，2007，3

ISBN 978-7-5046-4516-6

Ⅰ.2... Ⅱ.①中... ②中... Ⅲ.体育—科学研究—研究报告—中国—2006—2007 Ⅳ.G812.6

中国版本图书馆CIP数据核字(2007)第023515号

中国科学技术出版社出版

北京市海淀区中关村南大街16号 邮政编码：100081

电话：010—62103210 传真：010—62183872

http://www.kjpbooks.com.cn

科学普及出版社发行部发行

北京中科印刷有限公司印刷

*

开本：787毫米×1092毫米 1/16 印张：14.75 字数：354千字

2007年3月第1版 2007年3月第1次印刷

印数：1—2000册 定价：40.00元

ISBN 978-7-5046-4516-6/G·441

2006—2007
体育科学学科发展报告

REPORT ON ADVANCES IN SPORTS SCIENCE

专 家 组

组 长 田 野

副组长 王 清 李国平 张力为

成 员 （按姓氏笔画排序）

于长隆 冯连世 曲 峰 任未多 伊木清
严波涛 杨则宜 吴伻天 忻鼎亮 张世明
张 跃 陈佩杰 姒刚彦 胡 扬 姚家新
敖英芳 常 芸 梁承谋 谢敏豪

学术秘书 祝 莉 程 新 杨 杰 占长元 李大丽

序

基于我国经济社会发展和国际社会竞争态势的客观要求，党中央、国务院做出增强自主创新能力、建设创新型国家的战略部署，这是综合分析我国所处历史阶段和世界发展大势做出的重大战略决策。学科创立、成长和发展，是科学技术创新发展的科学基础，是科学知识体系化的象征，是创新型国家建设的重要方面，是国家科技竞争力的标志。在科学技术繁荣、发展的过程中，传统的自然科学学科得以不断深入发展，新兴学科不断产生，学科间的相互渗透、相互融合的趋势不断增强；边缘学科、交叉学科纷纷涌现，新的分支学科不断衍生，科学与技术趋向综合化、整体化。及时总结、报告自然科学的学科最新研究进展，对广大科技工作者跟踪、了解、把握学科的发展动态，深入开展学科研究，推进学科交叉、融合与渗透，推动多学科协调发展，促进原始创新能力的提升，建设创新型国家具有非常重要的意义。为此，中国科协在连续 4 年编制《学科发展蓝皮书》基础上，自 2006 年开始启动学科发展研究及发布活动。

按照统一要求，中国力学学会、中国化学会、中国地理学会等 30 个全国学会申请承担了 2006 年相应 30 个一级学科发展研究任务，并编撰出版 30 本相应学科发展报告。在此基础上，中国科协学会学术部组织有关专家编撰了全面反映这 30 个一级学科的总报告——《学科发展报告综合卷(2006—2007)》。

中国科协是中国科学技术工作者的群众组织，是国家推动科学技术事业发展的重要力量，开展学术交流、活跃学术思想、促进学科发展、推动自主创新是其肩负的重要任务之一。开展学科发展研究及学科发展报告发布活动，是贯彻落实科技兴国战略和可持续发展战略，弘扬科学精神，繁荣学术思想，展示学科发展风貌，拓宽学术交流渠道，更好地履行中国科协职责的一项重要举措。这套由 31 卷、近 800 余万字构成的系列学科发展报告(2006—2007)，对本学科近两年来国内外科学前沿发展情况进行跟踪，回顾总结，并科学评价了近年来学科的新进展、新成果、新见解、新观点、新方法、新技术等，体现了学科发展研究的前沿性；报告根据本学科的发展现状、动态、趋势以及国际比较和战略需求，展望了本学科的发展前景，提出了本学科发展的对策和建议，体现了学科发展研究的前瞻性；报告由本学科领域首席科学家牵头、相关学术领域的专家学者参加研究，集中了本学科专家学者的智慧和学术上的真知灼见，突出了学科发展研究的学术性。这是参与这些研究的全国学会和科学家、科技专家劳动智慧的结晶，也是他们学术风尚和科学责任的体现。

希望中国科协所属全国学会坚持不懈地开展学科发展研究和发布活动，持之以恒地出版学科发展报告，充分体现中国科协“三服务、一加强”(为经济社会发展服务，为提高全民科学素质服务，为科学技术工作者服务，加强自身建设)的工作方针，不断提升中国科协和全国学会的学术建设能力，增强其在推动学科发展、促进自主创新中的作用。

2007 年 2 月

前　言

体育科学作为一门相对独立的学科体系,在发展体育事业、提高竞技运动水平、增强人民体质方面发挥着越来越重要的作用。为了进一步提高我国体育科技自主创新能力,为我国体育科技事业发展提供科技支撑,中国体育科学学会按照中国科协关于开展学科发展研究的有关要求,组织体育科学领域的专家学者共同撰写了中国体育科学学科发展报告。

体育科学是一门综合性学科,是揭示体育内部和外部规律的一个系统的学科群,研究的主体是运动的人体,研究的内容涵盖自然科学和人文社会科学的相关领域,要在不太长的篇幅中将综合性的体育科学各个学科进行全方位的介绍是一件困难的事情,因此,本报告只选择了以运动人体科学为主要内容的运动医学、运动生物力学和运动心理学进行重点介绍。

本报告分为综合报告和专题报告两个部分。

综合报告概括地介绍了近年来、特别是2005年以来我国体育科学的研究热点、研究重点及取得的重大研究成果。主要内容包括体育科学的研究领域与范畴、体育科学的发展过程、我国体育科学的热点研究领域、我国体育科技取得的重大研究成果、中国体育科学研究与国外同类研究相比较的优势与不足以及中国体育科学研究展望等。

专题报告主要介绍了运动生物力学、运动医学、运动心理学等学科领域的相关研究进展,主要内容包括上述各分学科的基本研究概况、常用的研究方法、重点研究内容、热点研究领域的最新研究进展和各分学科的研究展望;还介绍了目前我国体育科技工作者所从事的重点研究领域,其中包括运动营养、低氧训练、运动创伤、兴奋剂检测技术、优秀运动员心理训练等我国的热点研究课题,比较详细地介绍了我国学者近年来取得的主要研究成果。

本报告在编写过程中,除了体现科学性、创新性、实用性等学科发展报告的一般特点外,还力图突出以下特征:

——权威性。参与撰写报告的作者都是我国体育科技领域的知名专家学者或中青年学术、技术带头人,他们不仅一直坚持工作在体育科学研究的第一线,承担着高水平的国家级研究课题、省部级研究课题和国际合作课题,而且都有丰富的研究经验,全面、系统地把握各自研究领域的研究动态。

——新颖性。报告基本概括了目前国内外运动医学、运动生物力学和运动心理学等体育科学的重点研究内容,总结了国内外近几年的最新研究成果,特别是比较全面地介绍了刚刚完成的或正在进行的国家“十五”科技攻关项目和奥运科技攻关项目与科技服务项目，可以说是目前体育科学的最新发展报告。

——立足国内。与以往的学科发展综述不同，本报告重点介绍我国学者在体育科学领域的研究成果，明确提出了我国体育科学研究中的一些优势研究领域，客观分析了我国体育科学研究的主要不足和差距，展望了今后一个时期我国体育科学研究的发展趋势。

本报告的组织与撰写得到了中国科学技术协会和国家体育总局的大力支持。在报告完成之际，我们要衷心感谢中国科学技术协会，他们组织编写学科发展报告的创意和对编写工作的具体指导是我们完成编写工作的重要前提和保障。

长期以来，国家体育总局对体育科技工作高度重视。特别是近几年来加强了体育科技基础建设，并投入大量研究经费，积极鼓励和支持科技人员开展体育科学研究，促进体育科技与运动实践的有机结合，研究水平不断提高，取得丰硕的科研成果。

中国体育科学学会运动医学分会、运动生物力学分会、运动心理学分会的各位专家和中国体育科学学会办公室的工作人员克服了研究任务重和编撰时间紧等多方面的困难，在不到半年的时间内完成了报告的撰写工作，应该说本报告的完成是各方面共同努力的结果。对于大家所付出的辛勤劳动，我们在此一并致谢。

由于初次参与学科发展报告的编写工作，经验不足，诚恳希望得到读者指正。我们将以此为起点，进一步加强体育科学研究和科技创新，为体育学术的繁荣、体育科技的进步，为体育科学研究水平的不断提高做出新的贡献。

中国体育科学学会

2006 年 12 月

目　录

综合报告

专题报告

ABSTRACTS IN ENGLISH

Comprehensive Report

Reports on Special Topics

综合报告

中国体育科学学科发展

一、引言

体育科学是一门综合性科学，随着科学技术水平的迅速发展和体育运动的不断普及，体育科学已发展成为一门相对独立的学科体系，在提高竞技运动水平、丰富人民文化生活、增强人民体质方面发挥着越来越重要的作用。

在学科发展报告中将综合性的体育科学进行全方位的介绍是一件非常困难的事情，因此，我们在本学科发展报告中选择了以运动人体科学为主的运动医学、运动生物力学和运动心理学学科，重点介绍 2005 年以来的中国体育科学学科发展。

二、体育科学概述

(一)体育科学概念

体育科学是研究体育现象、揭示体育内部和外部规律的一个系统的学科群。体育科学研究的主体是运动的人体。因此，体育科学是一门综合性学科，研究领域涵盖自然科学和社会人文科学的相关领域。

(二)体育科学的研究内容

体育科学的研究内容非常广泛，按照目前体育科学的研究内容，体育科学包括运动人体科学、体育人文社会学科和运动技术学科三部分。

运动人体科学学科是研究人体从事体育活动过程中人体变化规律的科学，包括运动生理学、运动医学、运动生物化学、运动解剖学、运动生物力学、运动心理学等，基本属于自然科学的研究范畴。

体育人文社会学科是研究体育运动中各种社会功能、社会现象、发展规律及其与社会的相互关系的综合性学科，体育人文社会科学包括体育人文学、体育哲学、体育美学、体育法学、体育传播学等，按照目前体育科学的研究特点和习惯，体育管理学、体育经济学等也归类于体育人文社会科学范畴。

运动技术学科主要研究体育运动的技术特点、训练规律等内容。运动技术学科又可以分为一般训练学和运动专项训练，后者包括篮球、足球、田径、游泳、体操等。

中国体育科学学会作为一级学会组织下设 17 个二级分会，如果按照上述研究内容分类，可大致分为三类二级学科。

(1)与体育自然科学相关的二级分会：运动医学分会、运动生物力学分会、运动心理学分会、体质研究分会、体育信息分会、体育仪器器材分会、体育统计分会、体育建筑分会、体育计算机应用分会。

(2)与体育社会人文学科相关的二级分会：体育社会科学分会、学校体育分会、体育史分会、体育管理学分会、体育产业分会、体育新闻传媒分会。

(3)与运动技术学科相关的二级分会：运动训练学分会、武术分会。

(三)体育科学发展过程

现代体育的起源应该追溯到19世纪，1828年英国教育家阿诺德最先把体育列为学校课程，被认为是现代体育的创始人。法国资产阶级教育家皮埃尔·德·顾拜旦作为现代奥林匹克运动的奠基人，把竞技体育推向国际范围，为现代竞技体育的发展奠定了基础。

最早从事现代体育科学研究的学科领域应当是运动人体科学，19世纪，英国生理学家研究了人体在肌肉运动过程中的一些生理学机能特点，研究内容涉及肌肉运动时的氧债、乳酸堆积、肌肉收缩的重力影响等，这些研究一直延续至今。

1889年，法国的拉格朗日(Fernand LaGrange)出版了第一本运动生理学的教科书，名为人体运动生理学(Physiology of Bodily Exercise)。德国1912年召开了世界上第一次体育科学学术会议——运动医学学术会议；1921年，法国成立了运动医学学会并创刊了世界上最早的体育科学刊物《运动医学》。

在生物力学方面，整个19世纪的研究发展主要以测量技术的进步为特征。进入20世纪，奥·菲舍尔采用尸体解剖的方法完成了人体环节质量的测量和质量分布的研究，并建立了菲舍尔人体质量分布模型。阿玛尔研制了第一台可用于垂直和水平方向的两维测力台，从而部分解决了人体运动中所受外力和内力的测定问题。1922年，英国生物物理与生理学家希尔由于在人体肌肉领域的研究成果而获得诺贝尔奖，他认为肌肉中的科学可以应用到运动员的肌肉收缩，并在运动中发挥作用。

美国哈佛疲劳实验室(Harvare Fatigue Laboratory，HFL)是世界上第一个专门从事体育科学研究的实验室，由世界著名的化学专家Lawrence J. Henderson 1927年创建，在现代体育科学发展过程中起到了至关重要的作用。Henderson早期就意识到人体运动过程中生理机能变化特点的重要性，特别是环境因素(热环境、高原环境等)对人体运动能力的影响。哈佛疲劳实验室主要进行了以下几个领域的研究：耐力性运动(如长跑)的人体生理学特征；高原环境下人体运动过程中的生理学特征；运动过程中的气体分析，最大摄氧量的测定和不同年龄的最大心率和最大摄氧量变化特征。

体育科学作为一门相对独立的学科概念提出，还是20世纪的事情。1923年，国际上成立了第一个体育学术组织——国际体育教育联合会，1928年成立国际运动医学联合会，其他一些有影响的体育科学学术组织包括国际运动生物力学学会、国际运动心理学会、国际体育情报学会、国际体育社会学会和国际比较体育学会等。

中国的体育科学研究开始于20世纪，1929年上海商务印书馆出版了由程瀚章先生所著的《运动生理》。新中国成立后，随着党和政府对体育工作的高度重视，体育科技亦蓬勃发展，1958年，国家体委研究制定了我国第一个体育科学研究工作10年计划，提出了包括体育理论与体育制度、运动技术与训练、体育运动的卫生学和生理学特征、运动医学与医务监督、运动心理学等重点研究领域。

1958年9月,我国成立了第一个专门从事体育科学研究的机构——北京体育科学研究所(现国家体育总局体育科学研究所前身),重点进行群众体育和运动训练领域的科学研究。以后,各省市的体育科研机构也相继成立,深入研究体育运动的规律和特征,取得了一批研究成果。

1978年,召开全国科学技术大会,通过了全国科学技术发展规划纲要,为体育科技发展指明了方向。1979年,召开了第二届全国体育科学技术工作会议,提出体育科研为体育运动实践服务,为提高全民族健康服务,明确了体育科技工作的重点任务。

1980年,成立中国体育科学学会,在组织建设、学术交流、人才培养等方面取得了较好的成绩,为我国体育科学技术的繁荣与进步起到了重要作用。

自1984年第23届奥运会以来,体育科技在竞技体育中的作用越来越受到中国教练员、运动员的关注,并为我国运动健儿在奥运赛场上争金夺银发挥了重要作用。在21世纪备战奥运会周期中,国家体育总局高度重视备战奥运会科技工作,组织科研攻关、加强科技创新,开展科技服务、促进科训结合,加强科技建设、改善科研条件。在雅典奥运会备战周期,研究制定了《备战奥运会科技工作重点研究领域实施方案》,确定了11个领域的60个重大科研项目,针对备战雅典奥运会存在的关键性问题,先后组织实施了147项科研攻关和科技服务项目,直接投入科研攻关与科技服务经费共计4 800万元,近1 500人次直接参与了科研攻关与科技服务工作。在备战2008年北京奥运会周期中,体育科技工作得到了进一步加强,必将为我国运动员创造优异运动成绩发挥更大作用。

三、体育科学的研究热点及我国学者的研究进展

(一)优秀运动员身体机能评定

运动员是运动训练的主体,准确掌握运动员的身体健康状况和机能水平是教练员规划和实施训练的前提。运动员身体机能评定是指在运动训练中,运用运动人体科学理论、实验技术和方法,对运动员身体机能进行测量,客观评价运动员身体机能状态,及时向教练员反馈,合理安排训练过程,提高运动成绩。目前运动员机能评定已经成为科学化训练的重要内容和不可缺少的环节。常见的运动员身体机能评定手段包括生理机能指标和血液指标。

生理机能指标——运动员的运动能力与生理机能状态密切相关,常用的生理指标包括心率、肌肉力量、最大摄氧量、无氧阈、肌电图和脑电图等,评定方法包括单项指标和多项综合指标评定。生理机能指标的优点在于没有损伤,运动员容易接受。

尚文元、常芸、刘爱杰等(2006)研究了中国优秀皮划艇运动员最大有氧能力,发现中国优秀女子皮艇、男子皮艇和男子划艇运动员绝对最大摄氧量(VO_2max)、相对VO_2max略低于国际优秀皮划艇运动员的平均水平,而通气无氧阈值与国际优秀皮划艇运动员无显著差异,这一研究结果不仅可以科学评价运动员的机能状态,而且提出了中国皮划艇运动员在日常训练中应加强有氧耐力训练的建议,为制定专项有氧训练计划提供了科学

依据。

周未艾、陈长庚、张振民等(2004)采用脑电图和脑地形图技术分析了中国跳水运动员大赛前训练时神经机能状况与训练水平的关系,发现运动员表象竞赛时自选动作的大脑唤醒水平(兴奋性)略高于规定动作,自选动作的能量比值亦略高于规定动作,其中,女运动员第 2 次检测时自选动作的大脑唤醒水平明显高于规定动作,与其他运动项目比较,优秀跳水运动员大脑唤醒水平值相同,而能量比值较低可能是跳水项目的特点之一。

李之俊、苟波、高炳宏等(2005)比较不同性别和训练水平短距离自行车运动员无氧供能能力的差异,发现优秀短距离自行车运动员具有较强的磷酸原代谢能力,男运动员明显强于女运动员;较强的糖酵解代谢能力是短距离自行车运动员无氧代谢能力的特征;使用 10 s 无氧功测试是评定磷酸原系统能力的理想负荷方式。

何子红、陈观云、陶大浪等(2006)对国家女子摔跤队重点运动员的常用训练手段进行系统研究,发现一周 4 次大肌群力量训练对肌肉的刺激有疲劳累积现象,可造成一定程度的肌肉损伤,而一周 4 次小肌群力量训练可使肌肉及时恢复,运动员的比赛负荷有较强的个体差异性,因此专项训练和教学比赛的监控结合起来,才能有效地评价运动员训练技术课的训练强度。

血液指标——运动中和运动后某些血液指标可以客观反映运动员的机能状况,判断机体对训练负荷的适应程度。常见的血液指标包括血乳酸、血清肌酸激酶、血清睾酮、血糖、血氨、血尿素等。血液指标的优点在于可以直接测定身体机能的变化情况,因而测定结果比较准确,缺点在于取血方式具有一定的损伤。

赵杰修、田野、冯连世等(2006)采用实验测试法监控国家游泳队运动员的机能状态,发现科学的高原训练计划可以提高运动员的有氧代谢能力,无氧酵解能力训练手段对不同优秀游泳运动员有着不同的影响,同一种磷酸原供能训练方法并非可以同时适合于不同的运动员,相同负荷训练后运动员成绩越好、恢复心率越快,则表明运动员机能状况越佳。同时证实游泳运动员血液评价可分为 5 个级别,并表现为一定的性别差异,采用单一的指标并不能完全监控游泳周(阶段)训练后的恢复情况,建议多项指标并结合运动员的训练状况进行综合评定更为准确。

陶大浪、何子红、冯连世(2006)观察女子自由式摔跤运动员训练和比赛前后的血氨变化,以探讨采用血氨指标评定和监控自由式摔跤项目训练的可行性。结果发现运动员运动水平和控(降)体重对安静状态的血氨指标无明显影响,而在极限负荷强度时血氨变化明显,因此认为血氨可作为评定磷酸原(ATP-CP)代谢系统和极限负荷强度的指标。

李越、竺航、安平(2006)探讨实战练习和比赛对优秀拳击运动员肌酸激酶(CK)、血尿素(BU)和血乳酸(Bla)值的影响,并做对比分析。发现 CK 活性变化显示拳击比赛的负荷强度高于实战练习时负荷强度,BU 值变化显示拳击比赛和实战练习的负荷量相似。Bla 值变化表明拳击比赛和实战练习时无氧代谢系统供能强度非常高,比赛中的无氧负荷强度显著高于实战练习。

唐辉(2005)运用多个生理、生化指标对湖南省优秀羽毛球运动员的日常训练进行跟踪测试与评价。结果表明,在羽毛球训练中,联合测试血红蛋白、血尿素、肌酸激酶及血乳酸等指标,可以从多角度对羽毛球的训练进行科学的评价与监控,为科学训练提供理论依据。

由于运动员的机能评定越来越向多指标的综合性评定发展，因此，学者们试图建立评价运动员的综合软件系统，将运动员机能评定与恢复指导相结合，同时为教练员提供制定日常训练计划、统计训练负荷的工具，实现对运动员机能状态评定、恢复指导方案设计、训练计划制定的计算机化管理，以便使评价指标体系更为全面，而操作过程更为简便，大大提高工作效率。

周丽丽、伊木清、王启荣等(2006)采用 VisualBASIC6.0 程序设计语言和 Microsoft Access2000 数据库，设计了各种与中长跑运动员身体机能监控与评定、营养和物理恢复指导、伤病防治和训练相关的信息管理等功能的软件，并建立了相关数据库，开发出可在 Microsoft Windows98SE/NT/Me/2000/XP 操作系统下使用的中长跑运动员机能评定及恢复指导系统，通过动态分析运动员生理生化指标监控和客观评定运动员机能状态，针对潜在或已经存在的问题制定个性化的营养恢复与补充处方和物理恢复措施，具有较好的实用性。

(二)国民体质监测与运动健康促进

体质是在遗传性和获得性基础上表现出来的人体形态结构、生理功能和心理因素的综合的、相对稳定的特征，包括形态、机能、运动能力、心理和适应性 5 个方面。在某些翻译书籍中体质也被译为“体适能”;包括健康体适能和技能体适能。对普通人进行健康体适能评价，主要从心肺耐力、肌力和肌肉耐力、身体成分和柔韧等 4 个方面进行。近年来，我国的体育科研高度重视在国民体质综合评价、运动健身等领域的研究工作，以充分体现科学运动在增强人民体质中的重要作用。

蔡睿、江崇民、郑迎东等(2005)根据国民体质检测中的身体形态、身体机能和身体素质指标特点，通过文献资料调研、算法分析、测度分析、构成指标的属性分类及对应算法等方法，建立了国民体质综合指数的数学模型，得出国民体质综合指数的概念，即国民体质综合指数是反映人口总体综合体质水平的无量纲动态相对数，并用于国民体制的综合评价。

高文倩、卢伟华、叶宇等(2005)测定了中、日两国青少年的骨密度特征，进一步分析骨密度与形态及运动、饮食习惯的关系。发现中、日女青少年的骨量峰值早于男青少年出现，男女青少年的骨密度在 18 岁以后呈明显的下降趋势，我国青少年的骨密度状况略优于日本青少年。身体形态与骨密度的相关性较低。运动与饮食习惯对于青少年的骨密度起重要的促进作用。

许良(2005)依据国家先后 4 次测试公布的全国乡村儿童青少年体质调研的原始数据，运用灰色系统理论模型，建立农村青少儿生长发育预测期望值模型，预测未来 10 年农村青少儿的生长发育趋势。认为未来 10 年我国农村青少儿生长发育有继续提前的趋势，生长发育仍处于“长期趋势”中的快速增长阶段，身体发展的匀称度将得到明显的改善。

体育锻炼已成为当今社会健康生活方式的重要组成部分，科学的运动与锻炼不仅可以减少现代生活方式对人体带来的各种不利影响，而且可以有效地增强国民体质，提高健康水平。

张培珍、田野(2005)以中老年血脂异常患者为研究对象,根据受试者年龄、性别及功能能力(F.C.),采用不同强度和持续时间的走跑运动方式,通过两个月的锻炼周期,发现各锻炼组都可以明显降低高血脂患者的血脂含量,据此,建立了改善血脂异常的适宜运动方案。

郭文萃、谢伟、王丽宏等(2005)观察了长期健身锻炼对293名60～85岁老年人代谢综合征及其危险因素的影响,结果发现常年坚持琴棋书画、气功等传统养生方式和有规律参加低强度健身运动的老年人,代谢综合征危险因素在观察期间新发病率低于对照组。提出传统养生健身锻炼和低强度锻炼对控制老年人代谢综合征危险因素发生率有一定作用。在老年人群中开展各种形式的健身锻炼,并辅以饮食控制,对预防控制代谢综合征及其危险因素具有重要作用。

谭思洁、于学礼(2005)探讨适宜运动心率在控制肥胖幼儿中的作用。他们采用血乳酸—心率拐点法确定运动处方强度控制的靶心率,设计幼儿减肥运动处方,并对受试者进行8周减肥运动处方实验,并在整个实验期未进行任何饮食控制。结果发现经过8周运动,肥胖儿体重平均减轻1.31 kg,皮脂厚度平均减小4.6 mm,腰围平均缩小2.6 cm,运动能力明显提高。提出4～6岁肥胖幼儿运动锻炼的适宜心率为126.3～165.8次/min。

(三)优秀运动员科学选材

随着现代竞技体育的发展,运动员选材、运动训练、运动竞赛和竞技体育管理已成为影响竞技运动水平的四大要素。其中,运动员选材是竞技体育的开始,优秀运动员,特别是世界冠军、奥运会冠军等顶尖运动员都具备良好的先天素质,通过科学手段选择具有运动天赋和潜能的运动员从事与其相适应的运动项目是取得优异运动成绩的前提条件。

运动员选材的早期研究主要集中在身体形态和运动素质指标的测定,以后逐渐发展到通过生理生物化学等机能指标评定运动员的潜能。近年来,我国学者不仅完成了国家“十五”科技攻关项目——优秀运动员科学选材研究,从身体形态、机能指标等深入探讨了不同项目运动员的特点,制定了优秀运动员的选材指标体系,而且从分子生物学角度探讨了通过特异性基因预测运动员潜能的可能性。

目前,常用的运动员科学选材指标包括身体形态、身体机能和运动身体素质等3个方面。

(1)身体形态在一定程度上反映身体生长发育水平,与某些运动项目的运动能力密切相关,不同运动项目对身体形态的要求不同,不同的身体形态在一定程度上影响着运动素质的发展。因此,身体形态选材一直是运动员科学选材中重要的组成部分。用于运动员科学选材的身体形态指标有外部(身高、体重、胸围、身体成分等)和内部形态(心脏体积、肌肉的形状与横断面等)特征。

(2)身体机能是指人体各器官系统的功能状况及其发展趋势和潜力。身体机能选材主要研究与竞技能力密切相关的身体机能性状的遗传作用程度、发展的可能性大小以及对科学运动训练的敏感性等内容。常见的选材指标有最大吸氧量、无氧阈、肌纤维类型比例、耐受乳酸能力、血红蛋白含量、血液睾酮水平等。

(3)运动素质是指人体在活动时所表现出来的各种基本能力,通常包括力量、耐力、速度、柔韧和灵敏等。根据不同运动素质的生理、生化基础和遗传特征，挑选有某项运动潜力的运动员从事适合自己特点的运动项目，提高成材率。

张绍岩等在多年从事骨骼生长发育研究基础上，2006 年根据中国儿童生长发育的特点，以 17 401 名（男 8 685 名，女 8 716 名）城市汉族正常人群（0～20 岁）为标准化样本，在第一掌骨、近节指骨和中节指骨的第 4、5、6、7 等级，远节指骨的第 5、6、7 等级，以及桡骨的第 5、6 等级和尺骨第 5 等级内选择新的骨成熟度指征，将每个等级分为两个骨发育等级；同时，根据桡骨、尺骨的融合程度将融合过程划分为 4 个阶段。使用分类特征计分算法计算骨发育等级得分以百分位数法制定了骨龄标准，修订了中国人手腕骨发育标准。经在 1～19 岁 2 438 名（男 1 301 名，女 1 137 名）对象中应用检验，各年龄组骨龄与生活年龄的差值大都在 0.0～0.3 岁之间。这一研究结果不仅对研究少年儿童骨骼生长发育特点具有重要意义，而且在运动选材方面，对于预测身高具有重要意义，同时也可以应用于判定运动员的实际年龄。

吴晗晗、刁在箴、吴俊生等（2006）对参加全国艺术体操少年锦标赛的运动员进行抽样调查，通过对艺术体操运动员身体形态测量值、充实度、体格、身体成分和遗传因素等方面进行科学分析，提出了我国 7～12 岁艺术体操运动员较理想的身体形态特征，为我国艺术体操运动员选材提供了科学依据。

随着分子遗传学和分子生物学理论与技术的快速发展，尤其是 DNA 重组技术的广泛应用，研究人员可以从基因水平寻找决定人类运动能力的基因，探讨人体对长期训练的适应性变化，从而更加科学、准确地评估个体的运动状态及运动潜力。近两年来，我国学者在探讨与运动能力相关的基因标记方面进行了相关研究，探讨运动员科学选材的新指标。

常芸、于长隆等（2005）对 94 名汉族耐力运动员的 mtDNA 高变区 I 特异性片段进行扩增、测序，分析其单核苷酸多态性（SNPs）改变及其与最大有氧能力的相关性。线粒体 DNA（mitochondrial DNA，mtDNA）是独立于细胞核染色体之外的一个基因组。若 mtDNA 多态序列与人类优异的能力性状位点连锁时，mtDNA 性片段长度多态性（RFLP）可作为有关运动能力遗传性状的分子遗传标记，使运动员选材更精确。研究提示 mtDNA 高变区 I 的特殊 SNPs 位点可能作为对人类运动能力的遗传标记，决定了个体有氧耐力水平及其对训练高敏感性。

席翼、张秀丽、胡扬等（2006）通过分析中国马拉松健将、国际健将级运动员和 216 名汉族学生的 ACE 基因 I/D 多态频率分布特征，探讨其作为杰出耐力基因标记的可行性。作者发现我国马拉松运动员组的等位基因频率和基因型频率与对照组比较无显著差异，其中 15 名国际健将中无一 DD 型纯合子，提示我国优秀马拉松运动员的纯合子 DD 型频率低下是其 ACE 基因多态频率分布的主要特征，这在一定程度上为运动员选材提供了研究基础。

高炳宏、陈佩杰、董强刚等（2006）采用 PCR 和 breath by breath 方法，对上海汉族优秀游泳运动员、优秀赛艇运动员和普通人的 ACE 基因I/D 多态性和 VO_2max 进行检测。发现游泳运动员水平越高，II型所占比例就越高，赛艇运动员水平越高，ID 型的比例越大，不同基因型的游泳运动员的 VO_2max、VO_2max/kg、CO_2max 等指标，均表现为II型＞DD 型＞ID 型，

II型明显优于ID型，而赛艇运动员则表现为ID型>II型>DD型，ID明显优于DD型。认为游泳项目中具有II基因型或I等位基因的运动员，赛艇项目中具有ID基因型或I等位基因的运动员，可能属于运动训练敏感的高反应群体，经过系统训练，具有成为优秀运动员的可能，ACE基因I/D多态性可作为运动训练和选材中高敏感的、非常重要的遗传标记之一。

(四)兴奋剂检测技术

我国兴奋剂检测中心1989年首次通过国际奥委会认可后至2006年，是亚洲唯一连续17年完全通过国际奥委会年度复试的实验室。特别是2004年以后国际奥运会从每年一次的检测改为每季度一次，增加了检测的密度和难度。我国兴奋剂检测中心研究人员通过国际间的合作科学研究计划，使实验室能跟上世界兴奋剂检测的发展。与西班牙实验室合作，调查了欧洲人种和亚洲人种T/E比的分布以及对使用睾酮的反应。与挪威实验室合作，调查了欧洲和亚洲女性运动员月经周期内源性19－去甲雄酮的变化，进一步确认了国际奥委会关于判定雄酮阳性的判据。与澳大利亚兴奋剂检测实验室合作研究检测运动员滥用EPO的方法，进行血检，获得了广泛的好评。目前参加由世界反兴奋剂机构资助的国际合作课题，用同位素比质谱检测兴奋剂的研究以及SIAB计划等。

兴奋剂检测的主要研究热点和取得进展的领域有功能基因组和生物芯片的研究。已经制成能检测20余种兴奋剂的生物芯片，目前正在进行适用性研究。利用生物芯片的高通量、快速、微量等特点，争取能用很少量的尿液，在短时间内检出多种兴奋剂。

兴奋剂EPO的质谱检测方法研究。通过改进EPO尿检方法，直接由生物质谱检测EPO糖结构，从而确定是内源性还是外源性EPO。

兴奋剂检测技术和方法的研究。我国研究工作者对兴奋剂检测技术进行研究，进一步提高兴奋剂检测方法的可靠性、灵敏度和准确性。通过科技创新，改善目前尚不完善的检测方法以及建立有我们自主知识产权的兴奋剂检测方法。通过研究，建立科技储备，解决2008年北京奥运会的兴奋剂检测可能出现的技术问题，实现2008年科技奥运的目标。

(五)运动创伤与微创治疗技术的研究与应用

运动创伤学是体育科学的重要组成部分，主要包括运动伤病的诊断、治疗与康复，在备战奥运会等重大赛事中，运动创伤在保证优秀运动员参赛、并创造优异运动成绩中发挥越来越重要的作用。近年来，运动医学工作者除了在运动员伤病调查、诊断和常规治疗手段上，进行了大量研究外，随着分子生物学、生物力学和移植生物学等学科的发展，运动创伤学已成为目前医学领域中最活跃的学科之一。软骨损伤、韧带损伤、半月板损伤、骨骺损伤和骨骼肌损伤的基础研究极大地促进了临床治疗的发展。

运动员伤病依然是竞技体育中非战斗性减员的重要因素。周海强、史和福、李凤莲(2006)调查了312名跳水运动员颈椎损伤状况，结果显示有颈椎病症状的占17.95%，主要表现为颈肩背酸痛，伴手指麻木，头晕、头痛、耳鸣，颈部活动受限，研究者分析跳水运动员颈椎损伤率高与该项目以头和上肢先入水这种特殊动作密切相关。采用颈椎牵引、加强颈部肌力练习、定期颈椎X线检查是预防和治疗运动员颈椎损伤的重要手段。

何国荣(2006)对153名(男86名,女67名)优秀跳水运动员进行了多年系统临床观察与影像学检查,发现颈椎异常率高达62.7%。跳水运动员颈椎损伤,特别是慢性颈椎损伤与一般颈椎病的发生原因与病症有所不同。手法治疗加卧位或坐位适度牵引是治疗跳水运动员颈部损伤的有效方法,学习新动作时坚持使用护具以及加强颈部肌群抗阻练习对预防颈椎损伤有重要意义。

运动员伤病后快速治疗与恢复是教练员、运动员最迫切需要解决的问题。微创技术具有治疗创伤小、康复时间短、功能恢复快等特点,深受运动员患者的青睐。目前微创手术已经成为治疗运动创伤的重要手段。近年来,我国已开展肩、肘、腕、髋、膝、踝等部位的微创手术,特别是在膝关节微创治疗技术方面的研究有了明显提高。

关节镜外科是一门临床微创技术,其最大优点是微创、治疗针对性强、疗效可靠、恢复快,是21世纪外科微创化的重要组成部分,可以帮助运动员患者得到及时、有效的治疗,加上术后早期康复训练,患者实际治疗、康复期明显缩短。

刘玉杰、陈继营、蔡胥(2005)探讨关节镜微创术治疗中青年髋臼发育不良合并骨关节炎的方法与疗效。他们对32例髋臼发育不良合并骨性关节炎患者患肢髋臼行关节镜下清理软骨磨损创面、增生肥厚的滑膜组织和盂唇组织处理。依据Harris标准进行功能评分其中得分为优者高达20例,表明髋关节镜清理术可延缓髋臼发育不良伴骨性关节炎的病程,改善临床症状,提高生活质量。

印钰、王健全、阎辉(2005)采用关节镜技术对4例患者均实施关节镜下囊肿切除术。手术前囊肿内注射美蓝以帮助确定切除范围。由于囊肿后壁与半月板前角相邻,手术中半月板前角滑膜边缘处破裂,其中2例因破口大于1 cm予以关节镜下缝合修补半月板前角2针。所有患者均经伸膝夹板固定2周,经关节功能康复后,症状消除。

我国运动医学工作者还对运动损伤后交叉韧带、半月板损伤治疗的机制进行了研究。徐雁、敖英芳、于长隆等(2005)通过动物实验观察四股半腱肌腱重建兔前交叉韧带术后,移植物改建塑形过程中束间结构的转归过程。他们以新西兰白兔为研究对象,取自体双侧半腱肌腱单骨道四束重建前交叉韧带,分别于术后第3周、6周、12周、26周、52周按时间段处死动物,从大体及组织学两方面观察移植物束间结构转归过程。结果发现四股半腱肌腱作为前交叉韧带的移植物,与单股肌腱一样需经历坏死、再血管化、韧带化的改建塑形过程。与单股肌腱不同的是,各束改建塑形的过程不十分平行,束间可发生融合或部分融合,有些塑形改建的束之间仍有结缔组织相隔,不同束也可发生不融合而呈分束状态,这可能更多的是与它们之间的相对运动有关。

谢兴、余家阔、张继英(2006)研究同种异体半月板移植和异种异体半月板移植后,移植半月板和关节软骨中的Ⅰ、Ⅱ、Ⅲ和X型胶原表达和免疫排斥反应发生的情况。结果发现同种异体半月板移植后,关节软骨和移植半月板的情况良好,但术后第24周,异种异体移植物部分被吸收,关节软骨出现损伤。两组中各时段移植半月板中的Ⅰ、Ⅱ和Ⅲ型胶原的表达情况无明显差异,术后第12周,两组关节软骨中Ⅰ、Ⅱ和Ⅲ型胶原的表达情况相似,但术后第24周,异种异体半月板组的关节软骨开始有异常X型胶原表达。同种异体和异种异体半月板移植组均未发现致命的免疫排斥反应发生。

(六)运动性疲劳机制与身体机能恢复

自从莫索(Mosso)19 世纪开始研究疲劳至今已有 100 多年的历史,世界各国的专家学者对运动性疲劳进行了大量研究,特别是 20 世纪 50 年代以后,随着整个科学水平的迅猛发展,各种先进实验仪器、手段不断问世,使运动性疲劳的研究有了长足进展,提出了许多新的研究成果。大量的研究结果表明,不同强度、不同时间、不同运动形式产生疲劳的机制是不同的,目前,有关运动性疲劳产生机制主要有以下几种学说。

(1)能量耗竭学说。该学说认为疲劳的产生主要是运动过程中体内能源物质大量消耗而得不到及时补充,许多实验证实能源物质消耗过多与运动性疲劳密切相关,而且运动强度、时间不同,消耗的能源物质也不同。

(2)代谢产物堆积学说。该理论认为运动性疲劳主要是运动过程中某些代谢产物在体内大量堆积而又不能及时清除所致,代谢产物的堆积将影响体内的正常代谢,造成运动能力下降。

(3)离子代谢紊乱学说。近来,离子代谢在运动性疲劳中的作用越来越受到人们的重视,运动时离子代谢紊乱可导致运动性骨骼肌疲劳,目前研究较多的,与运动性疲劳有关的离子有钙、钾和镁。

(4)氧自由基—脂质过氧化学说。自由基是指游离存在外层轨道带有不成对电子的原子、离子或分子等物质。自由基不仅可以直接攻击细胞膜对细胞产生破坏作用,同时脂质过氧化物还可自发分解形成更多的自由基,攻击其他双键,引起自由基连锁反应。

(5)内分泌调节机能下降学说。运动过程中正常的激素调节对于保证机体的运动能力有着非常重要的作用,内分泌腺机能异常将导致运动能力下降,目前认为垂体—肾上腺皮质系统及交感肾上腺髓质系统与运动性疲劳有关。

(6)保护性抑制学说。大脑皮层在高强度工作或长时间工作过程中处于一种高度兴奋状态,脑细胞工作强度较安静时明显增加,使大脑皮层细胞工作能力下降,为了防止脑细胞的进一步耗损,大脑皮层由兴奋状态转为抑制,这种抑制即为保护性抑制。但是,由于运动性疲劳的复杂性和多因素性,有关运动性疲劳的许多问题仍不十分清楚。

张钧、陈晓莺、许豪文(2005)研究运动对心肌细胞中调控基因 Bcl—2、Bax 和 p53 的影响,以探讨凋亡调控基因对大鼠中等运动强度训练、一次性力竭运动和过度训练引起心肌细胞凋亡的作用。发现长期中等强度的运动可造成大鼠心肌细胞中凋亡调控基因 Bcl—2mRNA表达明显增加,可抑制心肌细胞凋亡;而力竭运动和过度训练可引起心肌细胞中 Bcl—2mRNA 表达下降、调控基因 Bax、p53mRNA 表达显著升高以及凋亡调控基因 Bcl—2/Bax 比值显著下降,可促进心肌细胞凋亡。认为心肌细胞中凋亡调控基因 Bcl—2、Bax 和 p53 在不同运动后的不同表达,对心肌细胞凋亡的发生有明显的调控作用。

潘珊珊、孙晓娟、尤培建(2005)观察过度训练状态下心肌和骨骼肌缺血缺氧改变的形态学特点以探讨运动性疲劳的发生机制。在建立大鼠递增负荷跑台过度训练模型基础上,采用缺血缺氧特殊染色方法显示大鼠心肌和骨骼肌缺血缺氧的形态学改变。发现由于连续疲劳运动导致的过度训练大鼠心肌和骨骼肌均发生明显的缺血缺氧改变,认为过度训练对心肌造成较严重的缺血缺氧改变，在运动训练中应加强对心脏的医务监督，积极预防由于过度训练造成的心肌损伤。

近年来，我国学者不仅从生理学角度研究和认识运动性疲劳，而且加强了运动性心理疲劳特征的研究。林岭(2006)的调查结果还显示，有45%的运动员2～4周发生一次轻度心理疲劳，32%的运动员2～3个月发生一次中度以上的心理疲劳。真正发生心理耗竭的人不多，仅占被调查对象的0.8%。1年中，心理疲劳的持续时间在3天至6个月。出现过心理疲劳症状的运动员中，70%的人心理疲劳的持续时间在1～2周。心理疲劳的发生时机并不稳定，一般常见于长时间大负荷训练的中后期(42%)，封闭性训练阶段(35%)和重大比赛前、后(33%)。

张力为、赵茜(2006)的研究发现，在构成教练员心理疲劳的三因素中，情绪体力耗竭得分高于成就感降低得分，成就感降低得分高于对运动的消极评价得分。这提示教练员的心理疲劳更多地表现在情绪和体力耗竭的主观感受上。相对而言，教练员对运动的消极评价不甚明显。更准确地说，教练员对所从事的运动仍保持着相对积极的评价。

中枢疲劳一直是人们十分关注的研究领域，但由于研究手段的限制，关于运动性中枢疲劳的发生机制一直进展不大，近年来我国学者通过动物实验和神经递质的研究探讨了被称为"黑箱"的中枢疲劳发生机制。

满君、田野、高颀(2005)通过6周递增负荷游泳训练造成大鼠过度运动，观察大鼠海马氨代谢的变化，探讨运动性疲劳大鼠中氨对海马神经元的损伤作用及其对谷氨酸的可能干预作用。发现过度游泳运动后即刻，大鼠海马氨含量升高，谷氨酸含量下降，谷氨酸/γ-氨基丁酸比值下降。推测：海马神经递质谷氨酸含量下降，兴奋性降低，可能与高水平的脑氨含量有关。过度运动使脑氨升高可能是过度运动引起海马损伤的原因之一。

龚群、张蕴琨(2006)观察力竭运动前后大鼠脑中海马谷氨酸受体NR_2A蛋白含量和基因表达的变化，探讨运动性疲劳的发生机制，发现SD雄性大鼠一次性力竭运动后大鼠脑中海马谷氨酸受体NR_2A蛋白含量明显升高，而mRNA表达显著减少；恢复0.5 h后，蛋白含量略有下降，mRNA表达显著增加；恢复3 h后蛋白含量显著下降，mRNA表达继续增加；恢复24 h后蛋白含量恢复到安静时水平，mRNA表达则减少至恢复0.5 h后水平。推测力竭运动后即刻及恢复过程中，大鼠脑中海马谷氨酸受体NR_2A蛋白含量及mRNA表达变化趋势不同，提示基因表达对蛋白含量的调控可能具有延迟性。

白宝丰、张蕴琨(2005)探讨了中枢兴奋信号在运动中的传递机理以及运动性疲劳的中枢机制，发现力竭运动后即刻NR_2A蛋白含量的下降可能是导致中枢抑制的一个因素。

适度的运动性疲劳，施以合理的恢复手段可以促进人体机能水平的不断提高，而过度疲劳不仅对提高运动成绩不利，还可能会造成各种运动损伤，以至损害运动员的身体健康。因此，了解运动性疲劳产生机制、掌握合理的诊断方法并有效地消除运动性疲劳对于提高运动成绩有着十分重要的理论价值和实践意义。

苏全生、田野、王东辉等(2006)观察大蒜素对大鼠大强度离心运动后不同时相骨骼肌结构损伤及血液IL－6、CK、CK－MM和Ca^{2+}变化的影响。发现大蒜素有助于减轻离心运动导致的骨骼肌超微结构损伤，对血浆IL－6水平升高有抑制作用。提示大蒜素对细胞膜通透性和完整性有一定保护作用。

朱梅菊、谢振良(2005)研究螺旋藻复方有效部位配方对慢性运动性疲劳大鼠脑组织基因表达谱的影响,探索螺旋藻复方有效部位配方抗疲劳的分子药理作用机制。证实螺旋藻复方有效部位配方对慢性运动性疲劳大鼠脑组织基因表达具有多方面的调控作用,从分子水平阐释了螺旋藻复方有效部位配方抗中枢疲劳的药理作用机制。

(七)运动性贫血发生机制与防治

运动性贫血是由于剧烈运动而引起外周血中单位容积内血红蛋白(Hb)的浓度、红细胞计数(RBC)及(或)红细胞压积(HCT)显著下降甚至低于相同年龄、性别和地区正常标准的现象。Fleischer 在 18 世纪 80 年代首次报道运动性贫血(行军性贫血)现象,发现士兵的暂时性的深色血尿与剧烈的越野行军相关。之后,学者们相继观察到在力竭性、耐力性运动训练后经常表现出贫血的特征。同时,证明血红蛋白浓度和运氧能力的下降会影响有氧运动成绩。

谈艳、陈文鹤等(2005)对国内甲 A 足球队在联赛前、联赛中调整期和赛事密集期 3 个不同时期的 Hb、T 的变化进行了跟踪测试,提出 Hb、T 作为运动员机能状态监控的参考指标具有一定的实用价值,在赛事密集期,运动员的 Hb 值低于“有氧运动亚理想值”,提示运动员可能有过度疲劳的现象及运动性贫血的趋势。

运动性贫血是限制运动成绩提高的重要因素之一,备受运动医学界的重视,由于缺乏合适的运动性贫血动物模型,许多相关的基础研究受到限制。赵杰修、田野、曹建民等(2004)采用长期递增负荷跑台运动和游泳运动等不同运动方式探讨建立运动性贫血模型的可能性。结果发现不同形式的长时间运动负荷都可引起血红蛋白 (Hb)、红细胞数目(RBC)和红细胞压积 (Hct)等指标下降,而其中以长期递增负荷的跑台运动方式引起的血红蛋白明显,因此,提出跑台长时间递增负荷是建立运动性贫血动物模型的最佳手段。

运动性贫血的原因极其复杂,一直是国际体育科学领域研究的热门话题,目前关于运动性贫血的发生机制包括血液稀释、血管内溶血、消化道出血、女性运动员的月经紊乱、膳食结构与饮食方法不合理和血液中氧分离曲线右移适应性等 6 个方面。

田野等 2002 年承担了国家自然科学研究基金课题,在此领域进行了大量研究。赵杰修、田野等(2006)研究发现运动性贫血状态时大鼠血清粒细胞集落刺激因子(granulocyte colony-stimulating factor,G-CSF)水平有显著性变化,贫血组显著高于对照组($P<0.05$),而其他血清造血生长因子如粒一单核细胞集落刺激因子(granulocyte-macrophage colony-stimulating factor,GM-CSF)、白细胞介素一3(interleukin-3,IL-3)、促红细胞生成素(erythropoietin,EPO)则没有表现出组间差异性。贫血组骨髓促红细胞生成素受体(erythropoietin receptor,EPOR)的基因表达量显著低于对照组($P<0.01$),说明运动性贫血可能与 G-CSF、EPOR 存在着某种因果关系。另外,赵杰修、田野等(2006)实验发现:运动性贫血发生时大鼠肝脏血红素分解代谢增强和肝脏肝小叶结构不明显、肝细胞浑浊肿胀或空泡程度严重的水样变性,提示长期递增负荷跑台运动可能从肝脏血红素分解代谢角度影响机体血红蛋白水平、红细胞数目和红细胞压积。

金丽、田野、赵杰修等(2005)发现运动性贫血时红细胞自由基生成增加,脂质过氧化增强，抗氧化酶系统能力降低；提出运动性贫血大鼠红细胞氧化和抗氧化平衡严重失调可能与运动性贫血发生机制有关。

曹建民、赵杰修等(2004)认为运动训练导致铁代谢紊乱是造成机体造血机能下降的重要因素之一。他们通过实验证实长期递增负荷跑台运动导致运动组大鼠红细胞指数显著低于对照组，出现运动性贫血状态，血清铁呈现降低趋势，血清铁蛋白显著降低，血清转铁蛋白显著升高，机体铁代谢呈现紊乱状态。

运动性贫血是伴随大运动量训练而经常出现的身体机能下降的一种表现，因此，通过科学手段与方法防治运动性贫血是运动训练亟待解决的问题。目前国内外用于防治运动性贫血的主要手段包括有效铁剂的研制与利用、合理膳食结构的制定与应用、适宜中草药的开发和低氧刺激与训练。

田野、赵杰修、曹建民等(2004)观察了“抗运动性贫血复合剂”对运动性贫血大鼠红细胞血象和血清 EPO 水平的影响。结果表明，补充复合剂后贫血大鼠的血红蛋白、红细胞数量和红细胞压积水平显著升高，而血清 EPO 水平无显著性变化，提示“抗运动性贫血复合剂”可以有效地防治大鼠的运动性贫血，其作用机制并非提高血清 EPO 水平所致。

金丽等(2005)通过抗运动性贫血剂的营养干预观察对红细胞代谢酶的影响，结果发现抗运动性贫血剂使用后能不同程度地增加 6－磷酸葡萄糖脱氢酶、$Na^{+}-K^{+}-ATP$ 酶、$Ca^{2+}-Mg^{2+}-ATP$ 酶的活性，改善红细胞膜的渗透性和变形性，通过降低自由基的生成，有效减少红细胞的老化，改善红细胞损伤来治疗运动性贫血，提高红细胞指数、血清铁和铁蛋白浓度显著高于运动组，提示营养补剂可以明显改善由于运动训练所引起的铁代谢紊乱状况，并可以明显提高大鼠的血红蛋白浓度。

(八)运动营养研究与应用

现代竞技体育中高强度、大运动量训练对运动员的体能、技术和恢复提出了更高要求，合理的膳食与营养不仅可以保证运动员在大强度训练条件下的身体健康，而且可以加速运动员的身体机能恢复，保证训练效果。同时，根据不同运动项目的特点和每个运动员的个体情况，补充不同的营养，对于提高运动能力起到非常重要的作用。

我国运动营养研究工作者根据运动员的实际需要和运动营养的功效，将运动营养品分为营养素补充品和特定功效营养品两大类。后者又分为保护关节及软骨的运动营养品、改善肌肉质量的运动营养品、调节内分泌的运动营养品(改善低血清睾酮的运动营养品、改善月经紊乱的运动营养品)、减控体重的运动营养品、消除疲劳和促进恢复的运动营养品(消除中枢疲劳及促进恢复的运动营养品、消除体力疲劳及促进恢复的运动营养品)、预防运动性贫血的运动营养品、增加能量储备和利用的运动营养品、增强抗氧化能力的运动营养品、增强免疫机能的运动营养品、其他特殊功效的运动营养品等。中国体育科学学会通过这种分类方式和在运动队中对营养品科普宣传，保证了运动员科学、合理地补充运动营养，同时杜绝了兴奋剂的滥用。

杨则宜等(2005)通过对运动员摄入食物的计算、分析，定量了解不同时期运动员的营养状况，以判断膳食及营养补充能否满足运动员生理和运动训练需要，在此基础上，编制了“运动员及大众膳食营养分析与管理系统”软件，广泛应用于我国运动员膳食营养状况评价、监控与干预，对运动员膳食营养的合理化起到了很好的作用。

谢岚、常翠青、陈志民等(2005)调查了中国国家射箭队运动员的膳食状况，发现虽然运动员的营养条件优越，但依然存在营养摄入不合理的现象，表现为碳水化合物摄入不足，脂肪和蛋白质摄入过多，维生素 B_1 及女射箭队员维生素 A、维生素 B_2、Zn 摄入不足，三餐能量分配不合理等问题。根据调查结果，提出了改善营养的具体措施与建议。

程五凤、史奎雄、徐丽芷等在对上海市举重队员进行营养调查的基础上，根据运动员的实际营养状况，提出了增加蛋白质、维生素摄入量，降低脂肪摄入量的平衡膳食营养方案，并进行了为期 112 天的实验观察，发现改善膳食结构后，血清总蛋白、白蛋白、铁蛋白有增加，维生素 B_1、B_2、C 负荷试验也有不同程度改善，保证了举重运动员的大强度训练。

魏守刚、杨则宜、贾弘堤(2006)探讨了 2 周运动训练和营养补充对耗竭大鼠运动后恢复期骨骼肌糖原生成素（GN)基因表达的影响，认为耐力训练和间歇高强度训练大鼠在糖原耗竭运动后恢复期骨骼肌 GN 基因表达增高，补充肌酸和谷氨酰胺对运动后 GN 基因表达无显著影响，运动后骨骼肌 GN 基因与 α-actin 基因表达不同步。

武桂新、冯连世、冯炜权等研制了强抗氧化功能的复合磷脂胶囊，男子田径运动员服用 1 个月后，可以降低训练期间运动员血皮质醇含量水平($P<0.05$)，加快运动员对运动训练的适应；提高睾酮/皮质醇比值，从而有助于运动机能的提高和加快恢复。主观感觉调查表明它还能减轻运动后肌肉酸疼，训练时主观感觉体力增加。

黄金丽、欧明毫(2006)探讨了赛艇运动员补充 4 周支链氨基酸(BCAA)进行赛艇测功仪上耐力测试负荷运动后及恢复期糖代谢和糖异生的影响。认为补充 BCAA 可促进力竭运动后及恢复期糖的异生、延缓运动性疲劳的发生和促进运动后身体机能的恢复。

齐敦禹、李红星(2006)通过补充左旋精氨酸(L-Arg)观察排球运动员血清白细胞介素—2 (IL-2)等指标的变化，综合效果证实服用 L—Arg 后，运动员的免疫功能提高。

(九)不同运动方式对机体免疫功能的影响

运动与免疫的研究始于 19 世纪初，直到今天，运动对机体免疫功能的影响仍然是体育科技工作者非常关注的话题。大量研究证实，以中等强度进行的体育锻炼可以提高机体的免疫功能，坚持常年参加运动的人群抵抗力增强，患病率较低，尤其是慢性病的发病率低。

黄祁平、蒋桂凤、万艳平等(2006)研究了太极拳运动对女大学生血清补体 3(C3)、补体 4(C4)及总补体活性的影响，受试者分别每周进行 1、2、3 次太极拳训练。结果显示每周参加 3 次太极拳训练者，血清补体 C3、C4 质量浓度与总补体活性比对照组高。说明坚持运动量适中的太极拳运动，能提高女大学生机体合成 C3 与 C4 的能力和总补体活性，从而增强非特异性抗感染免疫，提高免疫应答水平。

陈佩杰、韦俊文、方明研究了长跑锻炼对老年人血浆白细胞介素—1(IL-1)活性的影响，结果发现长跑锻炼 10 年以上的老年人安静时血浆 IL-1 活性比对照组老年人明显提高。坚持常年的体育锻炼可以提高人体的免疫功能，增进健康。

以提高运动成绩为目的的持续大强度运动训练可引起(出现)免疫机能低下(免疫抑制)。免疫机能低下集中表现在淋巴细胞计数紊乱，自然杀伤细胞活性降低，淋巴细胞转化减低以及唾液分泌型 IgA 减少。在这段免疫机能低下期，也称为“开窗期”，病原微生物特别是病毒可以侵入宿主，并导致感染。优秀运动员出现“过度训练”的原因之一，可能是病原体在开窗期入侵的机会增大、免疫抑制程度加深防止感染性疾病的发生。而在强化训练期间、减重期间、低氧训练期间和从事长时间高强度比赛后，运动员的免疫力下降，机体的疲劳感和呼吸道的感染率都有可能增加。

匡晶、袁海平、史仍飞等(2006)观察了 8 名优秀男子古典式摔跤运动员进入冬训大负荷训练期 4 周后免疫指标的变化，结果发现 T/C、CD4＋/CD8＋比值及 NK(CD16＋和 CD56＋)细胞数均显著下降，表明在大运动量训练过程中运动员的免疫功能下降，其变化幅度可以反映运动员运动性疲劳的程度、对训练的适应及恢复情况。综合分析免疫学指标的变化，能够更准确地评定运动员的机能状态。

朱珂、冯连世、张缨(2006)观察“高住低练”对运动机体体液免疫能力的影响，发现“高住低练”运动员组 C3 在第 2 周时明显升高，第 3 周和第 4 周也明显高于训练前水平，而 C4 含量在前两周有升高趋势，但无显著性差异，第 3 周、第 4 周呈持续降低变化。“低住低练”组 C3、C4 含量在 4 周训练期间基本维持在一个较稳定水平，没有显著差异。作者提出模拟 3 000 m 海拔“高住低练”4 周，运动员血清 C4 有升高趋势，C3 明显持续性升高，提示“高住低练”方式对补体系统有一定程度的激活。

王玉琴、李骁君(2006)研究了长周期性大强度运动训练对竞技健美操运动员免疫机能的影响，通过对男性高校竞技健美操运动员在大强度训练期间外周血 T 细胞亚群、外周血 NK 细胞活性和外周血细胞因子(白细胞介素－1 和白细胞介素－6)的测定发现大强度运动训练在一定程度上对健美操运动员的免疫系统产生明显的抑制作用。何伟(2006)则研究了非体育专业男大学生以 200 W 蹬车 2 min，间歇 5 min 的重复运动至极度疲劳时血清白细胞介素－1β(IL-1β)和白细胞介素－6(IL-6)浓度变化及其与糖代谢和细胞免疫的关系。发现 IL-1β 和 IL-6 在运动应激期间主要参与糖代谢的调节，对细胞免疫功能有一定抑制作用。

(十)中医药在提高运动能力中的应用

中医药学是中国传统的医疗手段，具有鲜明的民族特色，在运动训练中具有独特的作用，随着现代科学技术的迅猛发展，科研人员高度重视中药手段在训练中的作用，并广泛应用于运动训练，深受教练员、运动员的欢迎，并取得了显著的成绩。近年来，中医药学在运动训练的研究热点主要体现在消除运动性疲劳、加速身体机能恢复和促进伤病恢复等方面。

周丽丽、王启荣、伊木清等(2005)观察了耐力训练及补充多糖提取物(黄芪多糖、牛膝多糖)对大鼠白细胞介素 2 及受体水平的影响，发现 6 周递增负荷游泳训练后，6 周耐力训练可造成大鼠血清 IL-2、T 细胞 mIL-2Rα 表达下降和 sIL-2R 升高，而同时补充黄芪多糖和牛膝多糖提取物能防止大鼠血清 IL-2、T 细胞 mIL-2Rα 表达明显下降及sIL-2R升高。为此得出黄芪多糖和牛膝多糖可通过调节 IL-2 及其受体发挥对耐力训练大鼠细胞免疫调节作用的结论。

王启荣、周丽丽、李世成等(2005)探讨补充益气补肾中药对影响睾酮合成的 StAR 蛋白的作用。经6周递增负荷游泳训练后，采用放免法测定大鼠血清睾酮水平，利用RT-PCR方法检测大鼠睾丸StARmRNA的表达水平，发现补充益气补肾中药可以抑制由于训练引起的大鼠血清睾酮水平显著降低，未服药训练大鼠的StARmRNA水平比安静对照组明显下降，服用中药的安静大鼠和运动大鼠的StARmRNA表达比安静对照组和训练组显著增强，研究结果提示长期大负荷训练后大鼠睾丸间质细胞StARmRNA表达下降，益气补肾中药对StARmRNA的表达转录水平有增强作用。

李爽、刘庆思、陈扬等(2005)观察运动与中药联合作用对去卵巢雌性大鼠骨密度的影响，证实运动与中药联合应用后大鼠全身和腰椎的骨密度均高于其他各组，运动与中药联合作用较单纯运动或中药治疗有较好的治疗效果，同时减少副作用。

采用中医手段医疗运动损伤与加快身体机能恢复在运动员中的应用非常广泛，随队医生除了采用常规的按摩手法用于一般性治疗恢复外，还有针对性地进行了相关研究。李凤素(2006)以针刺阿是穴为主，配循经取穴治疗髌腱组织的慢性损伤(髌腱腱围炎、髌尖末端病与胫骨结节骨软骨炎)79例，总显效率达100%，痊愈率达78.5%，同时总结了以中医整体观做指导提高疗效的三点临床经验，提出了为巩固疗效、预防再伤的股四头肌与髌腱牵拉练习处方。

余祖财、郑鸣、姚爱德(2006)观察了针刺配合舒活酒外擦治疗下肢肌肉肌腱损伤的疗效。具体方法为以阿是穴为主，就近配经络穴位，电治疗仪给予持续性电刺激，并配合舒活酒外擦治疗下肢肌肉肌腱损伤，总有效率为92.78%。认为活血化淤、消肿止痛、散结通络是促进肌纤维修复的主要原因，因此可以加速肌肉肌腱损伤的康复。

陈筱春、文质君、熊静宇(2005)观察点压肾俞、照海穴对网球运动员红细胞免疫和抗氧化功能的影响。点穴组运动员在训练结束后1 h内点压双侧肾俞穴、照海穴，每穴2 min，结果发现4周后，点穴组RBC-C3bR花环率明显高于对照组，而RBC-IC花环率明显低于对照组；RBC-SOD活性和RBC-MDA含量显著低于对照组。结果表明，点压肾俞、照海穴可提高机体红细胞免疫功能，减轻自由基介导的脂质过氧化反应。

(十一)高原训练的理论研究与应用

20世纪50年代，国际上开始注意到高原环境对运动能力的影响，以后逐步发现高原训练可以明显提高运动员的有氧运动能力。特别是1968年第19届夏季奥运会在海拔2 300 m的墨西哥城举行，当时田径比赛中男子短距离项目和跳跃项目运动成绩大幅度提高，打破了男子100 m、200 m、400 m、4×100 m、4×400 m所有短跑世界纪录和跳远世界纪录。墨西哥城奥运会田径比赛中出现的打破短跑世界纪录与中长跑运动成绩明显下降的表面矛盾现象引起了教练员和科研人员的普遍关注，也就是从墨西哥城奥运会后体育强国都开始重视高原训练，并加强了高原训练的研究与应用，将高原训练作为创造体能类运动项目优异运动成绩的助推器，成为寻求体能类项目突破的重要手段之一。目前国内外运动员从事高原训练主要有3种目的：

(1)提高运动员一般运动能力。运动员在高原从事运动训练时，身体承受着高原缺氧和运动训练时氧气需要量增加的双重刺激，通过高原训练一方面可以提高运动员的红细胞数量、血红蛋白含量等机体运载氧气的能力和肌肉代谢酶水平，另一方面可以增加体内耐受缺氧的能力，从而提高运动员的运动能力，特别是有氧运动能力，因此，在早期从事高原训练的运动员中，以耐力性运动员为主，主要是中长跑、马拉松、竞走、游泳项目，但近年来，采用高原训练的运动项目已逐渐扩展到自行车、赛艇、皮艇、划艇等运动项目。

（2）赛前储备体能，赛中出现超量恢复。运动员在奥运会等世界大赛前到高原环境，为了适应低氧条件，机体会产生一系列的生理、生化变化，刺激体内 EPO 的分泌增多、红细胞数量增加，并且通过运动训练，促进体能储备，当回到平原参加比赛时，这些与运动能力密切相关的指标出现超量恢复，运动员借助于超量恢复的体能创造优异成绩。

（3）参赛后适应性恢复。当运动员在一个训练周期中连续有两次重大比赛，而中间的间隔时间又较短时，运动员到高原进行适应性调整与恢复，可以保证运动员的身体机能状态不会明显松懈，以保持良好的竞技状态参加比赛。

近年来，我国学者不仅在高原训练研究中取得了可喜进展，而且紧密追踪国际高原训练研究前沿，在模拟高原训练方面开展了卓有成效的工作。

北京体育大学胡扬通过"高住低训"实施过程中各种生理、生化、分子生物学指标的测试，探讨了"高住低训"提高运动员体能的效果，以及"高住低训"实施过程中人体的适应规律，提出可以诊断个体低氧适应能力的指标，为制定适合个体的低氧暴露计划（低氧暴露 O_2%、时间等）提供理论依据和方法。本研究还对"高住低训"实施过程中运动员免疫机能下降、疲劳恢复等问题进行研究，提出具体的解决办法，为提高耐力性项目运动员"高住低训"的应用效果提供理论依据和手段。结果表明，"高住低训"可以提高运动员的红细胞和血红蛋白，且在运动强度和运动量大的情况下，可以维持正常的血红蛋白含量，防止运动性贫血的发生；血象、EPO、脑血流、微循环、抗氧化能力、铁代谢、血液流变等指标的变化表明"高住低训"实施时间至少 3 个星期。"高住低训"还可提高优秀运动员的心功能、红细胞的载氧能力及血液系统动力学缓能力。

（十二）运动技术诊断与分析

运动技术诊断是运动生物力学学科中重要的研究领域。它是以人体运动为考察对象，通过实验测试手段，评价和推断运动技术合理性，实现运动技术最佳化，从而提高运动技术训练水平。在诊断方法方面，我国研究者已成功开创了运用人工神经网络理论完成运动技术诊断和训练决策，这和国际上其他国家的运动技术分析专家建立的专项技术诊断专家系统相比，具有自我学习、系统自动更新、易于推广、方法适用面广等优点。

王清等（2004）在总结了前人大量研究成果基础上，建立了我国优秀运动员技术诊断系统，并应用于我国优秀运动员准备奥运会和重大国际比赛中，取得了良好效果。

先进的运动图像定性分析、快速反馈手段几乎成为田径、游泳、滑冰、举重等项目教练员日常训练的常规工具，并在刘翔准备 2004 年雅典奥运会过程中发挥了积极作用。

李汀、李爱东、钱风雷等（2006）运用生物力学方法对刘翔备战期间进行了科研与服务工作。课题组系统收集的刘翔及部分世界优秀运动员的图像与技术资料，对于系统地了解、监控和评价 110 m 跨栏项目优秀运动员运动技术水平及发展变化趋势有非常重要的参考和评价作用，为建立我国 110 m 栏优秀田径运动员技术图像资料库奠定了基础。

计算机运动技术诊断的模拟（仿真）已经作为训练常规工具，并在跳水、体操、蹦床等项目中应用。我国运动生物力学研究人员已研制成功无干扰、实时采集运动信息的 GPS 测速系统，并应用于人体运动的技术分析。

钱竞光等对跳水运动的“压水花”技术进行了大量理论分析，建立了“压水花”楔形体模型，并首先在江苏跳水队试验成功，为改进运动员入水技术提供了科学依据。

(十三)动力学测量与分析

虽然动力学测量与分析在肌肉力学特性及机理方面的研究没有突破性成果，但我国学者在测量仪器和分析方法方面取得了显著进步，推动了应用研究领域的不断扩展和深入。动力学测量与分析的应用研究主要体现在两个方面。

(1)步态分析研究与应用：步态分析是运动生物力学中动力学测量与分析发展很快的研究领域之一。几乎所有从事运动生物力学测量仪器研究开发的国外知名大公司，如 Motion、Ariel、Vicon、Simi 等，都推出有专门的步态测量与分析系统。

韦启航等(2000)研制了用于人体步态分析的足底压力测试系统等。但是由于硬件和软件方面的原因，难以得到广泛认可和应用，国外产品占据了主要市场。

伍锶、陆爱云等(2000)对 60 岁以上健康老人常速行走的步态分析结果表明，老年人行走能力随年龄增长而降低。赵芳等人(2003)的研究结果则认为，老年人步态功能及平衡能力下降，与关节柔韧性降低、视力减弱、前庭功能下降有关。朱晓兰等人(2006)基于大样本测量与分析，初步建立了我国老年人步态特征分析及评价系统。

(2)运动员的力量诊断与分析：力量诊断与分析是我国运动生物力学研究的特色之一，已经广泛应用于运动训练实践，并在我国“奥运争光战略”中发挥了重要作用。

张跃、王清等(2006)完成了国家体育总局课题《突破力量训练中“平台现象”的理论与方法研究》，提出了优秀运动员力量训练“平台现象”的概念，并以我国一些优秀运动员为研究对象，应用先进的动力学力量诊断与分析理论和方法，系统研究了优秀运动员力量训练“平台现象”的主要成因。同时，针对性提出了力量训练“功率强度”理论、“协调发展原则”、“适应性原则”、“神经肌肉系统 SSC 效应”等 4 个相对独立而又相互关联和影响的训练理论和方法。

国内外关节力量诊断的发展则有两个明显特点。第一，测量仪器推陈出新，功能不断改进。第二，测量分析的研究领域不断扩展，形成大量数据库，为健身、康复、竞技体育等提供服务。卢德明等(2003)建立了我国青年人和部分项目优秀运动员等速条件下主要大关节的力量基础数据库。张跃、王清等(2006)较系统地建立了我国主要体能力量类项目优秀运动员等速条件下主要大关节力量训练水平数据库。

(十四)肌电测试与分析

在运动生物力学中极具吸引力和极富挑战的研究领域，是神经肌肉系统的自身问题。肌电图是研究肌肉活动的一种有效手段，通过测定肌肉的生物电活动，可以分析肌肉的生物力学特性。

肌电信号的平稳特性与肌肉的工作性质有关。许以诚、高炳宏等(2004)的研究表明，当负荷和收缩方式相同时，振动条件下主动肌的肌电 iEMG 值比非振动时大，而动力性收缩时，振动轻负荷与非振动重负荷时 iEMG 值相差不大，说明在振动条件下进行力量训练，能够募集到更多的运动单位参与，提高肌肉的兴奋水平。

王奎、刘建红(2005)的研究显示，平均积分肌电与平均峰值力矩和平均做功之间存在明显的相关关系，认为可以应用积分肌电技术来评价运动员的力量素质并监控力量训练。

王笃明、王健、葛列众(2004)的研究发现，静力性收缩至力竭的过程中，主观体力感觉等级与 MPF 呈显著负相关，与 RMS 呈显著正相关；主观疲劳评定分数与持续时间呈显著正相关，而与各 sEMG 指标均呈不同程度的显著负相关，主客观指标反映肌肉疲劳状态具有较高一致性。各肌电指标均数的标准差皆有随主观疲劳评价量表的分数升高而增大的趋势，表明随疲劳程度的加重。

(十五)优秀运动员心理训练

获得理想竞技表现(peak performance)是所有运动训练与体育比赛的目标，也是运动员心理训练的现实目标。中国运动心理学家紧密结合运动员、教练员参加奥运会、亚运会和全运会的比赛实践，在高水平运动员心理训练领域进行了长期的、富有开创性的探索，取得了丰硕的成果。

姒刚彦(2004)在从事 20 年心理训练研究工作基础上，从应用运动心理学的角度提出理想竞技表现(peak performance)的新定义，即在竞赛中对各种逆境的成功应对。从该定义出发，他构建了包括 4 个阶段在内的运动员逆境应对训练模式，包括：①确认或预见典型逆境；②找出合适的应对逆境方法；③实施个人化的训练；④评价训练效果。这种训练模式可以使运动心理学家在实践中的干预体现出更强的可操作性与有效性。

姒刚彦(2006)认为，个体对逆境的意识和认知能力是可以被评价和训练的，所学到的应对行为的效果也是可以被评价和再建的。通过逆境应对训练模式，理想的竞技状态就向“通过训练可获得”的境界迈进了一步。逆境应对训练模式直接植根于竞技运动实践，以众多实例为依据，提示了高水平运动员系统心理训练的一个新导向。

任杰、章建成、陈佩杰等(2005)探讨心理技能训练对高、低特质焦虑体育学院男性学生跳高技评应激时的绩效的影响。在为期 4 周的跳高练习，采用放松技能训练和表象技能训练对心理技能训练组进行训练。结果表明：在跳高技评应激条件下，高焦虑组受试的跳高技评绩效显著下降，而采用心理训练则可以提高跳高技评成绩。

刘淑慧(2001)创造设计了射击心理训练系列程序，形成心、技、战、体协调统一的个体化合理动作定型，并通过加重心理负荷训练与比赛衔接，进一步提高射手的行为应对能力。经心理干预与认知调整，提高射击运动员参加国际大赛的自信心和成就动机水平，确立射手正确比赛心理定向，形成积极比赛态度，提高射手的认知应对能力。作者将多年的研究经验整合在积极比赛自我意象训练中，通过表象、榜样替代、情境想象，形成自强、自信、自控的积极比赛自我意象，提高运动员大赛中自我指导能力，以充分发挥技术水平。

(十六)优秀运动员的脑电特征与心理调节

心理是脑的机能，脑是心理的器官。进入 21 世纪，运动心理学研究者通过脑生物电的研究，了解运动员的心理特征，揭示运动活动中技能掌握和技能发挥的心理机制，从而解释心理现象的产生原因，并为运动训练服务。

张振民、周未艾、蔡振华(2002)采用神经电生理学与运动心理学相结合的方法，对13名世界冠军乒乓球运动员的大脑生物电活动进行跟踪监测，分析脑电活动绝对功率谱和相对功率谱数值，绘制脑电图(EEG)、脑电地形图（BEAM)和压缩谱阵（CSA)图像，诊断运动员竞技状态的脑功能特征。结果表明，脑功能特征与神经元代谢方式和乒乓球的技术打法相关联。快攻打法运动员 EEG 为速度型，在训练中表现出速度爆发力占优势；弧圈结合快攻打法运动员 EEG 为速度强度型或强度速度变换型，训练中表现出速度力量占优势；削球打法运动员 EEG 为强度型，训练中表现为力量占优势；脑电功率谱可以用于评价对训练负荷的应激水平，从而调控训练强度。

武斌、樊晋华、邱蕾(2006)对我国14名健将级优秀女子射箭选手的赛前脑电地形图指标进行了分析。结果表明，赛前女子优秀射箭运动员的大脑应激水平提高，大脑的唤醒水平较高，注意力集中程度高，表现出中枢神经适应专项要求的调节能力较强，说明赛前运动员专项能力较强。

任未多(2001)报道，运动心理学工作者将 EEG 用作运动选材、训练监测、运动能力与竞技状态评定的手段，应用性质突出。研究涉及不同项目的脑电特征。

(十七)运动员认知特点

运动员在面临高难度的运动任务时，往往表现出四肢发达、头脑聪慧的特征。这种聪慧，主要表现在运动思维和运动决策上。

梁承谋等人(2006)相继在手球、羽毛球、乒乓球、击剑等对抗性运动项目中开展了运动思维和运动决策的系列实验，对上述思辨进行了实证检验，在此基础上，提出了运动思维的4个特征，即加工智源狭窄、不可能逻辑推理、不可能表象加工和必须快速决策。

李永瑞、梁承谋、张厚粲(2005)采用自行开发的注意能力测试软件分别对23名乒乓球运动员、14名固定靶射击运动员、17名活动靶射击运动员及80名普通体育大学生的注意能力特征进行全面测查。结果发现乒乓球运动员的注意广度和注意力集中稳定性显著高于普通体育大学生；固定靶射击运动员的注意转移能力低于普通体育大学生；活动靶射击运动员的注意广度高于普通体育大学生，显示出不同专项运动员的注意能力特征。

冯燕(2005)采用开放式问卷调查对101名一级以上运动员大负荷训练的心理认知干预效应进行研究。研究结果显示，运动员在经过心理认知干预后，“情绪性自我评定”的句子比例显著下降，“意义性评定社会取向”和积极性评定的句子比例均显著升高，消极性评定句子比例显著下降，男、女运动员之间差距减少。对优秀运动员大负荷训练评价的心理认知干预可能会使运动员对大负荷训练意义的认识进一步提高，亦可能会提高女运动员对大负荷训练的积极性评价。

梁承谋(2006)、王斌(2002)运用图像分析法及反应时法，对手球运动员进行实验研究，证实了手球运动中运动直觉的存在。同时，他们还提出手球运动中有认知、直觉两类不同的决策任务；运动直觉具有快速性、或然性、直接性、情境性、信息受限性、水平差异性等特点。

四、近年来我国体育科学取得的重要研究成果

(一)运动员身体机能、心理及技术诊断研究

运动员专项身体机能状态的科学监控、专项心理训练水平和专项技术训练水平的诊断与监测、研制相应的专项训练器械是运动训练实践中亟待解决的问题,也是教练员进行科学训练的前提。为此,世界体育强国在准备重大国际比赛过程中进行了系统和深入的研究,并在实际应用过程中取得了较好的效果,为提高运动训练科学化水平和运动员取得优异成绩,提供了有力的科技保障。国家体育总局体育科研所王清研究员主持了国家科技攻关计划项目"运动员身体机能、心理及技术诊断研究",围绕我国运动员在备战奥运会和重大国际比赛的主要问题,开展了运动员专项身体机能状态的科学监控、专项心理训练水平和专项技术训练水平的诊断与监测、研制相应的专项训练器械等方面的科研攻关与科技服务工作。该课题于 2005 年 4 月完成,取得了以下主要研究成果。

(1)研究与建立了优秀运动员运动训练的生理生化监控系统,提出了运动训练生理生化监控的理论依据。研究与建立了具有田径(长跑、马拉松、竞走)、游泳、举重、赛艇、摔跤、自行车、足球、曲棍球等专项特点的生理生化监控方法和实施系统。

(2)研究与确定了优秀运动员专项知觉水平、专项智力水平、专项自我效能、专项心理认知唤醒水平、专项情绪唤醒水平、心理应激恢复等诊断监测指标和标准。在此基础上,建立了优秀运动员专项心理训练水平的诊断与监测系统。

(3)研制了三维运动现场计算机实时图像高速采集系统。研制了运动视频图像处理系统、建立了运动技术分析资料库框架和专项运动技术快速诊断的神经网络模型、研制了教练员使用的现场运动信息即时反馈系统、研制了铅球出手初速度和最佳出手角度及时反馈系统、研制了艺术体操旋转训练仪、体操柔韧训练仪、研制了摆动臂负重训练手套、测时鞋等。

上述研究成果应用于我国部分优秀运动员备战奥运会训练过程,进一步提高了运动训练的科学化水平。

(二)中国国民运动健身科学指导系统的研究与应用

国家体育总局体育科学研究所田野在已构建的中国国民体质监测系统框架基础上,2005 年完成了国家"十五"科技攻关项目《中国国民运动健身科学指导系统的研究与应用》,重点进行中老年人群运动健身前的运动能力评价,科学运动方式的选择和运动健身过程中运动强度的控制,建立提高中老年人健康水平、儿童少年身体素质的运动健身指导系统和高血压等四种慢性病人群的运动健身科学指导系统。主要包括以下成果。

(1)中老年人群运动健身指导方案。经过规范测试、科学论证、专家调查,在中老年人群心血管运动能力评价、肌肉力量评价、关节活动度评价基础上,确定了体重指数(BMI)、心肺功能能力(F.C.)、握力、背力、站立提踵和坐位体前屈作为中老年人运动机能的评价指标体系及权重;在对中老年人群体育锻炼习惯普遍调查基础上,有针对性地选择并观察

了慢跑快走、游泳、登山、有氧健身操、球类和中国传统运动等6种运动方式对人体形态、机能和身体素质的良好影响，根据不同的健身目的分别推荐了改善中老年人形态、机能和身体素质的最佳运动方式。系统研究并建立了以中老年人的个体状况为主要依据的运动健身指导方案（运动方式、运动强度、运动时间和运动频率）。

(2)儿童少年运动健身指导系统。研究证实两种不同形式健身方案中的体育课和体育课加课外体育锻炼均可以对儿童少年身体形态表现出积极作用，儿童少年主要身体形态、机能指标表现出显著良性变化；建立了用于提高儿童少年力量、速度、耐力、灵敏、柔韧的运动指导方案。

(3)高血压等4种慢性病人群运动健身指导方案。研究了不同方式、不同强度、不同持续时间组合成的不同锻炼方案对高血压、血脂异常、肥胖和骨质疏松等慢性病的影响。建立了以健步走、慢跑、跑步、骑自行车等有氧运动为主、相当于中等强度的高血压人群运动健身指导方案；建立了以中等强度为主、每天运动不少于30～60 min的超重和肥胖人群运动健身指导方案；建立了采用走跑运动方式、运动强度为50%～60%F.C.的高血脂人群的运动健身指导方案；建立了以有氧运动和力量练习为主、每次运动30～60 min的骨质疏松人群运动健身指导方案。

(三)优秀运动员营养推荐标准

国家体育总局运动医学研究所杨则宜等根据多年来运动员营养评价、营养补充等方面工作中所积累的数据和经验，总结了优秀运动员营养推荐标准。该标准通过对运动员的营养生化测试和膳食营养调查，了解运动员身体的营养和代谢状况，从而有针对性地采用科学的膳食营养调整和特殊营养品补充的措施，以保障运动员身体良好的健康状况和体能水平。该标准主要包括优秀运动员膳食营养状况评估、膳食营养评价标准和干预指南3个部分。

1.优秀运动员膳食营养状况评估

运动员食堂每年应由营养师采用食物称重法或询问法对重点运动员进行1～2次膳食营养调查，并对不符合膳食营养素和食物供给推荐参考值的状况进行及时改进。

2.优秀运动员膳食营养评价标准

(1)每日总热能供给推荐参考值：优秀运动员的每日总热能供给推荐参考值按5级划分。

Ⅰ级：每日总热能供给推荐参考值为2 000～2 800 kcal/d(平均2 400 kcal/d)，主要是棋牌类运动员。

Ⅱ级：每日总热能供给推荐参考值为2 200～3 200 kcal/d(平均2 700 kcal/d)，主要是跳水，射击（女），射箭（女），体操（女），艺术体操，蹦床，垒球等项目运动员。

Ⅲ级：每日总热能供给推荐参考值为2 700～4 200 kcal/d(平均3 500 kcal/d)，主要是体操（男），武术散手(女)，武术套路，乒乓球，羽毛球，短跑（女），跳远(女)，跳高，举重(75公斤以下)，网球，手球，花样游泳，击剑，射箭（男），速度滑冰，花样滑冰(女)，柔道(女)，赛艇(女)，皮划艇(女)，跆拳道(女)等项目运动员。

Ⅳ级:每日总热能供给推荐参考值为 3 700～4 700 kcal/d(平均 4 200 kcal/d),主要是花样滑冰(男),中长跑,短跑(男),跳远(男),竞走,登山,射击(男),球类(篮球、排球、足球、冰球、水球、棒球、曲棍球),游泳(短距离),高山滑雪,赛艇(男),皮划艇(男),自行车(场地),摩托车,柔道(男),拳击,跆拳道(男),投掷(女),沙滩排球(女),现代五项,武术散手(男),越野滑雪,举重(75 公斤以上),马拉松,摔跤(女)等项目运动员。

Ⅴ级:每日总热能供给推荐参考值为 4 700 kcal/d(平均 4 700 kcal/d)以上,主要是游泳(长距离),摔跤(男),公路自行车,橄榄球,投掷(男),沙滩排球(男),铁人三项等项目运动员。

根据运动员营养标准的具体情况,提出在具体安排一名运动员的能量摄入时,应该注意的问题:①运动员一日总热能消耗量的个体差异很大,更严格的确定运动员个体一日总热能推荐值需要采用的方法是:在运动员体重相对稳定的情况下,对运动员摄入的食物进行为期 3～5 d 的称量,将所得数据输入"运动员及大众膳食分析与管理系统",计算出的热能摄入值加减 10%,所得的能量摄入范围即为该运动员一日总热能供给推荐值。②对于有减体重和控体重要求的运动员,不能完全套用以上标准,而应该做个性化的安排。在运动员处于训练最佳体重期时进行一次基础水平的膳食营养调查,然后以这一次所调查到的能量摄入值为基础,根据控体重和减体重的数量和速度的需要确定控体重和减体重期的热能摄入量。

(2)每日三大热能营养素的供热比例:在安排运动员膳食时,要使碳水化合物、脂肪、蛋白质的比例适当。碳水化合物是运动员膳食的主要成分,有助于运动员发挥最佳运动能力;蛋白质是使机体修复的营养素;脂肪氧化时氧的利用率较低,不能满足高强度运动的需要。根据这三大营养素各自的特点,优秀运动员每日三大热能营养素的供热比例推荐参考值应为:碳水化合物提供的热能占总热能的 50%～60%,耐力项目可以适当增加到 65%或 70%(运动员训练前、中、后摄入的运动饮料中所含的碳水化合物也应计入);脂肪提供热能的合理比例为总热能的 25%～30%(游泳和冰上项目可以增加到 35%);蛋白质提供热能的合理比例为总热能的 12%～15%,其中优质蛋白不能低于 30%(少年运动员还可以适当增加蛋白质摄入,以满足生长发育的需要)。

(3)每日早、中、晚三餐及训练中加餐的比例分配:为了保证上、下午的训练,一日三餐的热能供给要合理安排。为保证上午训练课质量,运动员应该有一个营养素齐全的早餐并提供 25%的热能。午餐热能应占 35%～40%,这将有利于下午的训练课。晚餐后运动员主要是休息,所以热能的比例不要超过 30%。训练中的加餐的总量虽然所占的比例很小(仅占 5%～10%),对于训练质量的保证是至关重要的。

3. 膳食营养的干预措施

要经常对运动员的营养膳食进行监控,采用"运动员及大众膳食分析与管理系统"进行自动或手动配餐,并按照配餐的结果来调整食物的结构,以满足各种营养素的需求。

(四)奥运优秀运动员科学选材的研究

优秀运动员科学选材是决定现代竞技高水平运动成绩的三大要素之一,北京体育大学邢文华 2005 年主持完成了《奥运优秀运动员科学选材研究》,选择了体操、跳水、羽毛球、乒乓球、举重和柔道6个我国优势运动项目和跆拳道、自行车、击剑、射箭、游泳、艺术体操、摔跤、皮划艇、棒球和垒球等9个运动项目的国家队运动员、国家青年队为研究对象，经过严格的科学程序，采用调查法、实验法和数理统计法筛选和建立了优秀运动员选材指标体系、评价标准和选材方法，编写了优秀运动员选材手册。同时，还建立了我国优秀运动员人才库，以及优秀后备人才追踪监控体系的理论框架和运动模式。

北京体育大学胡扬等选取102名来自东三省、河北、天津、山东等中国北方平原地区的中国人民武装警察某部的新兵，进行每周3次、持续8周的5 000 m匀速跑训练，测定了耐力训练前后身高、体成分、动态心功能、有氧运动能力（最大摄氧量、通气无氧阈和跑机能节省化）的相关指标，共分析了60多个核基因及mtDNA的多态性，发现了一批能够反映训练敏感性的基因标记，这些标记对今后科学选拔优秀耐力运动员具有重要意义。

（五）优秀运动员身体机能评定

国家体育总局体育科学研究所冯连世承担了多项有关优秀运动员身体机能评定的研究课题，在此领域进行了深入研究，取得了一批研究成果，近期先后出版了多本研究专著。

《优秀运动员身体机能评定方法》。该研究成果在系统研究优秀运动员身体机能评定的理论基础、生理生化指标体系的基础上，结合各运动项目的专项特点，分别研究并建立了田径田赛项目、田径短距离项目、中长跑、马拉松、竞走、跳水、游泳、花样游泳、赛艇、皮划艇、举重、柔道、摔跤、跆拳道、拳击、体操、艺术体操、射击、射箭、排球、篮球、乒乓球、羽毛球、棒球与垒球、手球、足球、网球、自行车、击剑、速度滑冰和短道速度滑冰等30余项奥运项目优秀运动员身体机能的评定方法，以及优秀运动员高原训练、控体重期间的机能评定方法和运动员营养的生化监控方法。

《运动员机能评定常用生理生化指标测试方法及应用》。该研究成果全面、系统地研究并总结了包括心血管系统、免疫系统、内分泌系统、氧转运及贫血、神经系统及感觉机能、肌肉负荷及组织损伤、物质能量代谢系统、有氧代谢能力与无氧代谢能力等60多项运动员机能评定常用生理生化指标的100多种测定方法及各指标在运动训练实践中的应用方法。

《运动训练的生理生化监控方法》。该研究成果系统论述了运动训练的生理生化监控含义和内容、运动训练的生理生化监控原理，建立了运动训练（负荷强度、负荷量度、训练方法）的生理生化监控常用指标体系及方法、一堂训练课和一个训练周期的生理生化监控的方法及原则，以及实施训练监控的注意事项等。同时，结合专项特点，分别研究了中长跑、马拉松、竞走、游泳、举重、赛艇、摔跤、自行车、足球、曲棍球等项目训练的生理生化监控内容和指标体系、专项训练负荷（强度和量度）的监控方法、训练方法的科学性及有效性的监控方法、阶段性训练效果和恢复性训练效果的监控方法等，并提出了专项训练监控中存在的问题与建议。

（六）我国优秀运动员生理、心理常数和营养状况研究

国家体育总局体育科学研究所常芸（2004）主持完成了“我国优秀运动员生理、心理常数和营养状况研究”，对我国参加奥运会的主要优秀运动员的生理、心理常数和营养状况

做了全面、系统的调查与实测，调查涉及游泳、自行车、皮划艇、赛艇、竞走、短道速滑、举重、跳水、体操、羽毛球、滑雪、现代五项、篮球、排球、足球、曲棍球、网球、投掷、跳跃、跨栏、摔跤、拳击、跆拳道、柔道、散打、击剑、花样滑冰、蹦床等 28 个运动项目，主要调查内容包括我国优秀运动员的一般身体形态参数 11 项，心血管生理参数 6 项，有氧运动能力参数 10 项，无氧运动能力参数 5 项，心理功能参数 6 项及运动训练基地运动员的营养膳食调查和营养状况评价。涉及运动项目全，调研人数多，充分反映了现阶段我国优秀运动员身心机能特征和营养状况，为备战 2008 年奥运会各项目优秀运动员的身心机能诊断与评定提供了有益的参考，并从总体、项群、项目角度制定了我国优秀运动员生理、心理参数的参考范围，为我国优秀运动员身心机能评定标准的出台提供了基础实测数据。

该调查还结合运动训练理论与实际的要求，从优秀运动员整体、类群、项群及项目多层面综合分析，系统阐述了我国优秀运动员生理、心理常数特征，并与国际优秀选手，尤其是 2000 年悉尼奥运会 1 000 余名优秀选手进行对比分析。

同时修订和规范了部分运动生理心理参数的测试技术与方法，为我国优秀运动员身心机能评定和相关监控体系的建立提供了简单、实用、先进、有效的方法和参考数据，对建立健全我国优秀运动员身心机能训练监控体系具有较高的学术价值和实践意义。

（七）体能项目运动员消除疲劳及综合体能恢复系统的研究

国家体育总局运动医学研究所杨则宜等根据我国体能类运动项目的特点，从多学科着手，综合应用营养学、生理生化学、训练学、计算机等方面的高新技术，与运动员的训练实践结合，形成实用于几个体能项目的多学科的疲劳诊断与体能恢复综合指导系统，取得了显著效果。

· 完成了 4 个体能运动项目（中长跑、游泳、自行车和赛艇）运动员疲劳诊断和体能恢复综合指导系统（计算机软件系统）的研究开发工作。

· 建立了 2 个运动员疲劳及机能状态监控新方法。①运动免疫指标评价体系，已应用于运动员运动训练期的免疫机能状态评定；②运动员肌肉微损伤快速评价方法——便携式 CK 快速测试仪。

· 开发了中药免疫调理制剂、耐力型超速恢复剂、增肌型超速恢复剂等运动营养强化和恢复制剂新产品。

（八）兴奋剂重组生长激素检测方法的研究

由国家体育总局运动医学研究所吴侔天主持完成的“兴奋剂重组生长激素检测方法的研究”，根据国内外研究进展，通过直接和间接两种方法，检测使用兴奋剂重组人生长激素。

直接方法是检测血清样品中生长激素各种单体（isoformers）的比例。由于使用重组人生长激素该制剂后的负反馈抑制作用，使体内正常的生长激素的分泌受到抑制，因而体内正常分泌的生长激素的其他各种单体的浓度、生长激素的浓度会发生显著性变化，通过获得特异性强、灵敏度高并且稳定性好的抗体制备的检测试剂盒，可以检测使用生长激素的情况。

间接方法是检测血清样品中与使用生长激素相关的其他生理生化指标的变化。根据国外相关研究成果，结合课题组长期检测的统计结果，初步将血清 GH 浓度、IGF-1 浓度、IGFBP3 浓度以及 PIIIP 浓度作为间接方法筛选指标。

目前，已完成兴奋剂生长激素间接指标的筛选、生长激素抗原的制备、生长激素单克隆抗体的制备等工作。

(九)运动员食物安全保障系统研究

该成果包括农药残留检测方法的建立及标准化、兽药残留的检测方法的建立及标准化、兴奋剂残留检测方法的建立和标准化、微生物检测的方法标准化、重金属污染的检测方法及标准化、运动员食物 HACCP 系统在国际赛事中试运作等 6 个子课题。

建立了四环素等 6 类抗生素在动物组织等中 HPLC 残留的控制方法；建立了 11 种有机氯农药的气谱分析方法；建立了富含蛋白、脂肪、植物提取物添加物基质中 Pb、Cd、Hg 原子吸收测定方法和前处理方法；建立了微生物检测在原有检查项目的基础上增加了空肠弯曲菌的检测方法。

(十)高原训练方法与应用研究

国家体育总局体育科学研究所冯连世承担并完成的“高原训练的方法与应用研究”，系统总结了我国竞走、女子长跑、马拉松等田径项目、游泳及赛艇、皮划艇等项目优秀运动员的高原训练经验，以田径、游泳、赛艇、皮划艇国家队优秀运动员作为测试对象，研究了优秀运动员高原训练的个性化特征，高原训练与平原训练的适应、高原训练与比赛的合理安排、高原训练中的技术特点和高原训练中的力量训练的问题，建立了不同项目、不同年龄和性别、高水平运动员的个体化高原训练方法。并从医务监督、运动生理生化、技术分析及运动营养和疲劳消除手段等方面，建立了我国体能类项目优秀运动员高原训练的监控和营养恢复方法。同时以优秀运动员为研究对象，通过观察“高住低训”(Hi-Lo)、“高住高练低训”(HiHi-Lo)方法对提高体能类项目优秀运动员训练效果和生理机能的影响，研究建立了“高住低训”(Hi-Lo)、“高住高练低训”(HiHi-Lo)的具体训练方法和实施方案，以及优秀运动员“高住低训”(Hi-Lo)、“高住高练低训”(HiHi-Lo)的监控方法。

(十一)提高运动员体能的关键技术研究

北京体育大学谢敏豪主持承担了“提高运动员体能的关键技术研究”。该项目对运动引起体能低下的 3 个关键问题血睾酮低下、免疫功能失衡、贫血的发生机制进行了进一步的研究，着重探讨早期诊断的敏感指标，为有效地进行防治提供理论依据。

· 采用生物芯片技术，以微量血为检测样品，初步建立了快速、微量检测血清皮质醇和谷胱苷肽的检测方法与相应的检测样机和芯片。

· 初步建立起血白细胞的 r—干扰素(r-IFN)、白细胞介素—2(IL-2)、白细胞介素—4(IL-4)和白细胞介素—10(IL-10)的 mRNA 定量检测方法，并采用这些指标对模拟跑步、自行车和举重训练受试者，以及相应项目运动员进行了测试。

· 通过人体试验与动物实验进一步观察了运动性贫血或血红蛋白下降的发生机制，证实运动性贫血或血红蛋白下降与机体的铁代谢失衡等因素有关，营养失衡与训练过度两因素均是导致运动性贫血发生的重要因素。

· 通过大鼠实验对运动性低血睾酮的发生机制进行了进一步的研究，表明大负荷训练 1 周血睾酮降低，连续训练 5 周血睾酮持续降低并伴心、肝、肾重要脏器的病理性变化，增加负荷训练 1 周，重要脏器病理变化加剧，且睾丸会出现病理性变化，Leydig 细胞内胆固醇的合成、摄取与转运等关键步骤的抑制。

· 完成了中药复方、茯苓素、谷胺酰胺等非兴奋剂物质对运动引起的体能降低的调整作用的初步研究。

(十二)备战 2004 年雅典奥运会科研攻关与科技服务成果

· 张忠秋、张漓、张勇东通过综合运用运动心理、运动生理生化、医务监督、运动生物力学等学科(领域)的最新科研成果，结合运动实践，利用多学科优势，从多个角度、多个层次对国家跳水队备战雅典奥运会的备战工作进行研究，建立了系统而全面的运动员生理、心理、伤病及技战术分析数据库，并形成了一套科学有效的攻关与服务体系，提高了国家跳水队科学训练水平，为国家跳水队在雅典奥运会上取得佳绩提供了科研服务保障。

· 吕雅君、杨则宜、董天姝等主要采用文献资料调研、问卷调查、数理统计、跟踪调查等方法，从技战术、营养、体能 3 个方面进行了研究，得出以下主要结论：从不同角度对中外女子排球队实力对比、技术对比、打法特点、变化特点、人员配备特点进行了分析并提出了相应对策。中国女子排球队一传不稳定是造成技术发挥波动的重要原因，其中自由人水平存在差距。速度与变化的技战术特点风格不突出，进攻实力不足和自我失误的问题明显。中国女子排球队运动员膳食中存在蛋白质、脂肪摄入过高，碳水化合物不足，部分运动员维生素和钙摄入不足，三餐热能分配不合理等问题。从排球项目特征研究、排球运动员体能的定义与结构要素研究、排球运动员体能的功能分析、影响排球运动员体能的主要因素以及排球运动员体能训练应遵循的基本原则 5 个方面进行了研究。

· 冯美云、胡新民、吕岩等根据在中国国家女子长跑队近两年的科研攻关服务经验，结合实验研究和文献研究结果，对长跑、马拉松项目的训练方法、科学选材方法、训练监控方法、机能监控方法及营养补充方法进行了应用性研究，为第 28 届奥运会中国女子 10 000 m 跑项目获得金牌提供了理论支持和科技保障。

五、国内外体育科学研究对比

中国体育科学工作者经过长期的工作，已经逐步形成了具有中国特色的体育科学研究体系，并取得了一定的成果，在国际上处于领先水平。主要表现为以下几个方面。

(一)优秀运动员科研攻关与科技服务

在第 27 届和第 28 届奥运会上，中国运动员取得了出色成绩，中国体育科技工作者发挥了重要作用，得到了教练员、运动员和体育管理工作者的高度认可，并已经引起了国外同行的关注。优秀运动员的科研攻关与服务包括优秀运动员身体机能评定、技术诊断、心理调控、运动伤病防治等各个方面。中国体育科学工作者不仅在这些领域进行了深入的研究，而且长期深入到运动实践，解决运动队的实际问题，因而已经成为中国体育科学具有鲜明特点的研究工作。

(二)中国国民体质监测系统的建立与应用

我国学者从 1979 年开始学生体质调研，经过近 30 年的系统研究，通过文献资料、问卷、实地调查、初步设想的指标进行筛选检验，在体质研究的理论基础和操作实施等方面都取得显著成果。这些成果，大体可归纳为 6 个方面：①各人群的监测用指标体系；②各监测人群的网点布局；③监测网络系统及其计算机管理；④测试细则和现场质量控制措施；⑤数据的检查验收细则；⑥不同人群的体质评价标准。

建立了具有中国特色的国民体质监测体系。在 2000 年我国首次在全国范围内进行了国民体质的研究工作基础上，2005 年进一步完善了国民体质监测体系，进行了第二次国民体质监测工作，对不同人群、性别、年龄、职业状况的人体进行科学的测试和规范，从抽样、测试到数据的录入、统计和分析，研究范围之广，测试人群之多，都达到了国际上的领先水平。

(三)兴奋剂检测技术达到国际先进水平

我国反兴奋剂与兴奋剂检测研究工作紧密追逐世界先进技术，不断加强我国兴奋剂检测中心与国际间的科研合作与交流，及时取得信息，掌握关键技术，使兴奋剂检测技术，达到国际先进水平，连续 17 年通过国际奥委会的检测。在近几届奥运会上，我国运动员取得了优异成绩，且无一例兴奋剂阳性报告，不仅表明中国政府高度重视反兴奋剂工作，而且表明我国兴奋剂检测技术达到了国际水平。主要表现为：①现有兴奋剂检测方法的研究与改进，如改进和建立肽类兴奋剂检测方法；②新建立和改进的检测方法灵敏度和专一性优于以往的方法。例如，利用高分辨质谱仪(HRMS)明显提高检测的灵敏度，达到 2 ng/ml水平；③新方法取得有关国际组织的认可，利用同位素质谱仪(IRMS)解决了内源性甾体的滥用问题；引入高压液相色谱质谱(HPLC/MS)技术等；已建立检测血浆膨胀剂－11－羟乙基淀粉的方法；④常用制品中兴奋剂检测手段及可靠性研究。

(四)部分基础研究成果与国际接轨

我国学者在基础研究方面的部分领域进行了重点研究，在部分基础研究领域已与国际同步或接轨。在充分重视高原训练理论与应用严加基础上，我国一些高等院校和体育科研机构相继建立了模拟高原训练的高住低练研究室，深入探讨 HiLo 提高运动能力机理、HiLo 对免疫机能影响、HiHiLo 训练理论、RBC、Hb、Hct 变化特点、红细胞的生成与释放对 EPO 存在量的依赖效应、低氧训练效果的预测指标等诸多理论与机制问题。

关节镜技术在运动创伤诊断和治疗中的应用。关节镜微创手术治疗运动创伤和骨关节病，是目前运动医学临床研究的重点。

我国学者已经利用壳聚糖将 IL-1Ra 和 IL-10 基因成功导入体外培养的软骨细胞和

滑膜细胞，在兔的关节内可以抑制骨性关节炎的发生发展，并优化了各种反应条件。

我国有少数医疗单位在应用关节镜诊断和治疗膝关节运动损伤方面，已经达到国际先进水平。采用联合基因移植治疗创伤性骨关节病取得良好效果，为临床修复软骨损伤开辟了一条新路，该项研究的论文发表在国际骨科领域权威杂志《骨科研究》上。

（五）实验室建设取得明显进展

近年来，随着中国经济的快速发展，加强了对中国体育科学技术的基础建设投入，实验条件不断完善。2002 年以来，国家体育总局系统先后启动并建设了运动机能评定与技术诊断、运动心理、运动医学、运动营养、体育信息、体能训练与恢复 6 个重点实验室，同时，各省市体育科研机构和高等院校的重点实验室和研究基地也不断增加，这些基础研究设备的投入为中国体育科学的可持续发展奠定了坚实的基础。

我国体育科学与国外相比存在的主要不足有以下两个方面。

1. 创新性研究成果不多

2006 年，全国科技大会提出“加强自主创新能力，建设创新性国家”的方针，把自主创新放到了优先发展的位置，近年来，中国体育科学虽然取得了一大批高水平研究成果，在个别研究领域甚至达到国际先进水平，但从整体上讲，中国体育科学缺乏高水平创新性研究成果。

在基础研究方面，以自主创新为特点的原创性研究成果偏少，低水平重复性选题偏多，表现为研究思路单一、缺乏创新思维和意识，相当一部分研究或是对国外研究成果的复制与重复，或是对国外相关学术的支持与论证，很难见到类似于“超量恢复理论”、“运动员心脏”、倒 U 型假说、内驱力理论、多维焦虑理论等体育学术界有影响、真正有创新意义的成果。即使具有创新意义的文章，也没有形成一个完整的理论创新体系或缺乏足够的理论支持。表现为虽然我们每年发表大量的学术论文，但在国际核心期刊上发表的论文，特别是被 SCI 收录的论文数量很少，而引用率高的文章更是凤毛麟角。

盲目引进新技术、新方法，一些研究者、特别是一些年轻研究者在从事科学研究时，不是根据体育科研的研究特点，如研究目的、研究任务和研究需要选择确定研究技术和方法，确定和引用母学科的技术方法，而是单纯地为引用新技术而进行科学选题和研究，虽然得出了一些相关的研究成果，但并无创新意义。

2. 应用研究成果转化率不高

体育科研课题来源于体育运动实践，体育科技成果指导体育运动实践是体育科学研究的重要指导思想。多年来，体育科技工作者为此付出了艰苦的努力，并在体育运动实践中发挥了重要作用。但体育科学研究与运动实践脱节、体育科技成果缺乏对实践指导的现象依然存在。例如，在竞技体育高原训练研究中，我们完成了一大批高水平研究成果，总结了一套比较完整的高原训练一般规律、高住低练、高练低住和高住高练低训的训练理论，但如何根据高水平运动员的个性特点合理安排高原训练，并创造运动成绩依然是亟待解决的问题，如是否适合高原训练、适宜的海拔高度、高原训练的时间和返回平原参加比赛的间隔时间等；我国运动创伤研究在部分领域达到国外先进水平，但如何通过科学的体能训练方法提高运动员的整体能力预防运动伤病，运动创伤后如何合理地安排康复训练、加速运动员的伤病恢复尽快提高运动员的体能等，依然是运动医学需要加强研究的领域。

在运动心理学研究中，虽然开始采用脑电技术（如 EEG、ERP、脑波涨落等技术）监测运动员中枢神经系统机能状态，但由于实验方法的限制，目前在运动实践中的直接应用尚有一定距离，目前经常在运动队使用的蓝牙技术等也都是应用国外的方法。

国外大众运动健身研究中，非常重视人类健康与健身运动领域的研究，其研究内容包括各种力学负荷对人体运动功能的影响，如场地、器械、鞋、服装等；人体运动素质和运动能力的检测设备和发展运动能力的训练设备；关于健身器械包括鞋、服装等生活用品方面的生物力学研究分析；大众运动健身的科学评价与指导，不同人群运动健身的特点与方法，慢性病患者的运动健身指导方案等。但我国目前对体育领域的应用研究重视不够，研究能力也不强，企业很少对体育应用研究给予投入，同时体育科技中可以被企业认可的应用研究成果不多。

六、中国体育科学研究展望

（一）突出重点，加强创新性研究

要加强我国体育的应用基础性研究，不断取得创新性研究成果，以保证我国的体育科学事业可持续发展。在加强创新性研究中，要根据中国体育科学研究的实际情况，坚持“有所为，有所不为”，总体规划，宏观把握研究方向。在具体研究领域，实事求是地根据我国现有的研究基础和研究力量，突出重点和特色，确定重点研究领域，集中人力和财力，力争在一些重点研究领域有所突破，达到国际领先水平。

· 高原训练（高住低训，高住高练低训）提高人体运动能力的机制与特征规律研究。
· 运动导致的低血睾、免疫机能低下和低血色素的生物学机制。
· 运动员疲劳发生机制与身体机能恢复。
· 兴奋剂检测的新技术、新方法。
· 优秀运动员身体机能评定新指标、新方法的研究。
· 体育锻炼提高人体健康水平、防治慢性病发生机制的研究。
· 心理建设综合系统模式和逆境应对训练模式。
· 身体锻炼提高心理健康水平的作用与机制。

（二）突出应用特征，为体育运动实践服务

体育科学是一门应用型科学，体育科学研究应当成为解决运动实践具体问题的重要工具，加强应用研究成为今后一个时期我国体育科学研究的发展趋势，特别是要围绕备战北京第 29 届奥运会 2008 年的工作重点，统筹安排体育应用科研工作，使体育科研真正为体育事业服务。

· 加强优秀运动员身体机能评定与训练监控研究。

- 加速运动员身体恢复的手段和方法研究。
- 优秀运动员的技术诊断方法与应用理论、方法和规律的研究。
- 优秀运动员的体能训练方法与防病康复训练。
- 优秀运动员心理机能状态的诊断与评价。
- 高原训练的个性身体、心理特点与方法。

(三)引用新技术,提高体育科学研究水平

现代科学技术迅猛发展,科学研究中的新技术、新方法不断涌现,为体育科学的发展提供了技术保证,体育科技工作者应当充分利用现代先进的科技手段,结合体育科技的实际需要,选择母科学的新技术、新方法为体育科学服务。

生物芯片技术为体育科学研究中生物学指标的检测提供了一条高效的途径,将是今后一个时期体育生物检测技术研究中的一个重要方向。生物芯片技术可用于兴奋剂检测、在运动员身体机能评定等指标,使得检测更加快速、简便和准确。

分子生物学技术可以广泛应用于体育科学,分析优秀运动员的基因特征,作为运动员科学选材的分子遗传学基础;随着基因治疗技术由实验室走入临床,基因治疗将有助于我们提高运动损伤的疗效和治疗进程,特别是在骨质愈合、关节炎、软骨损伤、半月板撕裂以及韧带断裂等方面具有较好的应用前景;同样,也可以根据基因多态性,针对个体特征制定出真正具有个性化的、最合理的训练计划和运动处方。

计算机模拟技术应用于运动训练,可以对运动员的技术动作进行分析、预测、评价和控制,可以明显提高体操、跳水、蹦床等高难技术项目的训练效果。

各种心理学方法应用于优秀运动员心理调控,特别是重大比赛前的心理调控。

(四)加强中国特色的体育科学研究

科学没有国界,但科学要有特色。中国传统的中医药学和健康方式对提高运动员的竞技能力和国民的健康水平具有独特的作用,我们应当以中国特殊的文化传统和社会背景为依托,运用现代科技手段开展中国特色的体育科学研究,取得具有中国特色的高水平研究成果。

- 中医药学在竞技体育加速身体恢复和提高大众健康水平中的作用。
- 中国传统健身方法的理论基础与推广、应用途径。

(五)中国体育科技成果走向世界

近年来,中国体育科技工作者已经取得了一批有特色、高水平的研究成果,并引起国外同行的关注,我们应当通过国际核心刊物(SCI)、高水平国际学术会议等方式与国外学者交流,特别是要提高青年学者的外语论文撰写能力,要使我们在体育科学领域的研究论文在国际学术刊物上发表,提高学术论文的引用率,使中国体育科学在国际体育科技舞台占有重要地位。

参考文献

[1] JAMES F F. Maximum Sports Performance[M]. Random House,1985.

[2] 白宝丰,张蕴琨. 力竭运动后大鼠脑皮质运动区谷氨酸受体 NR_2A 蛋白含量及酪氨酸磷酸化水平的变化[J]. 中国运动医学杂志,2005,24(4):400-403.

[3] 蔡睿,江崇民,郑迎东,等. 国民体质综合指数数学模型的建立[J]. 体育科学,2005,25(3):30-33.

[4] 曹建民,赵杰修,金丽,等. 营养补充对运动性贫血大鼠红细胞指数、血清铁、铁蛋白及转铁蛋白指标影响的研究[J]. 北京体育大学学报,2004,27(8):1049-1052.

[5] 陈佩杰,韦俊文,方明,等. 老年人长跑锻炼后白细胞介素—1 的变化及其和糖皮质激素受体的可能关系[J]. 生理学报,1992,44(2):197-201.

[6] 陈筱春,文质君,熊静宇,等. 点压肾俞、照海穴对网球运动员定量负荷运动后红细胞免疫与抗氧化功能的影响[J]. 中国运动医学杂志,2005,24(1):30-33.

[7] 程五凤,史奎雄,徐丽芷,等. 举重运动员营养调查与膳食改进的研究[J]. 营养学报,1993,15(1):58-64.

[8] 樊晋华,侯明新,武斌,等. 服用健脾增免中药对耐力运动员免疫机能及有氧运动能力的影响[J]. 中国运动医学杂志,2005,24(3):51-54.

[9] 冯美云,胡新民,吕岩,等. 备战第 28 届奥运会田径女子耐力性项目综合攻关与服务[J]. 体育科学,2006,26(3):32-40.

[10] 冯燕. 优秀运动员大负荷训练评价的心理认知干预效应[J]. 体育科学,2005,25(12):43-45.

[11] 高炳宏,陈佩杰,董强刚,等. 上海地区汉族优秀游泳运动员 ACE 基因 I/D 多态性研究[J]. 中国运动医学杂志,2006,25(5):517-521.

[12] 高炳宏,陈佩杰,董强刚,等. 上海汉族优秀耐力运动员 ACE 基因 I/D 多态性与最大有氧能力(VO_2max)的关联研究[J]. 体育科学,2006,26(2):42-47.

[13] 高文倩,卢伟华,叶宇. 中、日青少年骨密度对比研究[J]. 体育科学,2005,25(2):48-51.

[14] 龚群,张蕴琨. 力竭运动后大鼠海马脑区谷氨酸受体 NR2A 蛋白含量和基因表达的变化[J]. 中国运动医学杂志,2006,25(4):420-423.

[15] 郭文萃,谢伟,王丽宏. 长期中低强度健身锻炼对老年代谢综合征危险因素影响的追踪观察[J]. 中国运动医学杂志,2005,24(4):443-446.

[16] 何国荣. 国家跳水队运动员颈椎损伤临床观察与防治探讨[J]. 中国运动医学杂志,2006,25(6):100-102.

[17] 何伟. 运动应激所致血清 IL-1β 和 IL-6 浓度增加及其作用研究[J]. 体育科学,2006,26(7):33-35.

[18] 何子红,陈观云,陶大浪,等. 中国优秀女子摔跤运动员常用训练手段的生理生化监控与效果评价[J]. 中国运动医学杂志,2006,25(5):569-573.

[19] 黄金丽,欧明毫. 支链氨基酸对赛艇运动员极限运动血葡萄糖异生的影响[J]. 天津体育学院学报,2006,21(4):297-298.

[20] 黄祁平,蒋桂凤,万艳平,等. 太极拳对增强女大学生血清总补体活性的影响[J]. 体育学刊,2006,13(2):69-71.

[21] 金丽,田野,赵杰修. 抗运动性贫血剂对运动员和大鼠红细胞代谢酶的影响[J]. 体育科学,2006,26(6):55-58.

[22] 金丽,田野,赵杰修,等. 大鼠运动性贫血时以及营养干预对红细胞膜脂质过氧化的影响[J]. 体育科学,2005,25(8):75-78.

[23] 匡晶,袁海平,史仍飞,等.摔跤运动员冬训大负荷训练期间若干生化及免疫指标的监测研究[J].体育科学,2006,26(5):37-40.
[24] 李翠珍,贾静.力竭游泳对大鼠红细胞膜脂质过氧化及红细胞变形性的影响[J].中国临床康复,2005,9(28):210-211.
[25] 李凤素.以阿是穴为主,采用平刺与围刺法治疗跟腱慢性损伤126例临床分析[J].中国运动医学杂志,2005,24(2):218-220.
[26] 李凤素.运动员髌腱慢性损伤79例针灸治验与运动处方[J].中国运动医学杂志,2006,25(2):228-229.
[27] 李爽,刘庆思,陈扬,等.运动与中药联合作用对骨质疏松大鼠骨密度的影响[J].中国运动医学杂志,2005,24(2):170-172.
[28] 李汀,李爱东,钱风雷,等.对刘翔备战第28届奥运会的综合攻关与服务[J].体育科学,2006,26(3):26-31.
[29] 李永瑞,梁承谋,张厚粲.不同运动项目高水平运动员注意能力特征研究[J].体育科学,2005,25(3):19-21.
[30] 李越,竺航,安平.优秀拳击运动员实战练习与比赛中CK、BU和Bla值变化的对比分析[J].中国运动医学杂志,2006,25(2):200-202.
[31] 李之俊,苟波,高炳宏,等.优秀短距离自行车运动员无氧代谢能力特征研究[J].体育科学,2005,24(12):28-31.
[32] 刘建红,周志宏,黄金丽,等.补充支链氨基酸对划船运动员不同负荷运动后血丙氨酸、葡萄糖及乳酸的影响[J].中国运动医学杂志,2005,24(2):132-136.
[33] 刘玉杰,陈继营,蔡胥.关节镜微创术治疗髋臼发育不良伴骨关节炎32例报道[J].中国运动医学杂志,2005,24(5):581-582.
[34] 卢德明,王向东.青年人六大关节肌力研究[M].北京:北京体育大学出版社,2003.
[35] 卢元镇.体育人文社会科学概论高级教程[J].北京:人民体育出版社,2003.
[36] 吕雅君,杨则宜,董天姝,等.中国女子排球队备战2004年雅典奥运会攻关研究[J].体育科学,2006,26(8):37-40.
[37] 满君,田野,高颀.过度运动后大鼠海马氨代谢的变化[J].中国运动医学杂志,2005,24(2):173-175.
[38] 潘珊珊,孙晓娟,尤培建.过度训练对心肌和骨骼肌缺血缺氧改变的形态学研究[J].体育科学,2005,25(12):49-52.
[39] 逄金柱,相建华,沙海燕,等.中国竞技健美运动员身体成分调查分析[J].中国运动医学杂志,2006,25(1):50-53.
[40] 齐敦禹,李红星.补充精氨酸对排球运动员免疫功能的影响[J].中国运动医学杂志,2006,25(5):596-598.
[41] 任杰,章建成,陈佩杰,等.心理技能训练对跳高技评应激时的绩效和免疫机能的影响[J].体育科学,2005,25(1):50-52.
[42] 任未多.不同运动项目运动员脑电特征的比较研究[C].广州:第八届全国心理学学术会议,2001.
[43] 尚文元,常芸,刘爱杰,等.中国优秀皮划艇运动员有氧能力测试分析[J].中国运动医学杂志,2006,25(4):443-446.
[44] 史康成.备战2008年奥运会科技工作的思路、措施以及对《中国奥委会兴奋剂控制规则(征求意见稿)》的说明[J].体育科学,2005,25(9):15-19.
[45] 谈艳,陈文鹤.不同赛期优秀足球运动员血红蛋白、血清睾酮的变化[J].上海体育学院学报,2005,29(1):30-33.
[46] 谭思洁,于学礼.肥胖幼儿减肥运动处方的研制及效果观察[J].中国运动医学杂志,2005,24(4):

439-442.

[47] 唐辉.优秀羽毛球运动员训练的生理、生化指标评价[J].北京体育大学学报,2005,28(8):1093-1094.

[48] 中国体育科学学会、香港体育学院编.体育科学词典[M].北京:高等教育出版社,2000.

[49] 田野,赵杰修,曹建民,等.抗运动性贫血复合剂营养补充对运动性贫血大鼠红细胞血象和血清EPO水平的影响[J].体育科学,2004,24(1):20-23.

[50] 王笃明,王健,葛列众.静态负荷诱发肌肉疲劳时表面肌电信号变化与主观疲劳感之间的关系[J].航天医学与医学工程,2004,17(3):201-204.

[51] 王奎,刘建红,等.运用iEMG评价举重运动员力量素质的研究[J].解放军体育学院学报,2005,24(1):92-95.

[52] 王启荣,周丽丽,李世成,等.耐力训练和益气补肾中药对睾酮合成的调节因素——StAR蛋白和P450—(SCC)酶mRNA表达的影响[J].中国运动医学杂志,2005,24(2):137-142.

[53] 王玉琴,李骁君.周期性大强度运动训练对竞技健美操运动员细胞免疫机能的影响[J].北京体育大学学报,2006,29(4):491-493.

[54] 韦启航,陆文莲,傅祖芸,等.人体步态分析系统—足底压力测试系统的研制[J].中国生物医学工程学报,2000,1(19):33-41.

[55] 魏守刚,杨则宜,贾弘堤.运动训练和营养补剂对大鼠骨骼肌糖原生成素基因表达的影响[J].中国运动医学杂志,2005,24(2):143-146.

[56] 吴晗晗,刁在箴,吴俊生.我国艺术体操运动员初级选材身体形态特征研究[J].四川体育科学,2006,1:104-106.

[57] 吴向军,王舸,徐建武.备战第28届奥运会女子500 m计时赛综合攻关与服务[J].体育科学,2006,26(3):41-45.

[58] 伍锶,陆爱云.健康老人常速行走的步态分析[J].中国康复医学杂志,1996,11:19-21.

[59] 武斌,樊晋华,邱蕾.我国优秀女子射箭运动员赛前脑地形图指标的分析[J].体育与科学,2006,5:82-83.

[60] 武桂新,冯连世,冯炜权.复合磷脂对运动员血清睾酮和皮质醇的影响[J].体育科学,2000,20(4):53-55.

[61] 席翼,张秀丽,胡扬,等.中国优秀马拉松运动员ACE基因I/D多态性频率分布特征[J].中国运动医学杂志,2006,25(4):391-394.

[62] 谢岚,常翠青,陈志民,等.中国射箭运动员膳食营养调查分析与改进建议[J].中国运动医学杂志,2005,24(2):225-226.

[63] 徐雁,敖英芳,于长隆,等.四股半腱肌腱重建兔前交叉韧带后束间结构转归过程的实验研究[J].中国运动医学杂志,2005,24(5):381-383.

[64] 许良.全国农村青少年生长发育趋势的研究[J].体育科学,2005,25(9):38-40.

[65] 许以诚,高炳宏,刘文海,等.振动与非振动力量练习时肌电图变化的比较研究[J].西安体育学院学报,2004,21(4):54-56.

[66] 印钰,王健全,阎辉.膝关节髌下脂肪垫囊肿的诊断及关节镜治疗4例报告[J].中国运动医学杂志,2005,24(2):214-217.

[67] 余祖财,郑鸣,姚爱德.针刺配舒活酒外擦治疗下肢肌肉肌腱损伤180例[J].现代中医药,2006,26(5):53-54.

[68] 张钧,陈晓莺,许豪文.运动对心肌细胞中凋亡调控基因表达的影响[J].体育科学,2005,25(8):79-82.

[69] 张力为,赵茜.教练员的心理疲劳[C].在全国高级教练员岗位培训班的调查报告.2006.

[70] 张培珍,田野.不同走跑锻炼方案对中老年人血脂异常的调节作用[J].中国运动医学杂志,2005,

24(5):530-534.

[71] 张绍岩,刘丽娟,吴真列,等.中国人手腕骨发育标准—中华 05 I. TW_3-CRUS、TW_3-C 腕骨和 RUS-CHN方法[J].中国运动医学杂志,2006,26(5):6-13.

[72] 常芸,于长隆,刘爱杰,等.我国耐力运动员 mtDNA 高变区 I 单核苷酸多态性与最大有氧能力的关联分析[J]. 体育科学,2005,25(5):36-39.

[73] 张跃,王清.突破力量训练中"平台现象"的理论与方法研究[M].国家体育总局攻关课题,2006.

[74] 张振民,周未艾,蔡振华,等.中国乒乓球世界冠军运动员脑功能特征研究[J].中国运动医学杂志,2002,21(5):453-457.

[75] 张忠秋,张漓,张勇东,等.备战雅典奥运会中国跳水队综合科研攻关与科技服务研究[J].体育科学,2006,26(5):33-36.

[76] 赵杰修,田野,曹建民,等.不同运动方式对大鼠血红蛋白浓度的影响——大鼠运动性贫血模型建立方法探讨[J].中国运动医学杂志,2004,23(4):436-440.

[77] 赵杰修,田野,冯连世,等.游泳运动训练的生理、生化监控方法研究[J].体育科学,2006,26(1):43-48.

[78] 周海强,史和福,李凤莲,等.312 名跳水运动员颈椎损伤临床调查与防治(附 173 例 X 线片分析)[J].中国运动医学杂志,2006,25(6):85-87.

[79] 周丽丽,王启荣,伊木清,等.耐力训练及补充中药多糖提取物对大鼠白细胞介素 2 及受体水平的影响[J].中国运动医学杂志,2005,24(3):302-306.

[80] 周丽丽,伊木清,王启荣,等."中长跑运动员机能评定及恢复指导系统"计算机软件的研制[J].中国运动医学杂志,2006,25(4):439-442.

[81] 周未艾,陈长庚,张振民,等.中国优秀跳水运动员大脑机能监控研究[J].中国运动医学杂志,2004,23(6):649-653.

[82] 朱珂,冯连世,张缨."高住低练"对运动机体血清补体成分含量的影响[J].体育科学,2006,26(4):62-64.

[83] 朱梅菊,谢振良.螺旋藻复方有效部位配方对慢性运动性疲劳大鼠脑组织基因表达谱的影响[J].体育科学,2005,25(12):61-64.

[84] 朱晓兰,赵芳,周兴龙.老年人步态特征的分析及其评价系统的初步建立[J].北京体育大学学报,2006,29(2):201-203 .

撰稿人:田野　王清　张力为

专题报告

运动生物力学学科发展

一、运动生物力学简况

(一)概述

运动生物力学是一门应用性很强的边缘学科，兴起于20世纪60年代，是研究人体运动力学规律的一门学科[1]。它的基本内容是运用各种实验测试手段，测定人在实际运动中的力学参数，然后运用力学、数学、物理学的理论进行分析推导，得出有应用价值的各种运动规律，解决竞技体育和大众体育中的生物力学问题。因此，运动生物力学必然与力学、物理学、数学、医学、生理学、体育学以及计算机科学、机械学、电子学、精密仪器等理、工、医学科之间存在密切的关系。所以，它又是一门交叉性的学科，需要有比较广泛的理、工、医及体育学科的基础知识。

从研究方法上划分，本学科可分为实验研究方法和理论研究方法两大部分[2]。实验研究方法主要是研究和测定人体运动各种具体参数的测试方法和手段。它包括测定人体运动的姿态和运动过程(人体各部分的位置、速度、加速度)、人体各部分在运动中所受的各种外力、合外力矩、人体内部的内力变换和运动中的能量变换。这些测试，不但技术难度相当大，而且很难保证测试的精度和重复性，因而必须应用高技术测试手段，而且要不断地进行新的探索和创新。理论研究方法主要是应用已测得的实验参数，进行内在机理的探索，并寻找有价值的运动规律。运用的主要方法有力学模型方法、数理统计方法、能量分析方法、人体各器官的数学模拟及其他各种新的理论方法。由于人体科学研究至今尚处在探索阶段，所以运动生物力学的理论方法的难度相当大，实际成效仅处在初级阶段。

从应用领域上划分，本学科的研究主要应用在竞技体育和大众体育两个方面。竞技体育的研究主要是分析各种竞技项目的运动技术动作。通过分析和研究，寻找最佳的技术动作，预防运动员的运动损伤，探索有效的训练途径、方法等，从而提高运动员的训练水平和运动成绩。我国在此方面的研究比较突出，特别是在田径、举重、体操、游泳、跳水、乒乓球、射击、水上等运动项目中，取得了一些有价值的研究成果[3]。大众体育的研究主要集中在运动对健康的促进，并应用于预防人体运动器官的损伤、运动对人体代谢的功效、减少职业劳动的伤残、外伤病人和伤残人士的运动功能康复等方面。在此，近期的国外研究已取得许多有价值的成果，它是21世纪运动生物力学研究领域的一个热点，而我国在此方面与发达国家相比，存在一定的差距。

(二)运动生物力学学科的形成和发展

早在公元前，人体运动中的力学问题就引起了许多自然科学家和哲学家的兴趣。

20 世纪中叶，由于医学、解剖学、体育学的发展，许多运动中的力学问题亟待解决，而电子学、精密仪器等学科的发展为这些问题的解决创造了前提。另外，力学、物理学这些古老学科在寻找应用新领域中，发现运用力学方法研究人体运动有相当广阔的前景，这些因素的结合使运动生物力学这门边缘学科应运而生，并得以发展。1967 年召开了第 1 届国际生物力学学术会议，1973 年成立了国际生物力学学会（简称 ISB），1982 年成立了国际运动生物力学学会（简称 ISBS）。我国于 1980 年成立了下属中国体育科学学会的运动生物力学分会。此后，该学科的研究工作蓬勃开展，取得了不少有应用价值的成果。

1. 实验测试方法

实验测试方法的研究是运动生物力学学科的一个重要部分，其主要内容大致可分为 3 个方面，即测人体惯性参数、测力和测运动学参数。

测人体惯性参数是指测定人体形态参数和质量分布参数，具体是指人体各部分的质量、质心所处的位置以及各分体绕 3 个轴的转动惯量（总称为人体的惯性张量），进一步还包括测量人体骨骼的弹性模量、肌肉黏弹性系数、血液流变学参数等。由于人体是有意识的生命体，所以这项研究十分复杂，已超出了普通测量学的范围。最初国外的研究是通过尸体解剖方法进行具体测定，但这样的研究只有个性特征，而且限于尸体，对活体运动中的惯量分布确定没有普遍意义。1958 年，日本的松井秀治采用 X 射线摄影方法，将人体分为 15 个环节，简化成各种几何形体，确定了个环节的质量和质心位置，初步得出了人体共性的惯量参数，将这项研究推进了一大步。但是，他的研究成果仅是将人体简化为质点系，缺少惯量参数，而且误差的置信区间为 18～31 mm，与实际差距较大，影响了实际应用价值。美国的 Hanavan[14] 于 1964 年、原苏联的 Zaqiorsky[4] 于 1978 年等，用 γ 射线扫描方法进行大样本统计获得人体惯性参数，得出了一套比较完整的人体惯量参数，使这项研究有了重大突破，至今仍在航空航天领域、人体科学研究中广泛应用。但是，他们的参数基于欧美人种的样本，与我国亚洲人种仍有较大的差别。20 世纪末，我国清华大学和白求恩医科大学用 CT 计算机图像分析系统研究得出一套中国人体惯性参数[5]，为我国填补了这项研究的空白，并得到了国内研究者的应用。虽然，这项研究已基本达到了应用的需求，但其精度和个体性特征仍不能满足深层次研究的需要，更精细的人体参数测量在 21 世纪仍是本学科的一项重要工作，特别是对人体骨骼、肌肉、血液等动力学参数的测量更是新的研究热点。

力参数的测量研究可分为人体外力和内力参数两大类，这项研究伴随着电子技术和传感器技术的进步而同步发展。人体外力测试的仪器主要是测力平台和各种专用传感器。自瑞士 Kistler 公司和美国 Bertec 公司推出具有广泛应用价值的测力平台产品以来，测力研究进入了一个新的阶段；前者应用压电晶体传感器的高频性能，使频响干扰对测量误差影响减少到很低程度；后者应用桥式应变片组合的功能，消除平台各部位测试的偏差率。这些产品随着科技进步而多次更新换代，但基本设计原理依然体现了其应用的长效性。人体内力测试仪器主要是各种肌力测量系统，这些系统能测试人体肌肉收缩力量。到 20 世纪末，测力研究大致在 3 个方面有了新的发展：①各种专项运动测力系统的研制，以适应具体实际运动需要；②多功能测力系统的研制，以适应运动员力量训练的需要；③足底压力分布测试仪器的产生和研究，使外力测试精细化，为大众体育和竞技体育的深入研究提供实验基础。

人体运动参数的测量是运动生物力学实验方法中的核心部分，测量的主要仪器是图数转换测试系统。它来自运动实际的需求，现代科学的发展又为该方法的实施提供了必要条件。它的应用十分广泛，特别是在我国竞技体育领域中普遍应用，并取得了不少有价值的成果。20 世纪 70 年代末，国外已研制成这类测试系统，并于 20 世纪 80 年代初在我国开始应用。发展至今，其方法的演变大致经历 3 个阶段：第 1 阶段中，运动实地采样多用胶片高速摄影机，图形的数字化过程和计算机数据处理是分开的。所以，实验的工作量很大，数据的精度较高。第 2 阶段中，随着计算机科学的迅速发展，电脑智能化的功能日益加强，图数转换过程很快由电脑来完成，这样，图数转换和数据处理及计算就一体化了。另外，高速录像也完全代替了影片，实验过程大大简化，量化数据相对精确，图数分析方法已初步成熟。虽然该方法在仪器及应用上都有了质的进步，但其实验数据仍缺少可比性，过程依然相当繁琐，且不能与测力数据有效同步。因此，实验数据标准化、图数分析自动化、测力与运动学测量一体化的需求，成为第 3 阶段中方法创新的核心问题。例如，国外的 Motion 测试系统、PEAK 测试系统、Vicon 测试系统、Qualisys 测试系统等，均有自动分析功能，并设测力、测肌电的同步装置。我国的一些省、市已相继购买了这类先进仪器，并在应用上取得了一定的效果。测运动参数除了图数分析系统外，还有 GPS 卫星定位测试系统、光电测试系统等，这些系统虽然有其应用的局限性，但都是随着现代科技发展而不断产生的新技术手段。

21 世纪以来，随着人们生活质量的提高和科学技术的迅速发展，运动生物力学实验方法的发展大致有以下几个特点。

(1)研究领域的重点是与健康有关的大众体育。这是因为，健康已是当前提高人们生活质量的重要因素。所以，这类研究的价值相应提高，特别在国际研究领域，这类论文和研究成果已占大多数。在国内，虽然竞技体育研究仍占相当比重，但趋势也在向大众体育方向发展。

(2)实验测试手段渐趋简明易行，工作量大、成效低的实验方法逐渐被淘汰。新研制的测试仪器通常具有专用性强、指标有针对性、反馈快速、使用简便等特点。

(3)新一代的同步测内外力和测运动学参数的综合测试系统不断出现，多项指标同时被测定，能更客观、更准确地分析测试对象的运动能力和状态。

(4)测试人体内部各器官运动的参数研究是本学科实验研究的新热点，这能深层次地研究人体运动的内在机理，高境界地探索运动规律，其应用价值更具有长效性。

2. 理论研究方法

运动生物力学理论研究方法不同于实验方法，它着眼于对人体运动机理和运动规律的探索，这类研究始于 20 世纪 70 年代。

人体运动的理论研究最初几乎都是力学家的工作，如美国的 Kane[15]、德国的 Wittenburg[16]、南非的 Hazte[17]等。他们先用多刚体系统来模拟人体运动，然后用经典力学的方法，确定运动的约束条件，建立运动方程，根据一部分实测数据，对方程求解，得出能解释运动机理的运动规律。当时，将此方法称为力学模型方法，这类论文和研究在 20 世纪 70～80 年代很多，为运动生物力学的深入研究奠定了力学理论基础，也出现了一些应用性成果。我国的梁昆淼、周起钊、刘延柱、钟奉俄等为代表的力学家，也为该方法的理论探索和实际应用做出了有价值的贡献。但是，该方法仅能考虑研究人体运动的力学特征，缺少辅助的实验手段，人体生物性的特征不能在该方法中得到反映。虽然 Hazte 等也考虑了人体器官的模拟，但毕竟与实际状况相差甚远，而且方法的推导和运算极为繁琐，很大程度上影响了该方法应用的有效性和全面性。

与力学模型方法同时并存的另一理论研究方法是数理统计方法。它将人体运动考虑为非确定性问题，提出人体运动的不可测性，并认为实验测试中无法对运动的力学性和生物性两者兼顾。因此，这些研究者用研究社会科学的现代数学方法，对运动的一些关键参数用数理统计的方法进行数据统计，或用模糊数学的方法进行多因子综合评估。这样，也能得出一些有应用价值的结论，而研究的方法和过程则有了很大程度的简化。虽然这类研究整体的精度和理论性尚有较大欠缺，但对局部运动的分析和诊断仍不失是一种简便可行的方法，至今还有相当的生命力。当然，21 世纪的这类研究必然结合其他理论分析方法，并辅以足够的实验手段，以提高该方法的实际应用价值。

由于力学模型方法的繁琐和忽视人体生物性的缺陷，一些研究者开始从另一角度考虑人体运动问题。他们认为，人体运动的过程也是能量转换过程。人在运动中，由人体内部提供化学能，使人进行(有氧和无氧)运动，一部分能量在运动中耗散转换成热能；另一部分转换为实际运动所需的机械功(有效功和无效功)，这样，就能从运动的有效功与耗散总能量的比值判断运动的有效性。这种方法既能兼顾人体运动的生理特征和力学特征，又避免了力学模型方法的繁琐计算，只要将能量转换的全过程进行数学描述，有价值的研究结论也就不难得到。在此方面，Lloyd[18]、Ward-Smith[19] 等在该方法理论推导和实际应用中，做出了有价值的贡献，这一方法结合了力学和生理学两者的特点，所得的结论也更贴近于实际，具有应用前景。

3. 理论和实验相结合

最近几年，理论和实验相结合的研究方法应用十分广泛。人体运动十分复杂，实验方法的不可重复性、误差不可避免性、缺少可比性等，都说明单用实验方法研究人体运动有很大的缺陷。同样，力学方程的不封闭性、理论误差不可测性、生物特征模拟困难性等，也说明了单用理论方法研究同样无法弥补研究成效的不足。这样，理论分析与实验新技术的结合自然地逐渐形成，实验方法研究日趋理论化、理论分析必须由实验测试数据的补充等，成为近年来研究论文的重要特征。国内和国际上的论文报告会上，这类论文日趋增多。例如，在 2005 年第 23 届国际运动生物力学学术年会上，美国学者 Hamill[20] 研究的运动坐标测量问题，是测试实验研究理论的典型论文；而德国学者 Brüggemann[21] 对艺术体操中带操生理极限理论研究，则有相当充分的实验基础和统计数据。我国在 2003 年第 10 届全国运动生物力学学术交流大会上，理论分析与实验技术结合的论文较前几届增加了许多，不少这类论文质量相当高，已成了论文集中的精品。此外，近年来，我国运动生物力学的博士论文中，许多都是理论分析与实验技术有机结合的研究论文，说明了这类方法已成为本学科新的热点和发展趋向。

另外，属于运动生物力学理论方法研究范畴的还有运动技术最佳化的研究、人体各器官的模拟研究等方法。运动技术最佳化研究主要应用于竞技体育，通过先进实验测试和系统的理论分析，寻找竞技运动项目中合理的运动技术。人体各器官的模拟研究是一项前沿的理论研究工作，它对骨骼系统、肌肉系统、心血管系统、特别是对神经系统的模拟等，是近年来运动生物力学学科中最富有挑战性的高层次研究，也是探索人体奥秘的一项基础性的理论工作。

(三)运动生物力学在我国的实际应用

我国运动生物力学的研究，特别是在应用上，具有自己的特色，大致可归结为如下几个方面。

(1)在竞技体育领域的应用成果较为显著[6]，为我国在国际体育大赛中取得优异成绩起到了积极的辅助作用。

(2)通常应用实验测试与理论分析结合的方法(以实验测试为主)对高水平的运动员进行精细的技术诊断，为提高其训练水平和运动成绩提供了必要的科学基础。

(3)自行研制许多针对各个竞技专项技术的专用测试仪器和评价系统，其设定的各项指标对该项目能起技术诊断作用，为运动员有针对性的科学训练提供了有效的科技保障。

我国在这些方面的研究成果数量上远超过其他国家，在研究水平上也有许多独特的创新，特别表现在注重实际应用上，为我国竞技体育的发展做出了贡献。以下是本报告的简要举例。

1. 乒乓球项目的应用研究

(1)直板反面进攻技术的可行性研究[7,8]：面对高旋转速度的欧洲弧圈球打法，中国运动员原有的直板反手推挡在对付弧圈球上，由于手臂功能受到握板方法的限制，已显示出许多不足。为解决这一难题，准备奥运会和重大国际比赛，中国乒乓球队设计了用直板反面击球进攻技术，即今天所看到的“直板横打”的方法，增加直板反手击球的进攻力。其可行性如何，需要运动生物力学的科学研究和证明。由此，对 1 名优秀乒乓球运动员进行了实验研究。该运动员进行直板左推右攻的技术训练已 6 年，并已进行了近 3 年的直板反面击球技术的实验训练，兼备两种技术，存在可比性。

采用立体定点定机摄影方法。用两台 EPL 高速摄影机以 100 幅/s 的拍摄频率同步拍摄直板正手正面和反面两种击球动作，用 GP－2000 型影片解析仪对两台摄影机拍摄的电影图片进行数字化处理。在计算机上对原始数据进行平滑处理和三维运动学分析。

本研究结果表明，直板反面击球，可使腕关节有足够的动作幅度，可使上肢对球的鞭打动作更加充分，可使球板倾角较小而盖住球体避免“吃转”，可使台内击球动作更加细腻准确，有较强的应变能力。从教练员的经验判断上，直板反面击球出手快，照顾范围广，能攻能防，可打可拉。由于球板倾角较小，能有效地回击弧圈球。因此，直板反面击球的技术是可行的。

本研究结果为教练员制订训练计划和比赛战术提供了科学依据。随后，直板反面进攻技术正式成为中国直板乒乓球选手在奥运会和重大国际比赛上，夺取冠军的一个重要技术手段。

(2)不同直径和重量的乒乓球对击球速度的影响[7,8]：乒乓球运动发展至今天，由于击球速度过快，旋转过强，比赛的难度越来越大，比赛中每分球的回合次数明显减少，普通人对运动员变化莫测的击球难以理解，逐渐失去了对乒乓球运动的兴趣，从而导致近年来观看乒乓球比赛的观众不多，电视及其他传播媒介对乒乓球比赛的转播或介绍兴趣较低。由此，国际乒乓球领域的许多有识之士已经清醒地意识到，失去观众这个"上帝"，就会失去这项运动的观赏价值，因此，乒乓球运动必须改革。

为了达到改革的目的，国际乒乓球联合会做了很大的努力，对比赛规则做了一些修改。例如，规定两面不同性能胶皮的颜色区别，把比赛用球由过去单一的白色改为白黄并存，对发球做了进一步限制等。但是，这些措施没有从根本上解决球速过快，旋转过高的难题，对增加乒乓球比赛观赏性没有取得明显的效果。

在这种情况下，国际乒乓球联合会提出建议，增加乒乓球的直径，由原来的 38 mm 改为 40 mm，以减小击球的旋转强度和运行速度，增加比赛中的击球次数，使乒乓球比赛具有更强的观赏性，吸引更多的人来关心乒乓球项目，保证其健康地向前发展。这是一个牵动全局的改革措施，如果得以实施，将对现有的乒乓球技术、战术、打法、规则等产生巨大的影响。因此，必须有足够的依据证明其科学性和可行性，方可实施。据此，国际乒乓球联合会委托中国，就不同直径和重量的乒乓球受击球旋转和速度的影响进行定量的实验研究，为国际乒乓球联合会的改革提供科学依据。该研究由我国的国家体育总局体育科学研究所承担。

该研究的实验对象为 3 名优秀乒乓球运动员，所采用的测试方法为乒乓球动态测转方法和平面定点定机摄像方法。

乒乓球动态测转方法：采用 PD－1 乒乓球动态测转仪（光学成像、高速扫描、空间滤波）测量运动员击打不同直径和不同重量的乒乓球后的旋转速度。该仪器的视场面积为 0.75 m × 1.05 m，测量范围为 20～200 r/s，不确定度为＜±3%，短期稳定度为＜2%。

平面定点定机摄像方法：采用 PEAK 运动分析系统，拍摄和分析运动员击打不同直径和不同重量的乒乓球后，球在空中运行的状态。拍摄频率为 120 帧/s，拍摄位置为击球运动员的正侧面。

本研究的核心结果是，运动员在分别击打基本相同重量的直径为 38 mm 和 40 mm 乒乓球时，40 mm 乒乓球与 38 mm 乒乓球相比较，扣杀速度平均降低了 13%，旋转速度平均减少了 21%。这一研究结果表明，40 mm 乒乓球更有利于增加比赛中运动员击球的回合数，使比赛更加精彩。

该研究为国际乒乓球联合会于 2000 年 10 月 1 日起，将直径 38 mm 的乒乓球改为直径 40 mm 的乒乓球，提供了科学依据。同时，我国乒乓球教练员和运动员根据这项研究结果，探讨相应的技术和战术，科学地准备奥运会和重大国际比赛，取得了优异的成绩。

2. 男子跨栏项目的应用研究[9]

近几年来，中国男子跨栏项目拥有了刘翔（雅典奥运会男子 110 m 跨栏冠军）、史冬鹏等优秀运动员。其中，刘翔在训练和比赛中所表现出的潜力，给中国田径队带来了希望。为使刘翔在 2004 年奥运会上取得佳绩，中国田径协会于 2002 年成立了男子跨栏项目研究与服务组。该组的主要任务是，根据教练员在准备 2004 年奥运会的训练和比赛中所提出的问题,进行相应的研究与服务。该组研究与服务的一个重点是,对刘翔等人的技术训练进行诊断与服务。国家体育总局体育科学研究所承担了此项工作,并从 2002 年起采用运动生物力学的方法,长期配合教练员进行专项技术诊断和技术服务。

此项工作的基本技术路线为:

文献研究
↓
与教练员座谈
↓
训练和比赛现场测试及图像信息反馈
↓
后期图像处理和定量分析
↓
反馈结果
↓
与教练员和运动员研讨、寻找对策
↓
进入下一阶段的研究与服务

需要指出的是,在进行此项工作中,教练员和运动员所需要的研究结果和服务形式是快速、直观、真实、易于比较,而不是难以理解的数学模型和复杂的定量数据。据此,所进行专项技术诊断和技术服务以定性分析为主、定量分析为辅。

本研究与服务所采用的主要方法为影像测量与分析和图像处理技术。图像采集设备主要为常规数码摄像机(如 SONY、JVC),拍摄频率一般为 25 帧/s(分帧为 50 场/s)。所采用的运动分析系统为"爱捷运动技术分析系统"、"SIMI－运动分析系统"和"DARTFISH－运动分析系统"。

本研究与服务中令教练员和运动员满意的结果为跨栏全程时间结构的研究与监测、栏间跑节奏的模拟与强化、运动技术图像处理与反馈。

□ 栏间跑节奏的模拟与强化:栏间跑节奏是影响运动成绩的一个重要因素,也是教练员较为重视的指标之一。为此,课题组除了在向运动员和教练员及时反馈训练图像和栏间跑时间的数据外,为了强化刘翔对最短栏周期节奏的长时记忆,将刘翔训练和比赛最高水平的最短栏周期编辑成 10 个连续栏周期后,常速连续播放视频文件。同时,将刘翔栏间跑的节奏制作成音频同步叠加到视频文件上,反复播放,对刘翔进行多信息的表象训练。

□ 运动技术图像处理与反馈:运动图像处理后的反馈是教练员和刘翔提出的需求,也是他们直观和有效了解技术状况、改进技术训练的一个方法。为此,课题组长期、系统、快速地提供双画面或三画面或四画面的视频录像比较输出、视频画面叠加、视频暂留、连续或单个技术动作图等。这项工作取得了较好的反馈效果,受到教练员和刘翔的称赞。

3. 力量诊断[6]

力量诊断是我国许多优秀运动员在准备奥运会和重大国际比赛的训练实践中的一个需求。为此,研究人员建立了用于肌肉力量诊断的测量系统。该系统在实验室条件下利用系统中各肌力测量系统之间的互补作用,从纯粹的力量素质角度上对运动员完成运动技术的重要肌群所需的力量成分,进行科学的定量测量。

下面以游泳项目为例,简要说明其应用过程。

· 问题的提出:提高游泳运动技术中的出发和转身速度,是中国优秀游泳运动员挖掘潜力和提高运动成绩的一个途径。游泳运动技术中的出发和转身速度主要取决于运动员的专项技术、专项协调性和专项力量。其中,专项力量是基础。它主要体现在运动员的下肢力量训练水平上。诊断运动员的下肢力量训练水平,从中发现问题,进而提高其针对出发和转身的下肢力量训练效果,是中国部分游泳教练员在准备 2000 年悉尼奥运会过程中所亟待解决的一个训练问题。为此,我们根据教练员的需求进行了相应的研究和诊断。

· 诊断方法的确定:根据与教练员讨论的结果,游泳运动员完成出发和转身技术动作中最重要的关节运动是髋、膝、踝三个关节的协调运动,即下肢在蹬离出发台或蹬离池壁的协调运动。其中,髋关节伸和膝关节伸起主要作用。完成髋关节和膝关节伸的主要肌群是伸髋肌群和伸膝肌群。它们在完成出发和转身技术动作中所需要的力量能力为快速力量。

就测量而言,采用实验室测量方法,对下肢蹬伸肌群进行多关节运动和单关节运动的测量,能够从纯粹的力量素质角度上定量检查运动员下肢蹬伸运动链肌群和局部重要伸肌群快速力量的训练水平。在此基础上,通过个体间的比较来发现问题,从而确定有针对性的力量训练方案。为此,选择了以实验室测量方法为主要手段进行相应的诊断。

· 诊断方法:诊断对象为中国游泳队的 10 名优秀男子选手和 7 名优秀女子运动员。

采用本肌肉力量诊断系统中的 TKK 肌力测量系统和 BKM 肌力测量系统,对诊断对象的左右伸膝肌群及左右下肢蹬伸肌群的最大力量和快速力量能力进行了规范测量。测量时膝关节为 90°,其重复测量次数为 3 次。诊断对象在测量时均要求爆发用力,即以最快的速度发挥出最大力量。所采用的主要基本测量参数为最大力量(N)、启动力量(N)、爆发力量(N/ms)和相对爆发力量(1/ms)。

诊断对象在 TKK 肌力测量系统上的测试动作为单关节运动,即伸膝;在 BKM 肌力测量系统上进行腿部蹬伸时,其完成测试的关节运动是多关节运动,即髋关节和膝关节伸,而踝关节起一个相对固定的作用。因此,BKM 的测量数据主要反映的是髋关节和膝关节伸肌群协调工作的结果。如果运动员伸髋肌群的快速力量训练水平明显高于或明显低于伸膝肌群,将能通过对比个体间在 TKK 和 BKM 的测量数据得以反映,从而诊断出某一研究对象在伸髋肌群和伸膝肌群力量训练中所存在的主要问题和进一步提高的途径。

· 主要结果:诊断对象之间的下肢快速力量训练水平存在个体差异,出现的问题也不相同。例如,蒋承稷(50 m 自由泳中国记录保持者)与其他男选手相比,其快速力量训练水平,尤其是最大力量成分不占优势。以蒋承稷的项目特点(50 m 自由泳)和现阶段的力量训练而论,应进一步提高快速力量的整体训练水平。其中,以提高最大力量能力为突破口。其原因为,游泳运动员的出发和转身动作所需要的力量能力为快速力量。快速力量则由最大力量、爆发力量和启动力量这三种能力成分所构成,而这三种能力成分在不同的肌肉收缩时间内对快速力量的贡献率是因条件而有所变化的。根据 Schmidtbleicher[32-34]的研究结果,在完成技术动作时,当抵抗阻力的力量发挥过程(肌肉收缩时间)明显长于 150 ms 时,最大力量成分对快速力量起主要作用;当短时发挥力量的过程约为或小于 150 ms 时,启动力量和爆发力量成分则成为快速力量的决定性成分。游泳运动员的出发和转身技术动作(下肢蹬伸过程)一般大于 500 ms。就此意义而言,最大力量能力对于运动员下肢快速蹬离出发台和蹬离池壁将起重要的作用。又如,与其他优秀女子运动员相比,齐晖(悉尼奥运会女子 100 m 蛙泳第四名)具有两个主要特点。其一,下肢蹬伸肌群的最大力量训练水平相对较好。其二,伸髋肌群的最大力量训练水平明显优于伸膝肌群。她的主要问题是,伸膝肌群的快速力量整体训练水平发展滞后于伸髋肌群。就齐晖的个人特点和现阶段的力量训练而言,应考虑重点发展伸膝肌群的最大力量和爆发力量。

· 阶段训练方案:如何根据诊断结果,研究相应的力量训练方案,以提高其针对出发和转身的下肢力量训练效果,是教练员提出的一个要求。为此,我们根据诊断对象的以往力量训练计划和不足,在建立新刺激和符合力量训练规律的原则上,研究和提出了 3 种针对性阶段力量训练方案,提供给教练员。

此方案被有关教练员所接受和实施,并达到了解决诊断对象个体问题的目的。

4. 水上项目的应用研究

水上运动是人和器械的共同运动,运动结构比较复杂。近年来,我国运动生物力学在水上运动技术研究中,特别是研制一些专项技术测试仪器中取得了不少有价值的科研成果。

例如,湖北是我国培养赛艇、皮划艇优秀运动员的重点基地。自 20 世纪 80 年代起,武汉体育学院的科研人员对水上项目的生物力学研究始终没有间断。开始,他们研制体现运动员专项能力的赛艇、皮划艇测功仪,至今这些仪器仍对运动员的陆上训练起着重要作用。其后,他们又研制了许多测定水上运动的运动学和动力学指标的专用仪器;特别是在近两年,他们与华中理工大学合作研究,对赛艇划桨阻力的测定、对运动流体特征的计算、对帆船运动姿态等进行了分析和测定[10],对水上运动的理论研究和实际应用起到了积极作用。

又如,上海体育科学研究所的科研人员探讨水上运动项目已有 20 余年的历史,他们围绕运动队实际训练的需要,在近期研制的 GPS 赛艇实时测速系统中,突出了及时调控训练的功能。该成果不仅在研究领域中有所创新,而且解决了运动控制的实际问题。他们还与中科院兰化所结合,用先进的纳米材料对船艇实施减阻成功,为上海水上运动队在“十运会”上取得好成绩做出了贡献,获得了上海市科技进步三等奖。

5. 其他研究

目前,我国运动生物力学的主要研究成果集中在竞技体育的应用上,其他方面较国际先进水平有一定的差距,但也有一些亮点,在此仅做分类简述。

(1)理论研究:上海交通大学[11]和清华大学先后在人体运动模拟(仿真)领域进行了有价值的理论和实际应用研究,为精细分析和设计高难技术动作奠定了理论基础。

清华大学[5]和白求恩医科大学所做的中国人体惯性参数研究,结束了用国外参数分析中国人运动动作的历史,填补了我国这方面研究的空白。

西安体育学院和国家体育总局体育科学研究所[6]采用神经网络技术构筑运动技术分析和诊断的专家决策系统,属于国际前沿研究内容。

(2)大众体育研究:香港中文大学[24]对太极拳促进人体平衡功能的研究,是一项现代科技与传统民族体育结合的新型课题，近两年已得出了许多有意义的结果。

近两年，宁波大学对足底压力和运动鞋的测试研究已形成自己的特色[12]。其中，有简易实用的高跟鞋影响稳定性的研究，也有较深层次的足后部骨骼三维有限元模拟研究。

解放军和上海体育科学研究所合作的投弹肱骨骨折机理的研究，是一项临床医学结合运动生物力学的应用研究[13]，已获 2006 年度全军总后科技进步二等奖。

（四）运动生物力学研究热点和学科发展展望

科学技术的不断进步为运动生物力学研究方法的开拓创新，提供了良好的基础和广阔的发展前景，特别是计算机科学和生命科学的发展，直接为运动生物力学方法研究创建了必要的条件。近年来，运动生物力学研究方法形成一些新的热点，大致可归结为以下几个方面。

1. 运动生物力学与运动医学结合

近年来，运动生物力学与运动医学结合的论文数量急剧增加，论文质量也相应提高。例如，2005 年北京第 23 届国际运动生物力学学术年会的主题报告，近半数是属于这类文章。新西兰的 Bartlett[22] 明确提出，改进运动技术和避免运动损伤是未来运动生物力学的主要研究趋向。德国学者 Gollhofer[23] 对训练中肌肉系统的适应性研究，也为这类文章树立了一个很好的范例。

对人体运动的研究本来就需要兼顾运动的力学特性和生物特性。所以，运动生物力学与运动医学相结合的研究是本学科进一步发展的必然趋向。目前，局部的独立研究已进行得相当深入。例如，神经肌肉系统对运动训练的适应性改变问题：德国 Albert Gollhofer[23] 等 2005 年的研究结果表明，神经肌肉系统的适应性并不具备唯一性，目前也难以明确区分，神经系统对运动神经元的指令和控制可以是“兴奋”也可能是“抑制”。大量的研究结果表明，不同的训练方法都可能使神经肌肉系统出现高度专项化的适应性。今后的工作可能深入到大脑磁场刺激（TMS）研究 H⁻ 反射等，并结合肌电的各种研究方法，才有可能进一步了解神经肌肉对外负荷刺激（训练）的适应性机理。

2. 实验测试新技术与理论分析结合

理论分析与实验新技术的结合逐渐形成、实验方法研究日趋理论化、理论分析必须由实验测试数据补充等，成为近年来运动生物力学研究中的一个趋势。

其中，人体运动的计算机模拟（仿真）研究是本方法的典型范例，理论研究可以从运动方程中定性探索运动规律和趋势，实验的各种测量方法可以提供较精确的已知参数，两者的结合可以完整地求得运动全过程，并将其以各种图形或图表显示出来。例如，郝卫亚等[36]研究并实现了一个适合于跳水运动的三维人体运动仿真与显示平台—数字化三维跳水专项运动仿真系统。通过该系统，可以对跳水运动员的空中动作技术和连接方式进行精细的生物力学研究，可以利用三维动画对运动员的动作技术进行模拟（仿真），从而指导运动员的技术训练。

3.各种专项和大型综合的测试仪器的设计和研制

例如,人体运动自动跟踪捕捉系统是21世纪高技术的典型仪器。该仪器基于视频的人体运动捕捉(在某种分辨率下,捕捉大尺度的人体运动的过程)问题,对于解决不在人体粘贴标记点(Marker)的人体关节点自动识别、提高运动技术诊断和相应数据的反馈速度等,具有重大的意义。其解决问题的基本思路是:多角度采集运动员完成技术动作的图像信息→视频处理算法和跟踪算法对拍摄的视频进行处理→计算出运动参数。这里涉及人体模型、底层特征提取技术、多关节体的运动跟踪算法、跟踪的自动初始化、特定人体运动的捕捉等几个关键问题。其中,最具挑战意义的是"基于模型的人体运动跟踪算法"研究。它主要通过定义人体骨架模型与人体外观模型,搭建起一个通用的多摄像机下的人体运动跟踪实验平台。然后,利用投影和采样,建立起模型与图像特征的正向联系。为从图像特征中反求运动参数,可使用反向运动学来建立投影坐标与运动参数之间的反向联系。最后,建立起一个基于灰度、边界和轮廓三种图像特征的优化目标函数,并用牛顿高斯优化算法求解最优姿态。在此基础上,通过增加各种约束,使跟踪的目标函数更加平滑,保证在严重遮挡和信息缺失的情况下仍能给优化的姿态以足够的约束。通过引入"运动库指导"、"人体自相交限制"、"肤色区域约束"等一些手段,在一定程度上解决"局部收敛"、"误差累积"、"遮挡带来的跟踪失败"等问题。目前,国家体育总局体育科学研究所和中国科学院计算技术研究所在此方面进行合作研究,并取得了较好的进展。

与国际上先进的研究相比,我国运动生物力学发展有如下几个不同点。

(1)竞技体育运动动作的技术分析研究是我国的强项。在这方面,我们的研究覆盖面宽、数量多、紧密联系运动实际,但论文研究的质量和深度与国际先进水平相比,尚有待提高。建议今后力求提高质量,减少低水平重复研究。

(2)小型、专项的测试仪器研制是我国运动生物力学研究的一个特色。它对体育运动训练水平的提高起到了积极的作用。但是,此方面的研究工作在合作、协调、与高等院校及科研单位的结合、开拓市场等,存在一定的问题。建议今后设立一个协调机构,促进研究的深入和成果的有效应用。

(3)运动生物力学的基础研究是我国的薄弱环节。今后,应当重视基础研究的组织工作,增加此方面的研究投入。

(4)大众体育研究的不足也是我国运动生物力学领域的一个问题。在此方面,与国际上的同类研究相比,存在明显的差距。

(5)运动生物力学与其他学科相结合,是本学科发展的趋势。在这方面,我们也落后于国际研究前沿。建议今后加强各学科的结合,加强综合性研究,以提高我国运动生物力学的整体研究水平。

目前,运动生物力学在体育运动实践中的需求主要集中在3个方面,即运动技术诊断与计算机模拟、动力学测量与分析、肌电测试与分析。以下是运动技术诊断与计算机模拟、动力学测量与分析的研究与应用现状、发展趋势、问题等。

二、运动生物力学中的运动技术诊断与计算机模拟

(一)运动技术诊断

运动技术诊断(Technique Diagnosis)是运动生物力学学科中重要的应用研究领域。简单地说,它是以人体运动为考察对象,以运动生物力学理论为基础,以实验测试为手段,以评价和推断运动技术合理性、实现运动技术最佳化为研究内容,以提高运动技术训练水平为目标。因此,运动技术诊断就是以现有的训练条件和身体素质为基础,将运动目的和/或战术思想抽象化为理想运动效果,试图通过改进运动形式以提高运动效果为目的的研究过程[6]。

运动技术诊断与训练过程有着紧密的联系。最原始的技术诊断是由教练员完成的(如图 1)。与图中 3 个工作环节的顺序一致,运动技术诊断研究也大致经历了 3 个发展阶段:

- 初期(19 世纪初叶至 20 世纪 70 年代),观察仪器和工具的研制。
- 中期(20 世纪 70 年代至 20 世纪末),分析方法和分析仪器的发展。
- 现阶段(20 世纪末至今),综合决策方法探讨。

由此形成目前的运动技术诊断系统(如:图 2(a),图 2(b))。

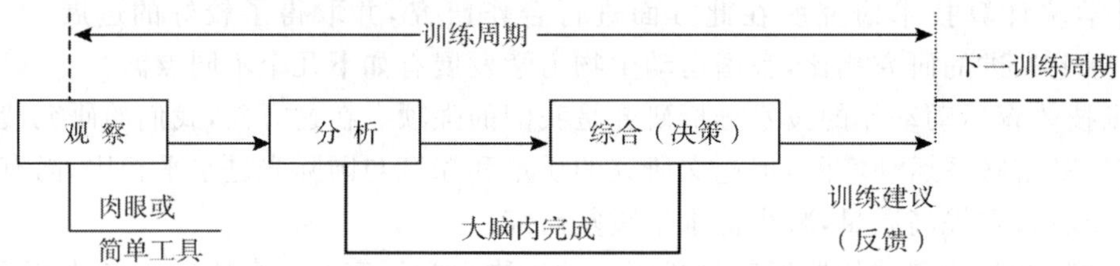

图 1 运动训练过程中包含运动技术诊断

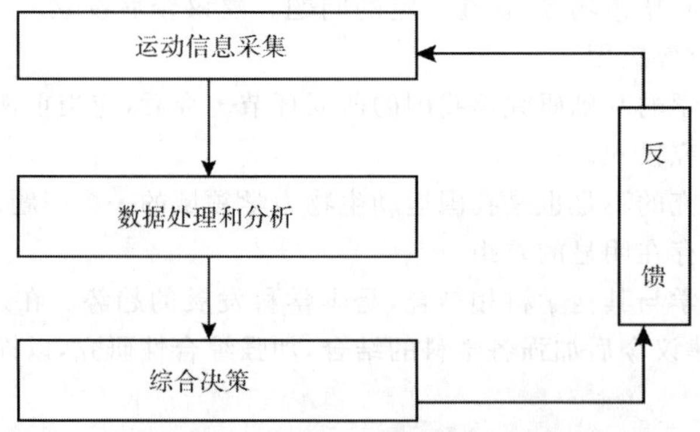

图 2(a) 运动技术诊断系统的基本模式

在国内外高水平运动队的训练中,由运动生物力学专家承担专项运动技术诊断任务已经相当普遍。例如,美国的奥林匹克训练中心有长期为训练服务的运动生物力学研究组,各个专项训练中心安装有先进的技术监测设备,常年聘请运动生物力学专家作为运动

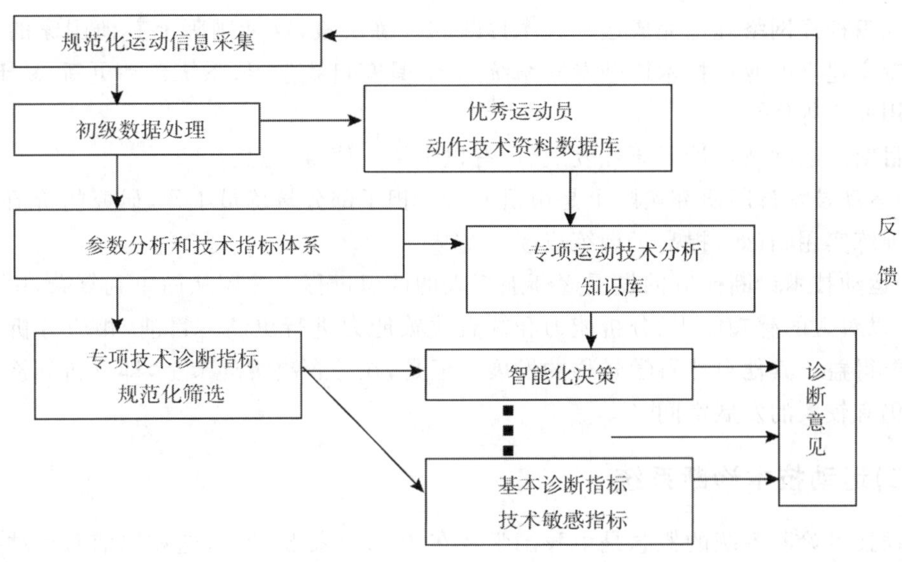

图 2(b) 优秀运动员技术诊断系统的工作模式

队科研教练,随时可以就训练中的技术问题进行分析,为教练员和运动员提供建议。又如,每四年一届的奥运会、世界田径青年锦标赛等,都有运动生物力学测试队进场为赛事服务,收集科研资料,世界优秀运动员的精彩动作能在 1～2 min 内以三维动画的形式呈现在电视屏幕上,为比赛增添科学性和娱乐性。

国内运动生物力学服务于运动训练实践起步较早,成效显著[37-38]。20 世纪 80 年代初,上海体育科学研究所的运动生物力学工作者运用高速摄影和分析手段,长期跟踪朱建华的技术训练,及时反馈技术诊断意见,为朱建华的技术训练提供了有效的技术保证。江苏体育科学研究所运动生物力学实验室是省级重点实验室,多年来为江苏竞技体育的发展作出了贡献。国家体育总局体育科学研究所运动生物力学研究室两代科研人员长期深入训练第一线,跟踪研究和服务于我国田径、举重、跳水、羽毛球、乒乓球等运动项目,为吴数德、马文广、占旭刚等创造世界纪录提供技术分析资料和改进意见,为跳水、羽毛球、乒乓球等项目的世界不败地位,做出了应有的贡献。此外,吴焕群等人关于乒乓球旋转的理论分析和实验研究,王云德、卢德明、王庆军等关于赛艇运动生物力学技术参数同步遥测技术,梁昆淼等关于"晚旋"动作力学模型预测研究等,都处于当时世界同行领先地位。

近年来,尤其是我国成功申办 2008 年北京奥运会后,我国运动生物力学工作者紧密结合运动训练实践需要,在诊断手段、应用领域、服务方式等都有独创性发展[39-41]。钱竞光等就跳水运动的"压水花"问题进行了大量理论分析,建立了"压水花"楔形体模型,并首先在江苏跳水队试验成功,为减小运动员入水水花技术问题提供了科学依据。对人体运动过程无干扰、实时采集运动信息的 GPS 测速系统,我国运动生物力学研究人员已研制成功和应用。计算机运动技术诊断的模拟(仿真)已经作为训练常规工具,并在跳水、体操、蹦床等项目中应用。在先进的图像处理技术和设备支持下,运动图像定性分析、快速反馈手段几乎成为田径、游泳、滑冰、举重等项目教练员日常训练的常规工具,并在刘翔准备 2004 年雅典奥运会过程中发挥了积极作用。在诊断方法方面，我国研究者已成功开创了运用人工神经网络理论完成运动技术诊断和训练决策，这和国际上其他国家的运动技术分析专家建立的专项技术诊断专家系统相比，具有自我学习、系统自动更新、易于推广、方法适用面广等优点。

从目前的运动技术诊断研究发展看，有以下两点值得注意。

(1)运动技术诊断研究实际上是由研究者承担了部分教练员工作，研究的价值体现在对运动训练实用、有效，提高了训练成绩。

(2)运动技术诊断研究的发展逐渐逼近人的认识过程。按照从简单到复杂，由外到内的原则，以对人的感知能力、分析能力和综合决策能力进行更新。目前，相应分析方法的进步主要得益于其他自然科学学科的发展。但是，在综合决策环节上，即分析和诊断方法研究中仍有较大的发展空间[37]。

(二)运动技术诊断系统

运动技术诊断系统的概念是由我国学者在 2004 年提出的[6]，这和以前对运动技术诊断认识的最大不同是：它不再只是一个简单孤立的问题研究，而是一个系统应用问题。作为典型的应用研究领域，科学性固然重要，但有效性、实用性、可操作性更重要。同时，也说明了经过半个世纪的知识积累，运动技术诊断在理论、方法和解决实际问题等方面已相对成熟，已经开始从研究阶段走向实质性应用阶段。将技术诊断看作系统的好处是系统的结构、功能和特征明确后，就有向训练领域直接推广使用该系统的可能。

王清等(2004)在总结了前人大量研究成果基础上，建立了我国优秀运动员技术诊断系统，并应用于我国优秀运动员准备奥运会和重大国际比赛中，取得了良好效果。总结一下，一个有效的技术诊断系统主要由几方面要素和条件来保证，即：①规范的测量方法和设备；②必要的现场测量条件；③配套的图像量化、数据处理和分析系统；④较为专业的图像处理设备和软件；⑤科学实用的技术分析和诊断方法；⑥合适的输出资料和反馈方式。

运动技术诊断的基本模式是一个反馈控制系统，系统的作用对象是训练中的运动员。从长期看，它是一个正反馈作用过程，但短期、局部作用效果有时可能是负反馈(技术调整后成绩略会下降)。就目前的发展水平而言，整个系统的自动化程度不高。因此，研究人员的经验、知识等智能因素，即时心理状态，操作测量工具、分析仪器等的能力，实验设置、环境条件对运动员心理状态的干扰等，都会影响控制系统的工作状态和结果输出。构成系统的硬件主要包括两个部分。其一，各种类型的传感器、换能器、组合型的测量仪器、分析仪器、计算机等工具类硬件；其二，设计和实现诊断的研究者和设备、工具的使用者。如何克服系统现有不足，提高系统的稳定性、处理和反馈速度等，是当前甚至今后一个时期运动技术诊断方法学研究的主流。

1.运动信息采集

需要完成技术诊断的研究任务常常要在特定的环境(如训练、比赛等)、时间、运动员即时状态(如疲劳、最佳竞技状态等)下收集运动信息。因此，要求信息采集对运动过程无干扰，最常使用的是反射性光信号技术。这类研究手段也称之为运动学方法，主要包括以摄影、摄像、光点反射(激光、红外光等)类设备为主的现场测量。

运动学方法以运动图像的现场记录为主，并在专用的图像量化分析仪器上获取运动学数据。历史上，这一方法有一个相当长的发展过程。在20世纪90年代前，主要使用以胶片记录运动图像的运动摄影技术；在计算机和电子技术飞速发展的支持下，运动摄影基本淘汰，取而代之的是运动摄像技术。但对研究者而言，获得的原始运动信息性质是一样的。与摄影相比，摄像技术的最大优点是设备轻便、现场操作简单、记录信息量大、图像即时可见、资料易于使用和保存等。

运动现场的图像测量方法主要有平面定点定机摄影(像)、平面定点跟踪摄影(像)、立体定点定机摄影(像)和立体定点跟踪摄影(像)。平面定点定机测量技术使用较早，立体定点定机测量原理在20世纪80年代前就已成熟，国内实用的运动现场测量技术是由国家体育总局体育科学研究所与其他大学合作，从20世纪90年代开始研究，并逐渐推广使用。

与早期使用的摄影机相比，数码摄像机在运动现场使用占尽了优势，但常用的数码摄像机拍摄频率仅有25 Hz(或30 Hz)。尽管采用分场方式能提高拍摄频率，但却损失了图像的分辨率。较低的拍摄频率和图像分辨率都会降低信息量，给后续的数据处理带来较大的误差。此外，较大运动范围的图像拍摄和测量技术目前尚不成熟，现场操作难度大，因此，无论平面或立体定点跟踪摄像方法使用并不普遍，限制了许多专项运动技术问题的深入探讨。解决与之相关的测量技术问题，是近年来运动现场图像采集方法研究的重点。

此外，定点定机拍摄的测量范围有限(一般为5 m^3)，运动实践中还有许多运动范围大的项目(如撑竿跳高、三级跳远、划船等)的运动技术问题需要采用跟踪运动体扫描拍摄测量，其测量技术原理上已解决，但实用性较差，尤其在比赛场合下很难做到，亟待研究解决。

目前，已有研制成功的实时高速摄像系统应用于运动现场，主要包括两大类型：一是存贮卡暂存式(如美国Fastec公司高速摄像仪Troubleshooter，美国DRS公司高速摄像仪，扬州CN-001摄像机等)；二是计算机内存—转存硬盘式。其拍摄频率都可达100 Hz以上。两类相比，存贮卡暂存式的最大优点是轻便，但一次运动图像记录后，需要较长时间才能将图像存贮卡腾空；计算机内存—转存硬盘式存贮速度快，但系统庞大，需要大容量电源支持。这些问题有待于相关领域的技术和研究者支持解决。

随着运动训练科学化的发展进程，运动技术诊断已经广泛的应用于高水平运动队的训练中，训练对研究也提出了更高要求，即快速、准确地解决训练问题。因此，迫切需要对运动学测量方法规范，从而达到控制测量误差、提高数据获取速度和通用性，为协作研究、资源共享等创造条件。从2000年开始，我国运动生物力学工作者以《运动生物力学测量方法规范化》课题研究形式，进行了深入归纳和研究，尤其在运动学测量方法的规范化方面取得了广泛认可的研究成果[38]。

2. 图像量化、数据处理与分析

目前，运动图像量化和数据处理软、硬件系统已相对完善，国外已开发出较成熟的产品，如美国的APAS系统和PEAK系统、德国的Simi系统、瑞士的DartTrainer系统、瑞典的TEMA系统等。这些系统几乎占领了体育、康复、医疗等研究和应用领域的全球市场。由于国内在此方面的基础研究、产品研发等相对落后，因而国内主要的体育科研单位都是直接购买和使用上述国外系统。

传统的运动学数据处理和分析方式的最大缺点是工作量大、处理速度慢、实效性差。近年来，为解决数据处理、分析手段与训练实践需要之间的矛盾，国内外研究者都在原有图像处理系统基础上开发图像定性处理系统，以弥补原系统反馈速度较慢的不足，较成功的有 DartTrainer、Simi 等系统。国内也开展了这方面的研究工作，如科技部在 2002 年设立了专项奥运科技攻关项目，国家体育总局体育科学研究所、中科院、北京体育大学等都投入力量进行应用研究，一些成果在 2004 年国家队准备奥运会中使用，取得了较好成效，但没有转换为产品，与国外研究相比仍有差距。

综合解决定量分析与快速反馈的最好方法，是把人工量化运动图像的过程用自动解析替代。国内外这方面的研究一直在进行[61,66]。尽管取得了一些可喜成绩，但没有突破性进展。其原因是，人体运动的复杂性特征致使解决该问题的技术支持力度不够。实际上，对人体运动图像处理方面的问题研究不仅是体育科研的需要，同时也是智能监控、虚拟现实、基于模型的视频编码(如网络远程会议)、动画设计、网络游戏等众多应用领域的需要，已经引起研究者广泛重视。美国、德国、日本的多所大学和科研机构长期获得各方面的资助，开展对人体运动分析的研究工作，IEEE 也定期举办关于人体运动分析的专题会议。国内一些研究院所、大学也建立了人体建模、人体跟踪、人体动画等方面的专门研究机构和实验室，如浙江大学庄越挺、罗忠祥等，西安交通大学王强等联合美国贝尔实验室研究人员，清华大学高云峰，中科院王兆其、李桦等人，都在人体运动提取和关键点识别研究方面做出了国际高水平的研究[53,55,61,62,64]。目前，人体运动视频处理研究领域已成为国际、国内图像处理学科的新研究热点。

3. 综合决策

综合决策是技术诊断的关键一步，实质上这是一个方法学问题。按照使用数据和资料的种类不同可以分为定量方法和定性方法。体育实践中往往是定量方法和定性方法混合使用。依据具体使用的技术可以划分为：①常规方法；②数学、物理模型法；③专家系统法、优化法等。

与常规方法相比，其他几类诊断方法的适用面窄，但针对性强。

常规的技术诊断研究大多建立在比较基础上，即寻找一些技术关键指标或敏感指标，然后与标准值(常态值)或世界优秀选手的技术参数比较，按照经验确定出各个技术参量与运动效果之间的趋势关系，从而指出运动员当前的主要技术缺陷，完成诊断任务。按照这一思路，获得必要的技术参数就成为关键。这种研究模式几乎成为目前国内外大多数技术诊断研究的标准程式。

常规诊断方法的优点是适用面广，操作简单，结果反馈较快，但决策的经验性成分较多，尤其在没有该项运动的技术参数标准值和更高运动水平选手的数据资料可以利用时，就完全变成了经验性决策。决策的正确性程度取决于研究者个人的知识水平、研究经验丰富程度、对运动项目技术原理的理解深度等。采用其他诊断方法就成为必要。也有研究者在吸收了前人研究成果的基础上建立了一种定量结合定性的指标确定和筛选办法[41]，这能部分克服常规技术分析和诊断方法的极端个体性、经验性等弊端，这种方法的基本工作步骤是：①确定分析目标和效果指标；②建立与效果指标相关的层次因素模型；

③利用动力学方法确定运动项目(或动作)的环节主链;④确定主链上的关节运动自由度,对应每个自由度指定一个技术变量;⑤按照对动作姿态、速度和节奏三方面的技术描述,确定整体技术参量和局部参量,构成基本技术因素集;⑥计算效果指标以下各层之间的相关系数;⑦依据效果指标对样本分组,并对指标差异做方差检验;⑧依据相关程度和显著水平对参量排序、筛选,确定主要技术因素集。

这种方法不但可以作为常规技术分析和诊断方法的指标选取,也可以为其他定量诊断方法提供可靠的技术参数。

本质上,数学、物理模型法和优化法都是将运动技术问题数学化处理的方法,它有明显的专一性特征。无论问题多复杂,中间的逻辑过程、方程形式、计算等多么不同,这类方法都是以模型抽象开始,最终以模拟(仿真)给出分析结果。尤其是近年计算机模拟(仿真)技术的高度发达,强大的编程能力和计算功能支持着理论研究成果向实践应用领域渗透,这种技术诊断模式有越来越广的应用空间,发展迅速。

专家系统方法是近年来发展最为迅速的技术分析方法之一。它是在优秀运动员的技术资料有一定积累、国际上部分先进运动生物力学实验室已初步建立了优秀运动员资料库的基础上,开展起来的。例如,比利时学者玻森建立了游泳运动员的专家诊断系统,詹姆斯·海建立了跳远运动员的专家诊断系统。国内也有研究者采用人工神经网络技术建立运动技术分析和诊断的专家系统。

为了缩短研究与实践应用之间的距离,许多运动技术分析和技术诊断方法在科学性基础上已经把数据处理与资料反馈作为诊断决策的组成部分来考虑,如数学和物理模型法、专家系统法、优化法等,都是借助计算机技术实现快速决策和快速反馈功能,并已成为运动技术分析和技术诊断方法的发展趋势,我们不妨统称为运动技术分析和诊断的计算机模拟(仿真)技术[42-51]。

(三)运动技术诊断研究中的计算机模拟(仿真)技术

采用计算机模拟和仿真技术完成运动技术分析和运动技术诊断,始于 20 世纪 80 年代末。其理论研究可能更早些,如现代多刚体力学创始人之一 Kane 在 1968 年就发表了《依靠肢体运动实现人体的自旋》。计算机模拟人体运动是以人体运动的刚体力学模型为基础,采用实验数据结合逻辑演算的方式,编制程序求解运动规律和预测运动特征。例如,美籍华人宋载镇曾用计算机模拟方法对标枪运动进行了分析,该研究为新型标枪设计提供了理论基础。南非运动生物力学专家 Hazte(1981)以建立的人体肌肉骨骼系统模型为基础,采用参数实测、微分方程计算等应用于人体动作模拟。国内许多学者也做过开创性研究,如梁昆淼采用力学模型和计算机模拟分析了体操"晚旋"动作技术的形成;刘延柱采用陀螺理论模型分析鞍马全旋技术;洪嘉振、刘志成等还开发了人体空中运动的多刚体力学模型的计算机模拟软件系统,并应用于跳高技术分析;这些研究为计算机模拟技术应用于人体运动分析奠定了基础[52-53]。

尽管在研究初期,人们还对计算机模拟和仿真进行一定区别,如模拟技术主要是对抽象出来的运动系统、运动过程等的某些行为特征,用计算机系统再现它们的发展过程。仿真是用计算机系统仿制出运动系统或运动过程,把原型系统的数据和运动信息输入到仿制的计算机系统，执行仿真程序，获得与运动原型同样的结果。但是，由于两者的本质属性是一致的，即都要对运动过程进行抽象化处理，依据某种理论建模；都需要编制计算程序；都是在一定层次上对现实人体运动过程、关系、属性等的计算机表现。因此，目前已不再区别使用[54,56]。

在人体运动的计算机模拟（仿真）的探索性研究基础上，人们发现单纯的数理模型—计算机模拟（仿真）方法局限性较大，主要存在以下几方面制约。

(1)数据获取有限，模型参数和技术变量冗余，大多数实际问题即模型化后，采用计算机模拟技术也无法给出确定解答。因此，经典的模型—模拟技术只适合个别运动问题分析（如空翻转体等）。

(2)数理模型属于确定性关系，因素关系必须是数学表达式。而人体运动中的许多因素关系是模糊的、交互的、不确定的和未知的。具有明显的非线性动力学特征，无法写出确定的系统方程和边界条件。不合适的假设常常导致求解模型与实际问题偏离太远，导出的结论已面目全非。

(3)由于人体的拒测特性，作为刚体处理的人体环节力学变量（如关节内力、关节力矩、肌肉韧带等软组织力等）始终是未知的，力学模型只能采用逆向求解法计算和模拟，需要输入人体关节点的运动学参数（如点的位置坐标和速度、环节角度和角速度等），而以目前的运动图像采集和量化精度远远满足不了计算要求（速度量的误差可达 8%以上）。

(4)建立力学模型需要完整的运动学数据测量，目前能在运动现场使用的测量方法主要以测量点的线运动，环节与环节之间的相对运动为主，仍无法解决环节自转运动的识别和测量问题，这也是采用多刚体力学模型—计算机模拟人体运动的困惑之一。

(5)模型—模拟工作量大，程序的通用性差。因此，分析周期长，很难满足体育运动训练实践的需要。

以上问题的存在，致使人体运动分析的模型—计算机模拟研究在 20 世纪 80～90 年代兴盛之后，渐进湮息。也让研究者转而考虑如何借用其他学科较成熟的理论和方法实现人体运动的计算机模拟，为体育运动训练实践服务。相对于经典的模型—模拟技术，这些方法应用了最新的计算机、智能、最优化、信息和图像处理等技术，因此实现基础更牢靠，具有应用面宽、容易推广、快捷等优点。这是运动技术诊断研究领域中使用计算机模拟技术的最大进步。归纳起来，大致有几个研究方面：①人体运动关节点的自动跟踪和三维动画技术；②人体运动图像的快速处理和反馈；③竞赛技战术研究的计算机模拟（仿真）；④人体骨骼—肌肉系统的计算机模拟（仿真）；⑤人体运动技术的智能决策研究[55-57,59,68-71]。

1. 人体运动关节点的自动跟踪和三维动画技术

利用计算机对人体运动进行跟踪的基本任务，是从摄像机摄取的视频图像序列中恢复人体的结构参数和运动参数，并对人的行为进行识别和判断。人体运动关节点自动跟踪系统，就是实现这一功能的计算机视觉模拟系统。它的实现可以大大减轻图像量化操作人员的工作负担，系统的输出的是数据、人体运动模拟（仿真）、三维动画演示等结果[70,71]。

人体运动关节点跟踪和标定的关键技术，是在连续的图像帧之间创建基于位置(Position)，速度(Velocity)、形状(Shape)、纹理(Texture)和色彩(Color)等有关特征的对应匹配问题，其任务是从包含人体运动的图像序列中恢复人体的结构参数，并对人体运动参数进行估计。一般可分三步完成，首先，涉及对图像中各帧底层特征进行处理，如对身体部位的标定、关节点位置的检测与识别；其次，在各个帧之间建立身体部位和关节点的特征对应关系；最后，从这些特征对应中恢复人体的二维或三维结构与运动信息。可以把这三步依次称为特征提取（Feature Extration）、特征对应（Feature Correspondence）和三维恢复（3D Recovery）。

跟踪方式可以分为基于模型的方法和非基于模型的方法两种[55,60-62]。基于模型的跟踪方法按照人体各部位的连接关系来建立人体模型，然后提取实际人体图像的特征，通过某种匹配算法（如色块匹配），在模型与实际人体图像之间建立起二维或三维对应关系，最终确定人体的结构参数（运动参数）。例如，瑞典的 TEMA 人体运动分析系统就采用以上原理设置了 4 种自动跟踪模式，即关联（Correlation，在连续图像帧中搜寻与模板相似的区域）、象限对称（Quadrant Symmetry，寻找圈定范围的对称中心点）、圆形对称（Circular Symmetry）、重心对称（Centre of Gravity，寻找几乎不变图形区域的中心）。当搜索出视频文件中的各个关节点在每一帧的具体位置后，就获得了该点位置坐标（和像素对应），参照摄像机特性参数就能算出每一帧图像上的各个关节点的运动速度。

三维跟踪需要的信息量大，现场采集运动信息的摄像机也要多（2 台以上，多目视觉），计算量很大。常用的数学工具有卡尔曼滤波（Kalman Filtering）和 Meanshift 算法等[64,65]。可实时地进行跟踪预测。关节点自动跟踪系统输出的是人体主要关节点时空坐标数据或人体几何模型—计算机模拟运动图（图 3，图 4）和人体运动棍图（Stick Figure，图 5）。

目前的计算机技术可以支持人体三维动画实现。例如，中国科学院计算技术研究所王兆其等（2004）成功研制的《体育训练三维人体运动模拟与视频分析系统》，在我国跳水、蹦床项目运动员训练中已经开始试用[62,70,71]。关节点自动跟踪技术尚不成熟，大多数运动图像量化软件都配备了自动、半自动和完全手动跟踪功能，根据分析图像的复杂程度，可以选择或交替使用。

图 3　步行的人体立体几何模型计算机运动模拟

2. 人体运动图像的快速处理和反馈

运动技术诊断的定量研究受繁重的图像量化限制，很难做到快速诊断及快速服务于训练实践。为了弥补定量研究的不足，近年来，研究者试图在运动图像定性分析方法上寻找出路，已取得了明显成效，并在我国的竞技体育科研攻关与科技服务中发挥了重要作用。例如，通过简单的图示对比（图 6），经验丰富的教练员就可以发现我国运动员的技术与世界优秀运动员之间的差异。

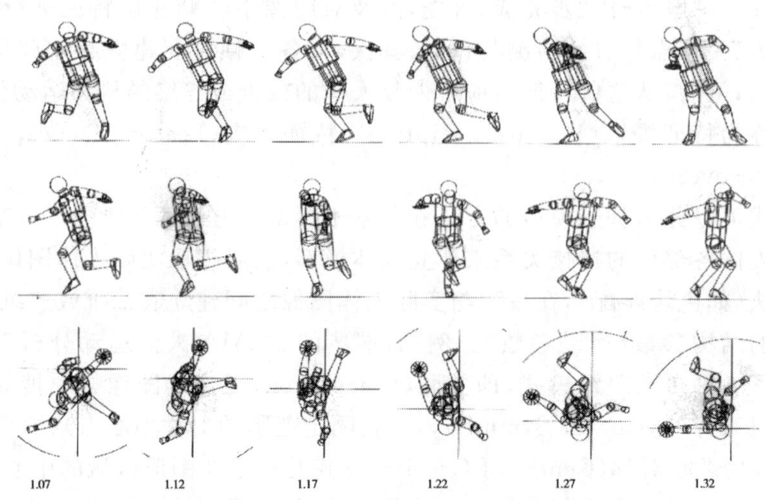

图 4　掷铁饼运动的人体几何模型计算机三维运动模拟

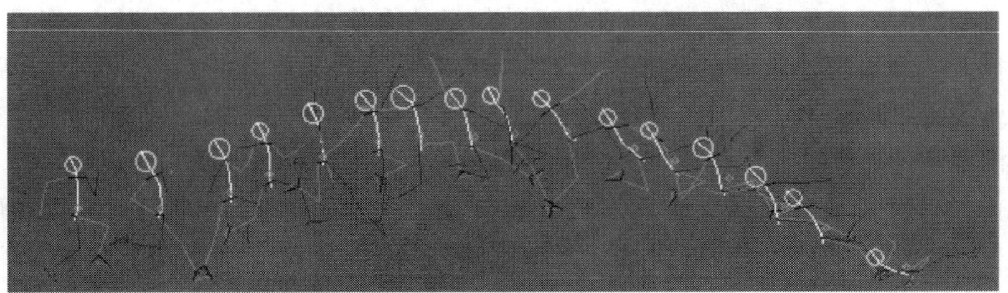

图 5　跳远运动的人体棍图模型计算机二维运动模拟

图 6　高淑英和伊莘芭耶娃的撑竿跳高技术对比

广泛用于运动技术诊断研究中的运动视频图像的快速处理和反馈，主要包括：①多路视频同屏播放演示，叠加播放，视频翻转播放，镜向播放，单帧播放，连续快、慢放等；②运动视频图像局部放大后叠加在原视频上同步播放；③静态、动态背景处理；④抠像技术等。

它们一起构成了人体运动技术诊断的定性分析和反馈系统。这种定性分析技术的最大优点是反馈快、直观、实用、操作简便、容易为教练员和运动员接受。例如，只要将优秀运动员的运动图像叠加到分析对象的运动图像上，就能直观看出他们之间的技术差异，找到动作技术改进的重点环节[69,70]。

从运动图像处理技术来看，已有许多体育应用软件实现得很好，如德国的 Simi 系统，瑞士的 DartTrainer 系统等。静态背景处理也相对容易些，已经达到实用水平。动态背景处理和抠像技术还有方法学缺陷，在体育训练的实际应用中尚不理想(图 7,图 8,图 9)。

图 7　排球扣球静态背景下运动提取结果

图 8　短跑动态背景下运动提取结果

图 9　三级跳运动员连续运动视频图像抠像

一些在工程上使用很好的图像处理算法为什么用到人体运动上有问题？这是因为，人体运动远比一般工程问题复杂。差异最大的几个方面如下。

(1)人体不是规则的几何体，也不是完全刚性的，运动中形态变化甚大，在图像处理时，任何模型都不能完全适用。

(2)运动场景极为复杂,运动的人体或器械往往与背景融合在一起,背景提取时的边界条件很难清晰把握。例如,图 9 中运动员和裁判都是竞赛场地上的主角,我们不可能要求在运动员进入场景后裁判员不能走动或走动的幅度不能较大。

(3)运动图像处理的好坏往往与拍摄到的运动信息量有关。理想情况下,摄像机个数越多,提供的图像信息越多,图像处理效果越好。但是,在实际比赛或训练环境下,这是不可能的。

(4)图像的初级处理往往是像素。色彩、灰暗等是重要的识别特征,而运动图像是在特殊场景下拍摄的,天气、设备状况,观众、裁判位置等都可能损坏图像视感质量。因此,用于体育运动研究的图像处理方法不能对图像质量期望过高。

目前,以上问题构成了运动图像技术成功用于运动技术诊断研究的最大障碍,与之相关的应用技术问题需要深入研究。

3. 竞赛技战术研究的计算机模拟(仿真)

计算机虚拟现实技术(Virtual Reality)是利用计算机技术建立一种逼真的虚拟环境,集成了当今计算机图形学、多媒体、三维动画、人工智能等技术的最新发展成果。现已经广泛应用于工业、军事等领域。目前,已有研究者将其用于运动技术和战术的教学和训练。这也是较为成功的体育运动计算机模拟例子。国内外已有较为成熟的产品,如德国 Simi 系统和 Dartfish 团队分析系统,国内有中科院等单位和个人开发研制的专项运动应用系统(图 10)。总的情况是,国外技术成熟,国内应用研究较多[47,67-68]。

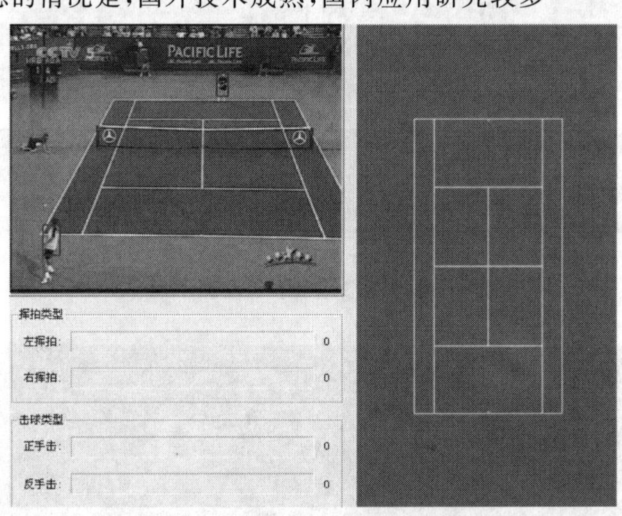

图 10 台湾邱靖华研制的 TE2002 网球攻防系统界面示意

这类系统往往是从分析现实运动开始,对大量比赛或训练过程的视频录像,按特征量形式量化,采用建库的方式,以特征量形式把典型运动场景、典型动作、技术范式、战术范例等保存起来,在需要时调出特征量并赋予系统内置的动作角色。目前,在体育方面的虚拟现实技术应用还不是很充分,交互形式单一(一般是鼠标、键盘),参数设置后,程序化运行。就此而言,与运动技战术的仿真接近[57,67]。另外,前期人工量化视频、收集资料建库的工作量大。主要应用领域如下：①辅助教学。作为运动训练和体育教学的工具，具有逼真、形象，语言简洁等特点；②辅助设计和模拟技术动作。它便于演练、模仿和设计新的技战术动作，编辑、修改、设计新动作。通过该工具还可以使教练员设计出自己头脑中的“理想”动作，据此建立标准技术动作库；③战术模拟、技术统计和分析。

4. 人体骨骼—肌肉系统的计算机模拟(仿真)

采用计算机三维动画和模拟技术，能逼真地展示人体运动系统结构，动态地演示相关肌肉群、韧带、关节等在某一运动过程中的功能，能够方便地添加、取消某一运动器官或要素(如肢体、肌肉，模拟伤残人)等。在人体运动系统元素模型化后，这类系统也吸收了人体运动的经典力学模型—计算机模拟技术核心，从而实现运动仿真功能(见图 11)。它们为设计新动作、动作纠错、一般人群和特殊人群的运动技术分析和诊断(如伤残运动员)、肌肉力量训练手段的改进等，提供了一个有效工具[58,63]。

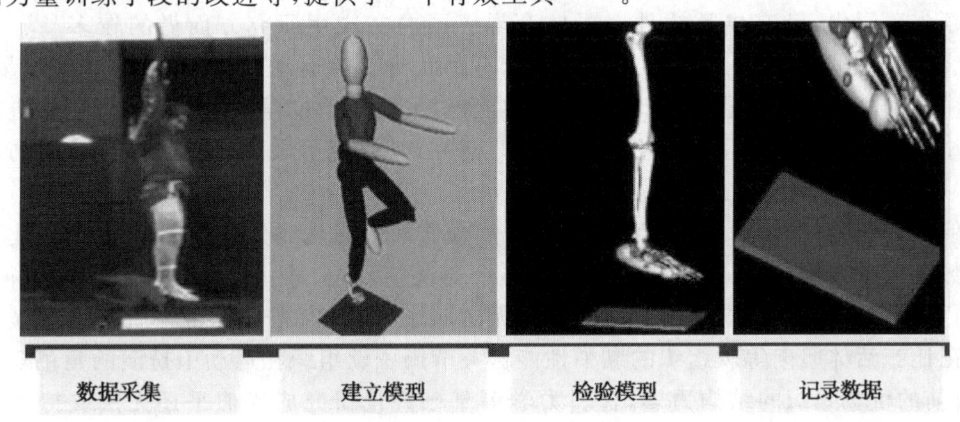

图 11　人体骨骼—肌肉系统的计算机模拟(仿真)
(引自 LifeMOD 生物力学仿真软件)

这类系统的基础是已知的人类解剖学知识和人体测量学知识。模型人所取的数据资料有标准人类数据支持，如关节形态、肌肉起止点位置、肌肉的横截面积、单位肌肉力量、环节长度和质量等人体物理学参数。在此基础上，设置某一参数的变化，就能考察其对运动的影响。其主要功能模块如下。

· 人体模型。选定模型首先要确定全身的环节总数、肌肉和关节总数。主要有 3 个资料库，即人体环节库、肌肉等软组织库、关节库。环节设置主要包括人体环节个数(有 19 个，也有 15 个的)、环节形态、每个环节的质量及长度比、转动惯量和刚度等物理量。关节设置包括关节形态、自由度数、活动范围、阻尼、固定的还是自由的，等等。肌肉及软组织设置包括形态、软组织类型、黏弹性体模量参数等。指定肌肉后，该系统能自动生成全身 118 块肌肉。

· 动力学模型。以经典力学理论为基础，建立模型人的多刚体力学模型，由人体模型设定运动器官参数数值及运动约束条件。编制计算机软件，这部分的工作没有超出早期的人体运动的多刚体力学模型—计算机模拟方法的研究范畴。

· 模拟(仿真)。将运动已知条件、模型参数、环境参数和其他传感器测量数据(如测力台,肌电)等输入系统计算,就可以得到真实运动情况下的分析结果,然后对模型和环境的各种参数进行一定调整,得到在某种参数设置条件下进行特定动作时的人体运动情况。以不同的参数进行多次模拟得到不同的结果。通过比较就能够实现动作的优化设计。

· 结果输出:模拟(仿真)后的结果既可以数据、曲线输出,也可以形象的模型人动画演示形式输出。

这方面的工作与 Hazte 早期的研究思路不谋而合,即从运动的最终根源—运动器官的分析做起,将运动的表象与运动原因联系起来进行整体研究。借助当代高度发达的计算机模拟(仿真)技术将建模—模拟过程程序化。它修改方便,输出结果形象、直观,这无疑是开创了运动技术分析和诊断研究的新领域。需要指出的是,这类模拟(仿真)系统的结果是以人体肌肉工作和环节运动参数为自变量。因此,当模拟(仿真)满意后,就可以直接把这些参数转换为训练目标,使得训练的目的性更强。相比较,国外理论和方法学上的研究领先于国内,已有成品软件登录体育界。国内在应用研究方面做的较多[68,72]。例如,上海体育学院魏文仪等在近几年一直针对跳跃类专项运动,采用关节加速度测量、计算机模拟和高速摄像手段,在理论假设基础上,对下肢运动过程中的肌肉力学特性进行了模拟试验,对人体宏观运动进行模拟(仿真)研究,其研究手段和研究成果有较高的理论价值。

但是,目前这类运动技术分析和诊断研究模式的理想化成分过多。首先,个性化人体模型数据无法准确获得,采集的运动学数据精度误差较大,某些运动学参数无法获得,模拟(仿真)结果精度很低。其次,假设过多,无法验证,如肌肉力量是否与肌肉生理横截面积成正比?活体肌肉等软组织的黏弹性能?关节周围软组织在运动中扮演的角色?可以说,目前的生物组织的结构力学、材料力学等基础理论研究成果似乎还无法支持这么庞大、精细的运动分析系统。

5. 技术诊断的智能决策研究

严格地讲,智能决策不属于计算机模拟(仿真)范畴,但在运动技术诊断研究领域,决策一直是人类大脑的事情。如何寻找一种能够部分代替人脑工作完成运动技术分析和诊断的方法,是目前运动生物力学中的一个热点问题。这个问题实际上变成了如何模拟人类大脑工作的问题。

20 世纪 80 年代兴起的人工神经网络理论(ANN)是一种较为合适的选择,不仅因为它本身是人脑结构、功能等的直接模拟,而且在生物信息处理、模拟(仿真)等许多方面的应用也有较成功的例子[41,46,48,51,72]。在运动技术诊断中,训练专家的经验性决策在某些时候很成功,但决策的依据和规则是模糊的和不清晰的。可以借用神经网络技术的学习功能,获得专家系统中所必需的规则。严波涛等(2002)曾建立了铅球投掷技术分析和诊断的神经网络模型系统。采用这种方法完成技术分析和诊断的基本步骤为:数据采集和处理→运动因果关系分析→技术参数筛选和规范化处理→网络训练→专项运动技术分析和诊断应用模型→计算机模拟(仿真)→输出和结果反馈。图 12 是系统实现的基本框架。

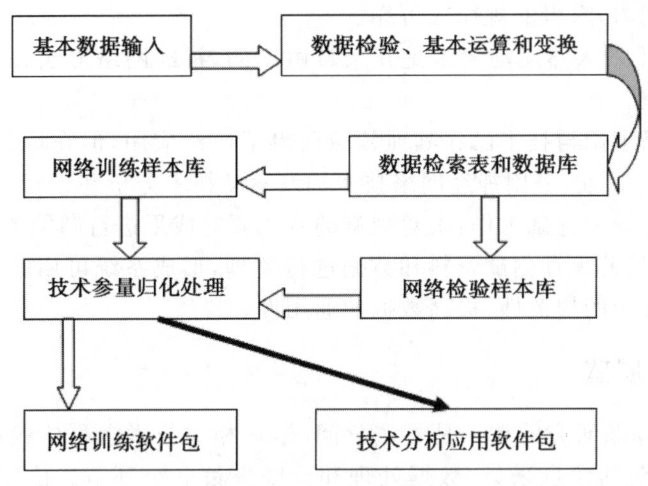

图 12　基于神经网络模型的运动技术分析和诊断系统

采用神经网络模型的运动技术诊断方法，能针对运动员个体情况进行分析，在系统中调整某些技术参数，模拟出该技术参数对运动效果影响方向和大小，据此做出训练决策（图 13）。此外，在应用上，它所具有的许多属性和其他决策方法比较也有如下优势。

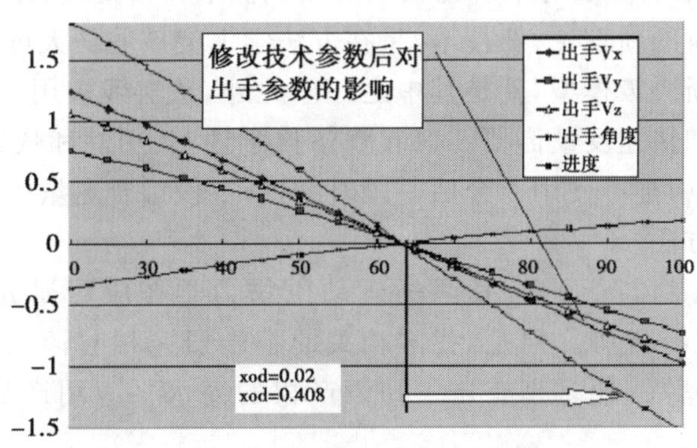

图 13　铅球出手瞬间人体重心水平速度 Vx
对出手参量和成绩影响模拟分析

· 人体运动具有鲜明的整体系统性特征，任一活动都与全身各部分有关，是不可分割的。神经网络方法正是立足于整体，不轻易忽视某一部分的影响作用，并根据运动系统的真实表现分配权重。

· 人体运动中大量存在的是非线性关系，神经网络方法承认这一点，使用多重Sigmoid函数叠加拟合。

· 人体运动中的因果关系复杂且不明确，神经网络方法对这些关系并不做任何先验性假设，能够通过样本训练建立这种关系。较大样本训练的统计性质也可以避免完全定量分析中因个体变异可能得出的虚假因果关系结论。

· 人体测量中的误差来源广，有些是不可预先估计的。神经网络在大样本训练中具有极强的抗干扰能力，求得的规律较可靠。

· 一定目的下的人体运动大多是冗余自由度的，神经网络方法具有优化功能，正适合这类问题的研究。

尽管神经网络理论与技术已在其他领域获得了广泛应用，但在运动技术诊断领域的应用刚刚起步[41]。目前，采用神经网络技术构筑运动技术分析和诊断的专家决策系统尚需进行以下几个方面的基础工作：①对现有的专项研究成果进行归纳整理，形成系统可用的知识库；②对大量的现存测试资料和数据进行整理，形成系统可用的数据库；③提倡标准化测试和资料分析的规范性，提高数据的通用性。

(四)小结与展望

· 运动技术诊断研究的重点是方法学问题，对相关技术学科依赖性强，当前以运动学方法为主，主要包括信息采集，数据处理和诊断决策 3 个环节。信息采集手段相对成熟，数据处理方法发展迅速但有待完善，诊断决策方法发展空间较大，建立运动技术诊断专家决策系统是必由之路。

· 目前的运动技术诊断系统应在采集手段、数据处理、技术诊断指标筛选等方面进行完善，尽量减小系统的不确定性，提高数据的通用性。此外，建立专项技术分析和诊断的数据库、知识库，是今后的重点研究工作之一。

· 诊断决策方法的发展与本研究领域的知识积累和相关领域的技术支持密切关联，移植或借用相关学科的新理论、新技术，是在方法学上突破的最大可能途径。采用人工神经网络技术建立诊断决策模型，就是其中之一。此外，从实践应用上看，诊断方法的取舍应该兼顾数据处理和快速反馈需要。只有兼备科学性、实用性和快速反馈功能的诊断方法，才能在训练实践中推广使用。今后一段时期内，定性结合定量的决策策略将是运动技术诊断研究的主体方法。

· 就目前的发展情况而言，我国的运动生物力学在应用研究方面积累了丰富经验，与国外同行相比有优势。但是，我国相关的基础研究相对薄弱，在诊断系统的硬件和软件研制上明显落后，缺乏享有自主知识产权的高水平应用产品。这一状况应引起高度重视。

· 电子、计算机、视频图像处理等技术的飞速发展，是计算机模拟(仿真)技术在运动技术诊断研究领域大规模应用的推动力量。可以预见，随着技术进步，有越来越向众多项目延伸和普及的趋势。人体关节点自动跟踪研究、大多数运动项目的运动目标提取有效算法研究、研制快速运动图像处理和反馈系统等，仍是热点问题。其直接推动力量不完全来自体育运动需要，而是来自相关的视频动画、智能监控、人体运动模式识别等工业、娱乐业、军事等重要应用领域的需要。

· 基础研究应明显加强。许多技术诊断方法，尤其是人体运动计算机模拟(仿真)，都是以人体运动环节和器官的几何和物理参数已知、肌肉等软组织本构属性和关系已经精确建立等为基础的，目前尚不具备这些条件。运动学数据采集精度有待提高，适合体育科研使用的实时高速摄像系统和大范围运动场景下的实用测量方法有待研究和改进。

三、运动生物力学中的动力学测量与分析

(一)概述

运动生物力学中的动力学测量与分析是以动力学理论和测量方法，描述和研究生物体尤其是人体的运动。竞技体育、大众健身、医疗康复、航空航天、仿生、军备、劳动保护等，都是运动生物力学中动力学的重点研究与应用领域。生物体本身的复杂性，使运动生物力学的动力学问题比纯粹物理学的动力学问题更加复杂，且有自身特点。很多现象可以用经典力学理论描述，如体操和跳水等项目运动员空中旋转和空翻，遵从动量矩守恒定律。人体与地面等周围环境或器材的相互作用和运动过程，遵从牛顿运动定律。而有些问题，如肌组织兴奋状态的力学特性等，不符合经典力学理论，要用黏弹性理论方法进行研究和分析。

动力学测量与分析，首先要对运动过程的动力学指标进行准确测量或计算，这是描述和研究一切生物体运动的动力学问题之基础。其中，力(矩)和作用时间测量是最基本的问题，以此为基础应用力学定律和相关理论方法计算其他动力学指标。运动生物力学研究一切生物体运动，但最主要的是研究人体运动。人类一切活动都受外力影响，但人体自身肌肉系统收缩发力则是人体运动的主要原动力。因此，运动生物力学中的动力学测量与分析，最重要也是最复杂的问题之一是肌力测量与分析。

(二)测量仪器的发展与现状

信息采集与处理是20世纪末和21世纪初信息革命的两大支柱。作为实验测量基础的信息采集技术之一是传感器。因此，运动生物力学中动力学测量与分析的主要成就，首先是测量仪器与方法的发展，这主要得益于传感器和计算机技术的不断进步。应用各种力传感器技术，实现准确快速的动力学指标测量，通过计算机对采集信息进行处理和分析，形成现代动力学测量与分析的技术核心。

力传感器的发展中，由于灵敏材料及微电测量与信号处理技术的不断进步，出现了多种测量原理、高灵敏度高精度的力传感器。运动生物力学中动力学测量与分析应用最广泛的是应力—应变电阻式、压阻式、压电晶体式力传感器。

应力—应变电阻式和应用“压电效应”设计的压电晶体式力传感器(以 Kistler 为代表)，在力传感器发展史上占有非常重要的位置，尤其是压电晶体式力传感器至今仍在不断发展并有很高的市场占有率。而应用“压阻效应”设计的压阻式力传感器，由于灵敏度高、量程大、固有频率高、价格低等特点，是近10年来发展最快的力传感器技术。

在运动生物力学中动力学测量与分析的研究与应用领域，这3种力传感器的性能指标均可满足大多数测量要求。但是，压电晶体式力传感器有效采样时间较短，不适合需要较长采样时间的测量，也不能用于低频测量。

以上三种力传感器技术广泛应用于运动生物力学中的动力学测量与分析，如各种简单测力计、各种复杂肌力测试分析系统、三维测力平台系统、足底压力测试系统等。除力

传感器外，不同测量条件设计和控制，以及不同测量指标和数据处理方法，又使各种动力学肌力测量分析仪器从测量原理与方法、测量指标与意义、功能特点与应用范围等方面，各具特色，各有所长。

等速测量(Isokinetics)的概念和方法最早出现在1967年。1970年，美国Cybex公司设计制造了第1台等速肌力测量仪器。20世纪80年代是等速测量技术发展最快的时期。近20年来，国际上推出了多种等速测量系统，如近期德国的Iso-med，瑞士的Contrex等，其原理大同小异，功能升级主要取决于传感器技术水平的不断提高和数据处理软件的不断完善。

等速测量是测量人体各环节在特定条件的运动过程中，关节肌群力(力矩)与时间和环节位置的关系，并以此为基础计算其他动力学指标。特定条件指通过系统软件控制动力头工作，实现环节运动在主要范围内速度不变，故称为等速测量。等速测量发明以来，一直在动力学测量与肌力分析中广泛应用，主要特点是由于环节运动过程速度恒定，不出现突然变速的短暂冲击式用力方式，因而测量过程中肌肉工作安全性较高，测量重复性较好。通过动力头控制，还可实现环节被动式工作，在人体运动系统损伤后进行运动性功能康复有一定的意义。

等速测量应用广泛，但争议不断。主要问题为，等速是通过仪器功能实现的一种非常特殊的运动方式。在实际人体运动中，如运动员完成各种专项技术动作，很少有环节运动速度恒定的情况。只有游泳、划船等少数项目中某些环节的技术动作，在一定程度上接近等速状态。因此，对等速测量与肌肉实际工作状态的差异问题，一直存在争议。尤其是动力学测量与肌力分析应用于神经肌肉系统专项“适应性”研究时，等速测量有很大局限性。

针对等速测量的问题和局限性，近几年推出的多功能(Multi Function)测量系统，可通过对阻力与速度的控制和变化，完成变阻力和变速条件下的动力学测量与肌力分析。最具代表性的是美国Ariel Dynamics生物力学研究中心近两年推出的ACES系统。ACES由液压和气压系统提供阻力，其高灵敏度高频力传感器和位移传感器，对测量过程速度和阻力的实时采样频率高达16 000 Hz。测量条件通过计算机软件设置，可实现多种状态的多功能测量与分析。例如，速度为零则形成静力性力量测量，速度不变则形成等速力量测量，速度或阻力按设置方式变化则形成变速度或变阻力条件下的动力学测量。

多功能测量系统的测量条件多种变化和控制，以及软件功能提供多种原始测量指标和派生指标，为运动生物力学动力学测量与力量诊断提供了更多方法。尤其是测量仪器上模拟神经肌肉系统在不同运动项目专项“适应性”条件下的动力学特点，已成为可能。这对竞技体育专项力量测试分析及实验室条件下的专项力量模拟训练，具有非常重要的意义。ACES多功能测量系统的理念和技术方法，是今后肌力测量与分析的重要发展方向之一。

目前，三维测力平台应用最广泛的是压电晶体与应力—应变(电阻式)式，代表性产品有瑞士Kistler和美国AMTI，其各自的性能特点及局限性取决于力传感器的技术特性。所有三维测力台基本动力学测量指标一致，主要派生指标则取决于软件功能：

基本指标　　X、Y、Z三个方向的力Fx、Fy、Fz，三个方向的力矩Mx、My、Mz，力的作用时间t。

主要派生指标　冲量，动量变化，力(矩)变化梯度，平均力(矩)，功率，压力中心等。

三维测力平台测量系统近几年的发展有两个明显特点：其一，力传感器技术和材料工艺不断进步，使三维测力平台的灵敏度、采样频率、量程等不断提高，以满足不同测量条件的要求，如同一测力平台系统可测量高达几十千牛的冲击力，也可测量声波传输过程对测力平台的微弱作用力。其二，针对运动生物力学中动力学测量的不同应用领域，数据处理软件逐步形成通用性和专门性相结合，满足不同研究和应用需求，如 Kistler 公司近几年推出了专门测量跳跃过程动力学指标的 Quattro Jump 系统，Ariel Dynamics 公司设计的专门应用于步态测量与分析的 Gait 软件系统等。

足底压力测试是近几年发展较快的另一个运动生物力学中动力学测量领域。其市场需求主要来源于医学康复中的步态测量与分析，以及鞋类产品的研究开发等。目前应用较多的有足底压力测试鞋垫、各种软面足底压力测试系统等。技术核心是密集分布的力传感器及相应的数据采集处理软件。测量指标主要有压力分布和压力中心位置随时间的变化等。

国际上最具代表性的足底压力测试系统是德国 Emed 系列、比利时 Foot-Scan 系列等。其原理大同小异，功能各具特点，各有所长。目前，足底压力测试技术已扩展到对人体与各种材料相互作用过程的压力分布测量。其应用前景广阔，越来越受到关注和重视。

我国力传感器技术的研究和开发与国际水平相比相对落后。各种力传感器在清华大学、中国航天科技集团、大连理工大学等，都有同类产品。但是，在灵敏度、固有频率、量程、稳定性等指标上，与国外同类产品相比，仍有一定的差距。足底压力测试系统研制开发方面也有过一些尝试，但技术水平与国外同类产品差距依然明显。

清华大学、大连理工大学、四川体育科学研究所等相继推出过多种三维测力平台系统。但是，由于传感器技术等方面的原因，其灵敏度和稳定性等技术指标上，一直存在诸多问题，未能形成稳定成熟的产品。另一方面，数据处理分析软件的方便性和多功能性，与国外产品有很大差距。因此，目前我国三维测力平台测量系统大部分依赖进口。

在关节肌力测量方面，我国没有研制成功过类似 Cybex 等速测量系统和 ACES 多功能测量系统方面的产品。

(三)基础理论研究的发展与现状

运动生物力学中动力学测量与分析的基础理论方面研究，主要是肌肉力学特性及机理方面的研究，最富成果的时期是 20 世纪 30～70 年代。重大成果有 1938 年 Hill[114] 以蛙缝匠肌为样本测量肌肉收缩过程的热释放率和功率，并从热力学第一定律确定能量释放率与负荷的经验关系，进而导出了著名的 Hill 方程：

$$(P+\mathrm{a})(V+\mathrm{b})=(P_0+\mathrm{a})\mathrm{b} \tag{1}$$

其中，P 为负荷(力)，V 为肌肉收缩速度；a 和 b 为热力学常数。

Hill 进一步直接测量了肌肉收缩过程的速度与负荷(力)之间的关系，结果与(1)式结果完全一致。这是至今仍然在生物力学研究与应用中有重要意义的肌肉收缩过程力一速度关系。它揭示了肌肉的一种本质特性，即当负荷(力)增大时，肌肉收缩速度就会减小，其关系为(1)式双曲线函数。

随着实验测量技术的发展,1966 年 Gorden[80]在蛙缝匠肌细胞一组肌节水平上,精确测量了等长收缩张力与肌节长度的关系。这是迄今为止,在高倍显微镜下进行一组肌节水平肌力测量与分析最精细的实验。它精确描述了肌组织力—长度关系的基本生物力学特性,以及最佳初长度的概念和意义。

以显微结构观察和肌纤维动力学实验为基础,1969 年 Huxley[80]提出了肌细胞工作的横桥模型和理论,并以暂态响应实验探讨横桥的动力学特征。Hill 实验结果和三元素模型,以及 Huxley 横桥模型和理论,几十年来一直主导着肌肉力学的研究。后人不断进行改进以概括更多新的实验结果,并应用黏弹性理论等方法建立活性状态肌组织的本构方程,但成果并不理想[80]。肌组织生物力学特性的复杂性,使本构方程的建立至今仍然没有唯一确定的形式。

我国在该领域的研究非常少,代表性研究有张跃[75](1986)以白鼠比目鱼肌为样本直接测量动态收缩过程张力 F、肌长度 L 和收缩速度 V 的关系,导出肌肉收缩过程的特征方程为:

$$F(L,V)=(\mathrm{A}-\mathrm{B})e^{(\mathrm{C}+\mathrm{D}V)L} \qquad (2)$$

其中,A,B,C,D 为常数。(2)式表明,肌肉收缩过程的张力是与长度和速度有关的指数函数,当收缩速度增加,则张力按(2)式的指数函数关系减小。

关于肌肉力学特性的实验测量与分析,以及描述肌组织力学性质的本构方程和工作机理方面的研究,20 世纪 70 年代以来在世界范围内并没有形成突破性的进展,这方面的突破有待于实验技术创新和生物物理理论的进一步发展。另一方面,以人为实验对象的肌力一长度关系及肌力一收缩速度关系测量与研究,国内外报道非常多。但是,各国学者的研究结果重复性并不好,主要原因是由于人体测量的条件控制难以同动物肌肉样本那样严格。尽管如此,肌肉力量与长度有关并存在最佳初长度的研究成果依然成立,力—速度关系的变化规律与 Hill 实验的结果也基本一致[79,84]。

在肌力测量与分析方法的发展方面,欧美先进国家和地区的发展水平,从测量仪器、技术方法到实际应用成效,都处于领先地位。我国的发展则主要通过引进国外先进技术,并应用于高水平运动员训练实践的应用研究途径进行。近几年逐步形成了自身特点,并取得显著的成效。例如,王清等[6]于 2004 年对多种肌力测量系统和方法进行比较研究的结果表明,测量条件设置和控制对关节肌群力量诊断有非常明显的影响。进而指出,不能用一种肌力测量系统代替其他系统对人体关节肌群力量进行全面测量与分析,并提出"肌肉力量训练水平诊断系统"的概念及其测量分析方法。这对力量诊断的研究与应用,尤其对竞技体育优秀运动员力量训练水平的诊断与分析,具有重要指导意义和实用性。

20 世纪 70 年代末至 80 年代初,Asmussen,Bosco[106,107-111]等人以三维测力平台上 SJ(Squat Jump)和 CMJ(Countermovement Jump)的一系列测量与分析结果为基础(图 1),结合肌肉力学特性方面的其他研究成果,提出肌组织在牵张条件下,除牵张反射外,还有弹性能储备并在收缩过程中释放的理论,引起了多年来对神经肌肉系统 SSC(Stretching Shortening Cycle)效应的研究不断深入。

Bosco 等的测量方法成为三维测力平台上动力学测量与分析的经典方法，被称为 Bosco 实验[110]。近期发展的趋势是三维测力平台上动力学与肌电同步测量与分析，研究神经肌肉系统 SSC 状态下的生物力学性质，对外负荷刺激的“适应性”现象及形成机制[104,23,118]。

至今，Bosco 实验依然是国际上公认并应用最广泛的三维测力平台上肌力测量和分析方法之一。近年来，秦硒和张跃[85,77]对 Bosco 实验的动力学过程重新进行系统分析，以动力学理论为基础计算各相关派生指标，在 Bosco 实验的基础上建立了较完整的 SJ 和 CMJ 测量指标体系及计算方法（见图 1 和表 1）。

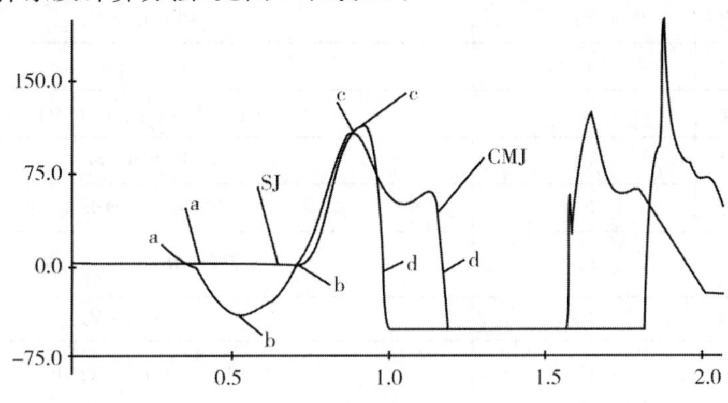

图 1　三维测力平台上 SJ 和 CMJ 测试（Bosco 实验）

表 1　SJ 和 CMJ 测试的主要生物力学指标

SJ 测试的动力学过程主要力学指标及计算（M 为人体质量）

力的冲量	I	$I=\int F(t)dt$
平均张力	F	$F=\int_b^c F(t)dt/t_{b-c}$
最大爆发力量	F_{el}	$F_{el}=dF/dt\|_{bc段最大值}$
伸肌收缩幅度	A	$A=1/m\int_b^d[\int_b^d F(t)dt]dt$
收缩平均速度	V	$V=A/t_{b-d}$
平均功率	P	$P=F\cdot V$
离台瞬时速度（起跳速度）	V_d	$V_d=1/m\int_b^d F(t)dt$
起跳高度	H	$H=V_d^2/2g$

CMJ 测试的动力学过程主要力学指标及计算（m 为人体质量）

失重时间	t_1	$t_1=t_b-t_a$
失重过程伸肌被拉长的幅度	A_1	$A_1=1/m\int_a^b[\int_a^b F(t)dt]dt$
失重结束时重心向下运动所达最大速度	V_b	$V_b=1/m\int_a^b F(t)dt$
失重过程重心下运动的平均速度	V_1	$V_1=A_1/t_1$
伸肌牵张时间（离心收缩时间）	t_2	$t_2=t_c-t_b$
伸肌牵张幅度	A_2	$A_2=1/m\int_b^c[\int_b^c F(t)dt]dt$

续表

平均牵张速度	V_2	$V_2=A_2/t_2$
力的冲量	I	$\mathrm{I}=\int F(t)\mathrm{d}t$
伸肌牵张时相最大爆发力量	F_{el}	$F_{el}=\mathrm{d}F/\mathrm{d}t\|_{bc段最大值}$
牵张过程平均张力	F_2	$F_2=\int_b^c F(t)\mathrm{d}t/t_2$
牵张过程平均张力	F_2	$F_2=\int_b^c F(t)\mathrm{d}t/t_2$
牵张过程平均功率	P_2	$P_2=F_2\cdot V_2$
伸肌向心收缩时间	t_3	$t_3=t_d-t_c$
伸肌向心收缩幅度	A_3	$A_3=1/m\int_c^d[\int_c^d F(t)\mathrm{d}t]\mathrm{d}t$
向心收缩平均速度	V_3	$V_3=A_3/t_3$
向心收缩平均张力	F_3	$F_3=\int_c^d F(t)\mathrm{d}t/t_3$
向心收缩时相最大爆发力量	F_{e2}	$F_{e2}=\mathrm{d}F/\mathrm{d}f\|_{cd段最大值}$
向心收缩平均功率	P_3	$P_3=F_3\cdot V_3$
离台瞬时速度（起跳速度）	V_d	$V_d=1/m\int_c^d F(t)\mathrm{d}t$
起跳高度	H	$H=V_d^2/2g$

目前，国际上先进的三维测力平台系统，已可以准确方便地计算表 1 中部分指标，但还不能直接计算所有指标。这说明，我国在 SJ 和 CMJ 测试方法研究方面，理论上有所超前，但还需在系统软件上不断实现；另一方面，张跃、Armin 等[76]对 Bosco 实验方法进行了改进，使其测量条件控制更加严格。结果证明，大幅度快速牵张更有利于发挥神经肌肉系统的 SSC 效应。这与 Bosco、Komi 等[111]的研究结果相反，原因是 Bosco 等人的测量过程没有控制 SSC"临界点"位置。这一成果不仅是测量方法的进步，且对进一步认识神经肌肉系统 SSC 状态的工作特点，以及作为优秀运动员力量训练理论和方法的科学实验依据之一，都有重要意义。

综上所述，20 世纪 70 年代以来，肌肉力学特性及机理方面的研究，国际上没有取得突破性进展，我国的研究水平就更低。在测量方法方面，从国际发展趋势上看，今后运动生物力学中的动力学测量与分析，将由于信息采集与处理技术的不断突破，其测量仪器和分析方法日新月异。在传感器和测量系统研制方面，我国落后于国际水平。但是，在测量方法应用研究上，我国有部分领域与国际水平接近，有的方面还有所超前。另一个值得重点关注的发展趋势是，动力学测量与分析不能局限于测量本身。通过动力学测量与分析，研究肌肉系统的生物力学性质，如 SJ 和 CMJ 测量研究肌组织 SSC 效应[76,106-107,111]，德国 Gollhofer[23]实验室为代表的暂态动力学条件下神经肌肉系统牵张反射、专项测量条件下运动训练"适应性"机理等方面的研究方向，都需要我们引起足够的重视。

(四)动力学测量与分析的应用研究现状

虽然动力学测量与分析在肌肉力学特性及机理方面的研究没有突破性成果，但测量仪器和分析方法却高速发展，推动了应用研究领域的不断扩展和深入。

1. 步态分析研究与应用

步态分析是运动生物力学中动力学测量与分析发展很快的研究领域之一。几乎所有从事运动生物力学测量仪器研究开发的国外知名大公司,如 Motion、Ariel、Vicon、Simi 等,都推出有专门的步态测量与分析系统。欧美很多大学和医学研究机构都建有专门的步态分析研究实验室。近期的发展趋势是对步态进行运动学、动力学和肌电同步测量与分析[105,113,115-117]。其中,动力学测量方法主要是三维测力平台和足底压力测试系统。

我国在该领域的发展依然比较落后,自戴克戎[87]1987 年提出"应该发展符合国情的步态分析系统"以来,相继有门洪学等[88](1991)研究报道了靴式步态分析系统,陈大跃等[89](1996)的人体行走步态测试与分析系统,韦启航等[90](2000)研制的用于人体步态分析的足底压力测试系统,等等。但是,同样由于硬件和软件方面的原因,难以得到广泛认可和应用,国外产品占据了主要市场。

近期国内外步态分析方法应用研究重点领域之一,是关注老年人行走安全。伍锶、陆爱云等[91](2000)对 60 岁以上健康老人常速行走的步态分析结果表明,老年人行走能力随年龄增长而降低。赵芳等[92](2003)的研究结果则认为,老年人步态功能及平衡能力下降,与关节柔韧性降低、视力减弱、前庭功能下降有关。Messier 等[115](2005)的研究报道指出,患膝关节炎的老年人行走过程中膝关节承受的负荷会加大,影响老年人行走安全。朱晓兰等[93](2006)基于大样本测量与分析,初步建立了我国老年人步态特征分析及评价系统。

国际上对帕金森病和偏瘫病患者的诊断和康复、下肢术后康复治疗与评估、鞋类产品研发等,应用步态分析都有非常重要的应用价值[113,116-117]。近年来,我国在此方面的研究与应用也有部分成果报道[94-102],但无论是研究水平还是应用水平与国际先进水平相比,仍有很大差距。

2. 运动员的力量诊断与分析

在测量仪器与方法的研究方面,我国明显落后于国际水平,主要仪器和技术方法依赖进口。但是,我国竞技体育"举国体制"和"奥运争光战略"的实施,极大地推进了力量诊断与分析在具体应用研究中的发展。2006 年,张跃、王清等[73]完成了国家体育总局课题"突破力量训练中'平台现象'的理论与方法研究"。他们在研究中,提出了优秀运动员力量训练"平台现象"的概念,并以我国一些优秀运动员为研究对象,应用先进的动力学力量诊断与分析理论和方法,系统研究了优秀运动员力量训练"平台现象"的主要成因。同时,针对性地提出了力量训练"功率强度"理论、"协调发展原则"、"适应性原则"、"神经肌肉系统 SSC 效应"的 4 个相对独立而又相互关联和影响的训练理论和方法。其中,力量训练"功率强度"理论的生物力学依据的论证,以及训练实践中的应用实证,在力量诊断与分析、力量训练理论研究等领域,具有理论意义和应用价值。其基本概念表述如下。

肌肉每一次收缩发力的工作过程,都有负荷阻力 P 和收缩速度 V 两个重要生物力学指标,P—V 关系遵从 Hill 方程双曲线函数关系。以肌肉收缩过程的输出功率定义强度指标,则"功率强度"=肌肉输出功率=负荷阻力×收缩速度,即力—速度关系双曲线上任意点所对应的阻力和速度乘积决定的面积(见图 2),为该收缩速度下该阻力条件的"功率强度"。其极值特性说明肌肉工作过程 P 和 V 的变化,可以使"功率强度"出现极大值。

在“功率强度”极大值条件下进行力量训练，是快速力量和爆发力量训练的最佳状态。

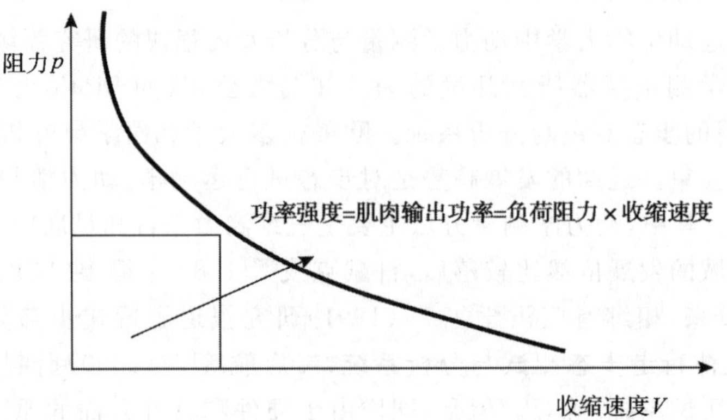

图2　从Hill力—速度关系定义肌肉工作的功率强度

（张跃、王清等，2006）

张跃、王清等[73]研究中的另一个具有应用价值的成果，是以我国优秀运动员为对象的系列Bosco实验结果：神经肌肉系统SSC效应与训练水平有关，肌组织从牵张到收缩过程中的牵张反射和弹性能储备并在收缩过程中释放的“SSC效应”，在理论上是肌组织本质的生理和生物力学特性，但训练水平对“SSC效应”大小有非常明显的影响。国外同类研究中，主要实验对象是普通人和体育大学生。以大样本高水平优秀运动员为对象进行系统测量与分析，是我国力量诊断研究与应用的重要特点之一。

三维测力平台用于完整技术动作过程的动力学测量与分析，是运动生物力学中动力学测量与肌力分析近几年应用最广泛的领域之一。短跑、跨栏、游泳等出发起动，跳高，跳远，跳水等起跳过程，举重和射击等，都越来越多地应用三维测力平台进行完整技术动作过程的动力学测量与分析。

我国该领域的研究在某些项目的实际应用方面，与国际水平完全同步，并且成效显著。例如，我国的举重项目多次在奥运会上取得辉煌成绩，这与运动生物力学工作者长期跟踪研究训练过程、系统测量和分析力量训练水平、专项技术诊断等，有直接的关系。例如，图3中的曲线1为三维测力平台上完成抓举动作的蹬地力随时间变化曲线。通过对

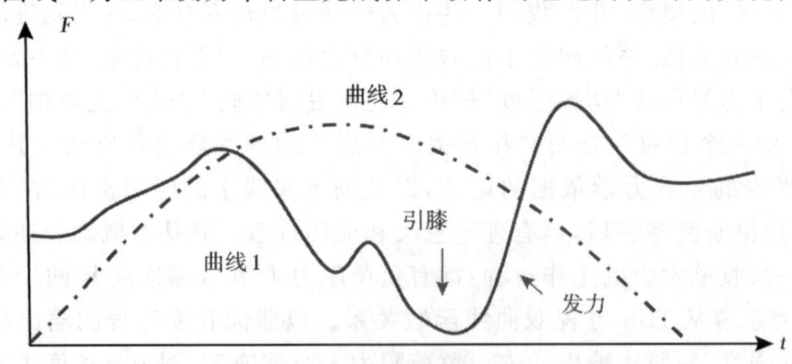

图3　力—时间曲线

曲线1：三维测力台上实测抓举技术动作过程的蹬地力变化曲线

曲线2：力传感器实测赛艇拉浆过程拉浆力变化曲线

抓举过程动力学测量并结合运动技术分析,对抓举运动员的专项能力和技术特点的判断,具有理想的专项条件客观性和针对性。比如,引膝时相蹬地力迅速衰减为零,运动员引膝技术形成完全失重状态,是充分协调引膝技术的专项要求。而发力时相力量上升梯度和力的峰值,则准确反映了运动员蹬伸发力专项爆发力量和最大力量。

近几年,国际上出现了更先进的专项测量方法和系统,如游泳水槽中运动员游动过程实时动力学测量与分析系统、划船项目实际划动过程的动力学测量与分析系统等。仰红惠等[103](2006)自主研发的游泳水槽动态阻力测量装置,从动力学测量方法和理论计算方面,都在国外同类产品和方法的基础上取得了进步,在游泳技术诊断与改进方面具有实用性。

国内外关节力量诊断的发展则有两个明显特点。第一,测量仪器推陈出新,功能不断改进。第二,测量分析的研究领域不断扩展,形成大量数据库,为健身、康复、竞技体育等提供服务。近年来,卢德明等通过[78,82-84,52,86]系列研究,建立了我国青年人和部分项目优秀运动员等速条件下主要大关节的力量基础数据库。2006 年,张跃、王清等[73]较系统地建立了我国主要体能力量类项目优秀运动员等速条件下主要大关节力量训练水平数据库。这一类的数据库和研究成果,对培养高水平运动员有应用价值。

另一方面,关节力量诊断在一定测试样本条件下,可用于不同力量素质之间与专项成绩之间的相关性分析,以及力量比例"协调发展"水平测量分析等方面的研究。我国基于引进先进测量仪器和方法,并有大样本优秀运动员进行系统测量与分析的优势,在该领域的研究应用水平与国际同步,有的方面领先于国外同类研究。2006 年,张跃,王清等[73]的研究结果表明,优秀运动员不同力量素质之间需要协调发展。另一方面,我国优秀运动员关节力量"协调发展"水平不高,且项目差异较大,在运动训练中需要引起足够重视,以提高肌肉系统协调发力能力和最大程度预防运动性损伤。近几年国内外有关力量训练水平"协调发展原则"(Coordination)方面的研究与应用,是力量诊断与力量训练研究的热点问题之一[73,78,22,112]。

(五)研究与应用展望

运动生物力学中的动力学测量与分析,其研究发展的主要动力来源于竞技体育、大众健身、医疗康复、航空航天、仿生、军备、劳动保护等应用领域和市场需求的不断扩展和深入。以腰背痛(Back Pain)为例,美国相关行业和学科都非常重视,以期解决现代社会很多行业非常普遍的腰背痛职业病及高额赔偿问题。其中,运动生物力学测量与分析是最主要的研究方法之一。我国在这方面的研究逐渐受到生物力学研究领域的重视和相关行业及政府部门的关注,但仅仅开始起步。

动力学测量与分析在医疗康复方面同样有巨大的市场需求和发展前景。运动康复和物理治疗的理念和方法,在国外已经成为药物治疗(化学方法)之外备受关注且发展很快的医学研究与应用领域。其诊断和康复治疗等过程,都与运动生物力学测量与分析密切相关。我国在该领域的研究与应用整体落后,但局部领域有特色。例如,香港中文大学洪有廉[24]和香港理工大学许云影[81]等,对中国太极拳运动提高平衡能力(尤其是老年人)的系列研究,取得了很多有应用价值的成果。

步态分析及三维曲面压力分布测量与分析的研究与应用，同样在医学康复、大众健身、安全舒适产品设计等领域，更加受到重视并迅速发展。

毫无疑问，运动生物力学中的动力学测量与分析最重要的应用研究领域之一仍然是竞技体育。测量仪器和方法的不断进步，将促进和提高运动员的力量诊断与训练水平，不断冲击人体能力极限和运动成绩。该领域值得重点关注的是 ACES 理念和方法为代表的实验室条件下，模拟专项特点的力量诊断与分析。而完整技术动作过程的动力学测量与分析，将会更加深入运动实践并直接服务于运动训练实践。

德国 Gollhofer[23] 实验室为代表的暂态动力学条件下神经肌肉系统牵张反射、专项条件下运动训练"适应性"机理等方面的研究，是动力学测量分析与神经生理学等学科的有效结合，以此对肌组织生物力学特性、神经肌肉系统在外力(负荷)作用下的内在机理性反应和变化、中枢神经"适应性"现象形成机制等方面进行深入研究。此类研究不仅在学术上有重要价值，还将对训练理论和方法的不断进步和创新，有非常深远的影响和作用。

参考文献

[1] 刘延柱.运动生物力学中的力学模型问题[J].力学与实践，1983，5(3).

[2] 忻鼎亮.运动生物力学.上海：东华大学出版社，2002.

[3] 王清，等.运动生物力学在竞技体育中的应用.第七届全国体育科学报告大会运动生物力学专题主报告，2004.

[4] 弗拉基米尔·M.扎齐奥尔斯基.运动生物力学.北京：人民体育出版社，2004.

[5] 郑秀瑗，等.现代运动生物力学.北京：国防工业出版社，2002.

[6] 王清.我国优秀运动员竞技能力状态诊断和监测系统的研究与建立.北京：人民体育出版社，2004.

[7] 吴焕群，张晓蓬，等.乒坛竞技科学诊断.中国乒乓球协会科研委员会，1996.

[8] 吴焕群，张晓蓬，秦志锋.中国乒乓球竞技制胜规律的科学研究与创新实践.国家体育总局体育科学研究所，2004.

[9] 李汀，李爱东，苑廷刚，等.刘翔备战 2004 年奥运会的科研攻关与科技服务.国家体育总局体育科学研究所，2004.

[10] 柏开祥，等.帆板最佳航线的设计与实现.第十一届全国运动生物力学交流大会论文汇编.2006，129.

[11] 洪嘉振.人体运动生物力学计算机仿真研究.生物力学的研究与应用，389.

[12] 李建设，等.运动鞋的生物力学研究.第十一届全国运动生物力学交流大会论文汇编，2006，30.

[13] 忻鼎亮，刘大雄，等.投弹运动力学原理的研究.体育科学，2005，7.

[14] Hanavan E P. A mathematical moder of the human body. AD 608463，1964.

[15] Kane T R. Experimental investigation of astronaut maneuvering scheme. Biomechanics J. 1972，(5).

[16] Wittenburg J. Dynamics of systems of rigid bodies. Teubner B G，Stuttgart，1977.

[17] Hazte H. Optinization of. human motion. Biomechanics，IV 1973.

[18] Lloyd B B. Energeties of running. An analysis of world recolds. Sci. ，1966.

[19] Ward-Smith A J. A mathematical theory of running based on the First Law of Thermodyna-mics and its application to the performance of world-class. Biomechanics J. 1985，5：337-349.

[20] Hamill Joseph, Haddad Jeffry M; Van Emmerik, Richard E A. Using coordination measures of movement analysis. Wang Q (ed.). Proceedings of XXIII International Symposium on Biomechanics in Sports. The People Sport Press, China, 2005.

[21] Brüggemann Gert-Peter. Biomechanical and biological in artistic gymnastics. Wang Q (ed.). Proceedings of XXIII International Symposium on Biomechanics in Sports. The People Sport Press, China, 2005.

[22] Bartlett Roger. Future trends in sports biomechanics-Reducing injury risk. Wang Q (ed.). Proceedings of XXIII International Symposium on Biomechanics in Sports. The People Sport Press, China, 2005.

[23] Gollhofer Albert. Adaptive responses of neuromuscular system to training. Wang Q (ed.). Proceedings of XXIII International Symposium on Biomechanics in Sports. The People Sport Press, China, 2005.

[24] Hong Youlian. Bionechanics of oriental martial art: Why practicing Tai Chi Chuan help to improve the human balance control. Wang Q (ed.). Proceedings of XXIII International Symposium on Biomechanics in Sports. The People Sport Press, China, 2005.

[25] Bartlett Roger (ed.). Sorts Biomechanics. Volume 3 No 2 July 2004. Published by Edinburgh University Press LTD on behalf of International Society of Biomechanics in Sports.

[26] Bartlett Roger (ed.). Sorts Biomechanics. Volume 4 No 1 January 2005. Published by University of Otago on behalf of International Society of Biomechanics in Sports.

[27] Bartlett Roger (ed.). Sorts Biomechanics. Volume 5 No 2 July 2006. Published by University of Otago on behalf of International Society of Biomechanics in Sports.

[28] Bartlett Roger (ed.). Sorts Biomechanics. Volume 4 No 2 July 2005. Published by University of Otago on behalf of International Society of Biomechanics in Sports.

[29] Kostas E. Gianikellis (ed.). Scientific Proceedings of the XXth International Symposium on Biomechanics in Sports. Universidad de Extremadura, Spain, 2002.

[30] Mario Lamontagne, Gordon E. Robertson, Heidi Sveistrup (ed.). Proceedings of the XXIInd International Symposium on Biomechanics in Sports. University of Ottawa, Canada, 2004.

[31] Sanders Ross (ed.). Sorts Biomechanics. Volume 3 No 1 January 2004. Published by Edinburgh University Press LTD on behalf of International Society of Biomechanics in Sports.

[32] Schmidtbleicher D. Strukturanalyse der motorischen Eigenschaft Kraft. Lehre der Leicht-athletik, 1984, 35: 1785-1792.

[33] Schmidtbleicher D. Kraft. In: Röthig P (Hrsg.). Sportwissenschaftliches Lexikon, 6., völlig neu bearbeitete Auflage. Schorndorf, 1992, 260.

[34] Schmidtbleicher D. Maximalkraft. In: Röthig P (Hrsg.). Sportwissenschaftliches Lexikon, 6., völlig neu bearbeitete Auflage. Schorndorf, 1992, 302—303.

[35] Schwameder Hollman, Strutzenberger Gerda, Fastenbauer Verena, Lindinger Stefan, Müller Erich (ed.). Proceedings of the XXIV International Symposium on Biomechanics in Sports. University of Salzburg, Austria, 2006.

[36] 郝卫亚. 专项体育运动的计算机模拟与仿真. 第十一届全国运动生物力学交流大会论文汇编. 2006, 10-13.

[37] 严波涛, 吴延禧. 运动技术分析研究发展历程考察和展望[J]. 西安体育学院学报, 2000, 17(2): 92-96.

[38] 中国体育科学学会编.体育科学研究现状与展望[J].北京:中国体育科学学会,2004.

[39] Qing Wang. How we applied sports biomechanics to the preparations for the Olympic games. Wang Q (ed.). Proceedings of XXIII International Symposium on Biomechanics in Sports. Vol 1. ,The People Sport Press,China,2005,81-90.

[40] Botao Yan,Houlin Li and Boqiang Zhang. Discussion on the characteristics of Liu-xiang's hurdling techniques. Wang Q (ed.). Proceedings of XXIII Interfnational Symposium on Biomechanics in Sports. Vol 1. ,The People Sport Press,China,2005,449-453.

[41] 严波涛.运动技术诊断与手段.第十一届全国运动生物力学学术交流大会论文汇编.成都体育学院,2006,72-80.

[42] 钟平,刘望.基于人工神经网络的运动员训练模型研究[J].体育科学,2002,(5).

[43] 赵永寿.关于构建铅球运动员成绩的人工神经网络预测模型的研究[J].北京体育大学学报,2006,(4).

[44] 钟武,唐岳年.铅球运动员专项成绩的神经网络预测模型的构建[J].西安体育学院学报,2005(3).

[45] 钟平,龚明波.链球运动员身体素质与专项成绩相关关系的神经网络模型[J].广州体育学院学报,2004(1).

[46] 陈海英,郭巧,徐力.基于神经网络的人体 100 m 跑运动能力综合评价[J].中国体育科技,2003(2).

[47] 徐力,郭巧,陈海英.虚拟人体运动系统建模方法研究[J].系统仿真学报,2004(8).

[48] 姜春福,余跃庆,刘迎春.冗余度机器人运动模型的神经网络辨识及实现[J].控制理论与应用,2004(3).

[49] 钟振新.基于神经网络的男子跳远项目训练模型研究[J].体育科学,2002(6).

[50] 马光,申桂英.基于神经网络的冗余度机器人运动学控制.高技术通讯[J],2002(1).

[51] 唐毅,葛运建,袁红艳,王定成.模糊神经网络在运动员脚力信息识别中的应用[J].系统仿真学报,2003(1).

[52] 卢德明,等.运动生物力学测量方法[M].北京:北京体育大学出版社,2001.

[53] 高云峰.体育运动中统一的人体多刚体模型及动力学分析方法[J].工程力学(电子版),2000(2).

[54] 何江华.计算机仿真导论[M].北京:科学出版社,2001.

[55] 罗忠祥.视频流中的人体运动提取与运动合成.浙江大学博士论文,2002.

[56] 李祥晨,孙晋海.体育系统仿真[M].北京:人民体育出版社,2004.

[57] 唐毅,葛运建.人体力学行为的计算机仿真的发展及其展望[J].系统仿真学报,2004,16(5):863-867.

[58] 张爱丽,张建国.基于 MATLAB 的人体上肢运动学分析及仿真[J].电子机械工程(电子版),2003,1.

[59] 王人成,冯丽爽,等.一种新型人体运动图像实时分析系统[J].中国康复医学杂志,2000,15(3):165-167.

[60] 王人成,黄昌华,等.基于摄像机的人体运动分析系统标志点图像处理[J].清华大学学报(自然科学版),1999,39(2):75-78.

[61] 罗忠祥,庄越挺,潘云鹤,等.基于视频的运动捕获[J].中国图像图形学报,2002,7(8):752-756.

[62] 王兆其,等.面向体育训练的三维人体运动模拟与视频分析系统[J].国家科技成果网,http://www.nast.org.cn/achieve/achieve.jsp? ID=2401800.

[63] 中天诺亚.LifeMOD生物力学仿真软件特点.http://www.noahsports.Com .cn /NoahWeb/tabid/309/Default.aspx.

[64] Yin Li,Mercy Wang,Heung-Yeung Shu. Video object. In Proceedings of ACM. SIGGRAPH 2005,

323-328.

[65] Bin Fan and Zeng-Fu Wang. Pose estimation of human body based on silhouette images. 0-7803-8629-9/04/ 2004 IEEE.

[66] 王兆其,高文,徐燕.一种基于传感器的人体上肢运动实时跟踪方法[J].计算机学报,2001,24(6):616-619.

[67] 王兆其,高文,陈益强,等.虚拟人行为交互方法研究.1004-731X (2001) 04,系统仿真学报,2001,13(4).

[68] Ralf Plankers and Pascal Fua. Articulated Soft Objects for Multi-View Shape and Motion Capture. IEEE PAMI,2003,25(10).

[69] 谈诚,郑亮,张春林.基于 ADAMS/Lifemod 的人体动力学模型研究.第十一届全国运动生物力学学术交流大会论文汇编.成都体育学院,2006,126.

[70] 刘颖,阎琪,师玉涛,等.科研攻关与科技服务中的运动生物力学在北京体育科研工作中的实际应用.第十一届全国运动生物力学学术交流大会论文汇编.成都体育学院,2006,61-65.

[71] 郝卫亚,王兆其,等.跳水空中转体和翻腾及连接技术的计算机模拟与仿真.国家体育总局奥运攻关课题研究报告,2006.

[72] 刘宇,史世民.神经网络模型预测下肢关节内力矩.第十一届全国运动生物力学学术交流大会论文汇编.成都体育学院,2006,157-158.

[73] 张跃,王清,等.突破力量训练中"平台现象"的理论与方法研究.国家体育总局攻关课题,2006.

[74] 张跃.肌肉力学.郑秀瑗,等编.人体结构力学.成都:四川教育出版社,1990.

[75] 张跃.骨骼肌收缩过程的本构方程.生物力学,1986.

[76] 张跃,Kibeble Armin,Klaus-Juergen Mueller. CMJ 测试的临界点控制及下肢伸肌 SSC 中弹性能储备与利用.医用生物力学,1997.

[77] 张跃.测力台上 SJ 和 CMJ 测试用于肌肉力学性能研究.体育与科学,1998.

[78] 张跃,等.举重、赛艇、田径运动员膝关节伸屈肌等动力量比较研究一力量训练的"适应性"与"协调性".体育科学,2002.

[79] 张跃,Kibeble Armin. Influences of Body Configuration on the Biomechanical Properties of Leg Extensor Muscles in Squat Jump.第 18 届国际运动生物力学学术会议,香港,2000.

[80] 冯元桢.生物力学.北京:科学出版社,1983.

[81] 许云影. A comparison of balance control under different sensory conditions between elderly Tai Chi and non-Tai Chi practitioners. In: Duysens J, Smits-Engelsman BC; Kingma H, editors. Control of posture and gait. Maastricht: ISPGR, 2001.

[82] 李国平,等.用等速测力方法评定优秀运动员股四头肌和蝈绳肌力量和耐力.中国运动医学杂志,1988.

[83] 虞重干,等.篮、排球运动员下肢 3 关节肌等速测试的对比研究.体育科学,2000.

[84] 卢德明,等.膝关节不同起始角与结束角运动肌力的生物力学研究.体育科学,1999.

[85] 秦硒.测力台上 CMJ 测试的动力学性过程及主要力学指标计算.体育与科学,1997.

[86] 卢德明,等.青年人六大关节肌力研究.北京:北京体育大学出版社,2003.

[87] 戴克戎.步态分析及其临床应用.上海第二医科大学学报,1987,1.

[88] 门洪学,等.靴式步态分析系统的研制与应用.中国生物医学工程学报,1991,3.

[89] 陈大跃,等.人体行走的步态测试与分析系统.中国生物医学工程学报,1996,2.

[90] 韦启航,等.人体步态分析系统一足底压力测试系统的研制.中国生物医学工程学报,2000,1.

[91] 伍锶,陆爱云,等.健康老人常速行走的步态分析.上海体育学院学报,2000,2.

[92] 赵芳,等.老年人站立及行走稳定性的生物力学研究.北京体育大学学报,2003,2.

[93] 朱晓兰,等.老年人步态特征的分析及其评价系统的初步建立.北京体育大学学报,2006,2.

[94] 李建设,王立平.足底压力测量技术在生物力学研究中的应用与进展.北京体育大学学报,2005,2.

[95] 吴剑,李建设.青少年女性穿不同鞋行走时步态的动力学研究.北京体育大学学报,2004,4.

[96] 周凌宏,丁海曙,王广志,张通.正常成人步态与偏瘫步态的比较与分析.生物医学工程学杂志,1995,4.

[97] 许光旭,王彤,王翔,周士枋,励建安.偏瘫不对称步态的生物力学研究.中国康复医学杂志,1995,3.

[98] 张伟.足底压力分析在足部疾病中的应用.中国矫形外科杂志,1998,3.

[99] 王亚泉.步态分析在偏瘫康复中的应用[J]中国临床康复.2004,25.

[100] 杨雅琴,张通.正常步态和偏瘫步态的特点及对比.中国康复理论与实践,2003,10.

[101] 励建安.神经疾病的步态分析.中国康复医学杂志,2005,4.

[102] 刘建军,胡莹媛,赵吉凤,耿香菊.42例痉挛型脑瘫患儿的步态分析.中国康复理论与实践,2001,4.

[103] 仰红惠,等.游泳水槽动态阻力测量装置的研制.第十一届全国运动生物力学学术交流大会论文汇编.成都体育学院,2006.

[104] A. Lees. Plyometric training: A review of principles and practice. Sports Excercise and Injury (SPORTS EXERC. INJ.),(United Kingdom),1996,2/1 (24-30).

[105] Anderson FC,Goldberg SR,Pandy MG,Delp SL. Contributions of muscle forces and toe—off kinematics to peak knee flexion during the swing phase of normal gait: an induced position analysis. Journal of Biomechanics,2004 May;37(5):731-7.

[106] Asmussen E, & Bonde—petersen F. Stortage of elastic energy in skeletal muscles in man. Acta Phsiol. Scand.,1974,91.

[107] Bosco C,Fto A,Komi P V,etc. Neuromuscular function and mechanical efficiency of human leg extensor muscles during jumping exercises. Acta . Physiol. Scand.,1982,114:543-550.

[108] Bosco C,Tarkka T,Komi P V. Effect of elastic energy and myoelectrical potentiation of triceps surae during stretch-shortening exercise. Int. J . Sports Med,1982,3:137-140.

[109] Bosco C,Tihanyi. J,Komi P V,Fekete G,Apor P. Store and recoil of elastic eneygy in slow and fast types of human skeletal muscles. Acta Physiol. Scand,1982,116:343-349.

[110] Bosco C. Strength assessment with the Bosco 's Test. Italian Society of Sport Science. Rome,1999.

[111] Bosco C & Komi P V. Influence of countermovement amplitude potentitation of muscular performance. Biomechanics,1981,Ⅶ-A.

[112] Dietmar Schmidtbleicher. Strength training in high performance athletes. 2nd International Conference on Weightlifting and Strength Training,Ipoh,Malaysia,2000.

[113] Decker M J,Torry M R,Noonan T J,Sterett W I,Steadman J R. Gait retraining after anterior cruciate ligament reconstruction. Archives of physical medicine and rehabilitation 2004 May;85(5):848-856.

[114] Hill A V. Rate Proc. Roy. Soc. (London),Ser. B,1938.

[115] Messier S P,DeVita P,Cowan R E,Seay J,Young H C,Marsh A P. Do older adults with knee osteoarthritis place greater loads on the knee during gait? A preliminary study. Archives of Physical Medicine & Rehabilitation. 2005,Apr;86(4):703-709.

[116] Melnick M E,Radtka S,Piper M. Gait analysis and Parkinson's disease. Rehab Management. 2002, Aug-Sep;15(6):46-8,58.

[117] Torry M R,Decker M J,Ellis H B,Shelburne K B,Sterett W I,Steadman J R. Mechanisms of compensating for anterior cruciate ligament deficiency during gait. Medicine and Science in Sports and Exercise. 2004,Aug;36(8):1403-1412.

[118] TSAI,Feng-Jen. The characteristics of biomechanics and EMG activities on weighted countermovement jump. Proceedings of XXII International Symposium on Biomechanics in sports. 2004,uOttawa.

撰稿人:王清　忻鼎亮　严波涛　张跃　曲峰

运动心理学研究进展

运动心理学的主要研究领域包括竞技运动心理、大众锻炼心理和体育教育心理，本文将概述这三个领域的研究进展，并提出今后的研究展望。

一、竞技心理研究进展

(一)心理训练

获得理想竞技表现(peak performance)是所有运动训练与体育比赛的目标，也是运动员心理训练的现实目标。中国运动心理学家紧密结合运动员、教练员参加奥运会、亚运会和全运会的比赛实践，在高水平运动员心理训练领域进行了长期的、富有开创性的探索，取得了丰硕的成果。

刘淑慧(2001)[1]紧密结合射击运动训练和国际重大比赛的实际，率先提出并逐步形成了以心技结合训练为基础，以积极思维控制训练为中介，以积极比赛自我意象训练为整合的前后有序、上下联结的心理建设综合模式。该模式的实施帮助射击运动员在多次国际比赛中取得了骄人战绩。依照"行为塑造"理论，刘淑慧(2001)[1]创造设计了射击心理训练系列程序，形成心、技、战、体协调统一的个体化合理动作定型，并通过加重心理负荷训练与比赛衔接，进一步提高射手的行为应对能力；依照合理情绪疗法、观念系统理论与方法等心理学原理进行咨询，经心理干预与认知调整，提高射击运动员参加国际大赛的自信心和成就动机水平，确立射手正确比赛心理定向，形成积极比赛态度，提高射手的认知应对能力；将上述内容整合在积极比赛自我意象训练中，通过表象、榜样替代、情境想象，形成自强、自信、自控的积极比赛自我意象，提高运动员大赛中自我指导能力，以充分发挥技术水平。心理建设综合模式体现了心理教育、心理训练、心理咨询在实施上的系统性和个体心理建设的综合性。

姒刚彦(2006)[2]系统总结并详细阐述了传统心理训练范式在运动实践应用中遇到的困难及其原因。在运动心理学领域，传统的心理训练范式[3-7]从心理学角度来描述与界定理想竞技表现时，强调的是最优化原则，尝试做的便是对这种状态的追求，认为在"最佳"心理状态下运动员才会出现理想竞技表现，或者运动员的理想竞技表现本身就是这些最佳心理状态的体现。"最佳"或"最理想"心理状态可能是一种最佳的心境"冰峰"现象，也可能是单一维度或多重维度(唤醒，焦虑，自信心)的最佳水平、区域、组合，或者是一种理想的"流畅"(flow)境界。而姒刚彦(2004)[8]在过去 20 年的应用研究与实践工作经验基础上，从应用运动心理学的角度提出理想竞技表现(peak performance)的新定义，即在竞赛中对各种逆境的成功应对。从该定义出发，他构建了运动员的逆境应对训练模式。这一训练模式由 4 个阶段组成，包括：①确认或预见典型逆境；②找出合适的应对逆境方法；③实施个人化的训练；④评价训练效果。这种训练模式可以使运动心理学家在实践中的干预体现出更强的可操作性与有效性。姒刚彦(2006)[2]认为,个体对逆境的意识和认知能力是可以被评价和训练的,所学到的应对行为的效果也是可以被评价和再建的。通过逆境应对训练模式,理想的竞技状态就向"通过训练可获得"的境界迈进了一步。逆境应对训练模式直接植根于竞技运动实践,以众多实例为依据,提示了高水平运动员系统心理训练的一个新导向。

(二)运动认知

运动员在面临高难度的运动任务时,往往表现出四肢发达、头脑聪慧的特征。这种聪慧,主要表现在运动思维和运动决策上。而在运动心理学的传统研究中,许多研究者将"三筹码"实验作为运动员特殊思维的操作性界定之一。对此,梁承谋(1996)[9]有不同看法。他认为,"三筹码"实验不控制运作时间,被试者首先是充分思考,反复运用逻辑推理,有一定想法后再动手进行活动操作。显然,这是逻辑思维支配下的动作操作活动,是变相的逻辑思维结果,因而不具备运动专家所期望的那种操作思维意义,不是特殊的运动思维类别。梁承谋(1996,2006)认为[9-10],运动员的思维发展及养成必定有一种独特的、不同于一般思维的运动思维形式。面对运动任务时,运动员的问题解决与一般思维有三个明显的不一致:第一,在运动中,不长的时间内,往往有一系列不断产生的问题需要主体解决,这些问题连续性强、偶然性大、预测性小,这其中没有间歇、更不允许有停顿。第二,在运动中,大多数问题特别是关键问题的解决,都需要在非常短暂的瞬间进行,机会稍纵即逝,失不再来,不允许犹豫、彷徨。第三,大多数问题都需要在动作中进行,即边操作、边动脑,且必须手、脚、身体与脑并用,不容分离和停滞。梁承谋认为,面对这些问题解决的条件,运动员思维的间接、概括的反应应然是快速的、接连不断的,而且是在操作中进行的。

沿此思路,梁承谋等(2006)[10]在手球、羽毛球、乒乓球、击剑等对抗性运动项目中开展了运动思维和运动决策的系列实验,对上述思辨进行了实证检验,在此基础上,提出了运动思维的四个特征,即加工智源狭窄、不可能逻辑推理、不可能表象加工和必须快速决策。例如,梁承谋、韩晨[10-11]采用图像一情境分析法,选择棒球世界级比赛图像,自编软件《BTL-H一棒球击打测试系统》,用投手球出手前后－40 ms、＋40 ms、120 ms 三种不同定格时间,在三种性质不同的赛场情境中,对棒球投球一击打环节进行好、坏球区域判断。结果表明,存在运动直觉这样一种思维方式;运动直觉水平与运动训练有显著相关,但与文化水平、智力等因素无显著相关。再如,梁承谋、王斌[10,12]运用图像分析法及反应时法,对手球运动员进行实验,再次确认了手球运动中运动直觉的存在。同时,他们还提出手球运动中有认知、直觉两类不同的决策任务;运动直觉是直觉的下位概念,具有快速性、或然性、直接性、情境性、信息受限性、水平差异性等特点。

(三)心理生理

1. 脑电图

近年来脑电图(electroencephalogram,EEG)应用研究的热点是运动操作过程中心理状态与大脑效率的关系[13]。有研究者在优秀运动员(组间比较)和好的操作成绩(组内比较)的脑波中记录到左颞叶区与额叶区高 α 频段(10～13 Hz)和低 β 频段(13～22 Hz)的频率降低；左右两半球皮层电活动表现出较低的呼应而呈不对称性。研究者由此推论大脑处于低活动状态，可解释为大脑使用较少神经资源来执行活动任务的功能节省化，与较少的视觉注意和认知参与有关，代表操作过程的自动化程度较高[14,15]；优秀运动员的注意策略体现在外部注意时脑电 α 功率谱低于内部注意，同时心率下降[16]。这些研究结果提示了运动实践中经常提到和渴望运动员在比赛过程中呈现的流畅状态的生理基础。一些新的研究领域也有所涉及，如研究竞赛焦虑等情绪对运动表现影响的生理机制，通过实验室诱发焦虑，在左颞叶区与额叶区记录到脑 α 波抑制和节律性降低[17-18]。

国内学者的研究涉及不同项目的脑电特征[19]、中枢神经系统疲劳和竞技状态[20,21]、心理训练过程[22-23]、特定时段的心理状态[24-25]。张振民等(2002)[26]提出，EEG 的神经元代谢方式可能与技术特点有关，频率快者属速度型，代表速度爆发力占优势；波幅高者为强度型，代表力量耐力占优势；表象技术动作时 α 指数抑制百分比可以评价运动员心理竞技状态，不同水平运动员有不同的区间值和最佳值。我国台湾学者则始终活跃在脑电研究的前沿，在上述研究领域保持与国际研究进展的同步，研究成果丰富[27-31]。

2. 事件相关电位

心理学感兴趣的事件相关电位(event-related potentials，ERP)的成分包括 MMN、P3a、P3b、CNV、N1、N2 等[13,32]。以运动活动和运动员为对象的 ERP 研究不多，但极具潜力。一项以乒乓球运动员为对象所进行的选择性注意研究发现，与非运动员相比，优秀乒乓球运动员在面对不确定性刺激时注意的资源要求较低，而且会将注意资源分配至刺激出现概率较低的区域，但是会将反应动作准备在刺激出现概率较高的区域。这一研究为选才与训练的介入方向提供了启示；一些研究还探索了运动强度和运动时间对认知过程和中枢神经系统唤醒过程的影响。

3. 脑电超慢涨落分析技术

李捷(2000，2005)[35,36]近来提出运动技能形成自组织理论，强调脑功能对运动训练和竞技状态调控的重要性，以脑波超慢涨落分析技术作为该理论指导下训练过程的评定手段。积累了一定数量运动员样本数据的专用设备“高级运动训练状态监控仪”问世，用于评定运动员竞技能力、训练强度、中枢疲劳、应激程度、学习能力等。

4. 脑像图

吕雅君(2001)[37]对不同专项、不同水平运动员之间的脑像图(Electro-encephalon Quadrant Graph，EEQG)差异及与运动员智商的相关研究结果表明：在不同专项、不同水平运动员之间无显著性差异；与智商和操作智商的相关系数分别为 0.51 和 0.53。胡咏梅(2006)[38]的研究结果显示，脑像图分析技术可以显示运动员大脑处理信息的效率和竞技状态等有价值的信息。

5. 心理状态的生理生化评定

Jesus 等[39]通过生化指标研究应激状态下的情绪变化，结果发现，训练年限短的运动员，在应激状态下 ACTH 和 β 一内啡肽排出量显著高于训练年限长的运动员。张忠秋(1997)[40]则研究了不同比赛心理发挥状况运动员的儿茶酚胺排除量和状态焦虑水平。

丁雪琴(1998,2004)[41,42]通过运用多项生理指标对心理训练进行的评定,提出前额肌电值、心率、皮肤导电性三项指标对心理状态的变化较为敏感,可用来评价心理训练的效果。魏高峡、梁承谋、李佑发、沃建中(2005)[43]采用脑波超慢涨落分析技术(SET)对20名健将级游泳运动员在赛前一周、赛前一天和赛后24 h内的脑功能状态进行的一项动态追踪研究发现,赛前一周和赛后24 h内,多数中枢神经递质的活动较为相似;但赛前一天,DA、5HT和Ach出现了特殊的空间构型变化,具体表现为DA的左脑优势、5HT的右脑优势和Ach的前高后低走向。这些结果提示,赛前一天可能是运动员赛前心理状态发生变化的关键点。

6. 心理神经免疫

在竞技体育领域,研究者从不同特质焦虑运动员心理应激对免疫机能影响差异的角度进行研究。首先检验心理应激下不同特质焦虑或不同神经类型运动员某些免疫指标的变化[44],并探讨心理训练的作用[45],继而进一步研究进行心理行为干预后不同特质焦虑运动员应激的神经内分泌反应[46]。

(四)心理疲劳

疲劳及其控制是现代运动训练研究的核心问题之一,成为体育科学研究者和教练员的关注焦点。西方学界对教师、医生、护士等行业的心理疲劳早有研究,并冠以心理耗竭、职业倦怠或工作倦怠(burnout)的名称,用于描述长期处于高压力工作环境下所造成的心理资源耗竭现象[47],突出表现为情绪耗竭、乏人性化和丧失个人成就感[48]。

张力为(2006)认为,心理耗竭、职业倦怠或工作倦怠的名称从含义来看有两点不妥,一是过于突出结果性状态(燃尽),二是只含有消极意义。职业倦怠或工作倦怠的名称从含义来看亦有不足,倦怠所能够包含的意义过于有限,仅仅强调"乏"。相比而言,心理疲劳似乎能够更加准确地描述相关现象,其理由是,①它可以较好地与生理疲劳相对应,分别说明两类相关但又不同的现象及其交互作用;②如同生理疲劳一样,它更容易容纳积极作用,表达疲劳—适应—再疲劳—再适应的适应性意义;③它更容易体现发展过程,而不是仅仅是突出结果。根据上述理解,张力为等[49-51]对运动性心理疲劳做出了新的界定,认为运动性心理疲劳是运动员在应对内源性压力和外源性压力时,心理资源及生理资源被不断消耗而没有得到及时补充时所出现的心理机能不能维持原有心理活动水平即心理机能下降的现象,具体表现在情绪维度、认知维度、动力维度、行为维度和生理维度的改变上。运动性心理疲劳的产生过程中可能存在着一个具有转折意义的心理疲劳的可感觉阈限。运动性心理疲劳与生理疲劳一样,具有适应性的心理机能重建功能,应对得当时,可使运动员更好地应对训练比赛中的各种压力。运动性心理疲劳的发展如果没有得到适当的调节和控制,最终可能导致心理耗竭。

林岭(2006)[73]的一项调查研究发现,心理疲劳最明显的症状为厌倦训练,运动员有时、经常或总是出现此症状的百分比为84%。运动性心理疲劳的成因可以概括为内源性因素和外源性因素两大方面[73-74]。林岭(2006)的调查研究还发现[73],外源性的训练因素和管理因素是运动员心理疲劳的最重要原因。张力为、赵茜(2006)[52]最近对208名执教时间自5年到35年不等的教练员进行了一项调查研究,结果发现,在构成教练员心理疲劳的三个因素中，情绪体力耗竭得分高于成就感降低得分(12.25 vs. 10.86；F=26.37，p=.00)，成就感降低得分高于对运动的消极评价得分(10.86 vs. 9.93；F=16.07，p=.00)。这提示，教练员的心理疲劳更多地表现在情绪和体力耗竭的主观感受上。相对而言，教练员对运动的消极评价不甚明显。

(五)小结

总的来说，在竞技运动领域，运动心理学家最关注的问题有三：①运动员的认知特征和人格特征；②运动员心理状态的监测和评价；③运动员心理调节能力的提高。在第一个问题上，运动心理学在运动员认知特征方面的研究进展明显，发现了运动员注意、决策等高级认知活动的一些特殊性，但在运动员人格特征研究方面的进展不大。在第二个问题上，采用生理指标监测运动员中枢神经机能的研究有所增加，受到重视，但进展并不迅速。在第三个问题上，运动心理学研究成果较多，在理论和实践上均有明显进展。

二、锻炼心理研究进展

Smith 曾于 1996 年提出，锻炼的心理效益不低于其身体效益。这一观点的提出距离今天已经有 10 年之久，这 10 年中，大量的研究者围绕锻炼与心理健康的关系展开了各种各样的探索，效果量的诸多研究报告也显示，身体活动或体质与焦虑、抑郁、应激反应呈负相关，效果量为负值；与积极心境、自尊和认知功能呈正相关，效果量为正值[53]。

(一)身体锻炼与心境状态

Taylor(2000)[54]的一项叙事性综述考察了 1989 年以来发表的 38 项长期身体锻炼研究和 23 项短期身体锻炼研究，结论是，这些研究一致表明了状态焦虑与特质焦虑的缓解效应，效果量从小到中不等。研究中还对应激反应文献进行了回顾与评价，发现短期身体锻炼后面临短暂的消极或积极的应激刺激时，人的应激反应减少。叙事性综述[55]一致表明，被诊断为临床抑郁的人可以通过身体锻炼降低抑郁水平。近年来，身体锻炼与心境状态的研究仍在继续探讨焦虑、抑郁、应激和积极心境与身体锻炼的关系。

有研究显示，长时间的身体锻炼(每天至少 92 min)对男性有抗焦虑的效果，但对女性没有显著作用[56]。William(2002)[57]对 1 947 名健康的中老年人 5 年的跟踪调查发现，锻炼具有抗抑郁作用。Dunn(2001)[58]对锻炼的抗焦虑和抗抑郁作用进行的一个剂量反应效应研究再次肯定了锻炼的抗焦虑和抗抑郁作用，但是，该项研究没有发现不同锻炼强度、频率以及有氧或力量训练之间的显著差异。王利(2004)[59]的研究表明，长期习练太极拳可以缓解中老年人的心理压力，显著影响中老年人的心理应激能力。哈佛大学的一项关于情绪和血液循环的研究显示，身体锻炼可以降低有抑郁病史的女性的血管收缩症状[60]，这表明，身体锻炼和抑郁之间的确存在相关关系。

(二)身体锻炼与自尊

在身体锻炼领域，研究者对身体自我观念有特别浓厚的兴趣。例如，McAuley

(2000)[61]的一项研究对174名老年人进行了为期12个月的实验观察,方法是先进行6个月的身体锻炼,并观察锻炼期间以及锻炼结束后6个月受试者身体自尊的变化。结果显示,在前6个月的锻炼期间,受试者的身体自尊呈非直线的上升,而锻炼结束后的6个月,受试者的身体自尊出现了显著下降。该研究还显示,受试者身体自尊的变化受到身体吸引力和身体状况的调节性影响。

(三)身体锻炼与认知功能

Kristine(2001)[62]对5 925名65岁以上的老年女性进行了6～8年的跟踪调查,结果发现,步行锻炼可以防止认知功能的下降,而且锻炼量与认知功能的下降呈负相关。Jennifer(2004)[63]的研究也确认,长时间锻炼可以延缓老年女性认知功能的下降。

Van Gelder(2004)[64]对295名85岁以上的老年男性的认知功能与其锻炼时间及强度的关系进行了横向调查,发现中低强度的锻炼更有利于延缓老年人认知功能的衰退。该调查还发现,锻炼时间和强度的降低会加剧认知功能的衰退。另一项横向调查显示,在中年人群中,较低的运动量是影响其认知功能尤其是思维流畅性的危险因素之一[65]。

(四)身体锻炼与生活满意感

近年来,生活满意感作为衡量人们生活质量的重要标志引起了越来越多学者的关注。Aphrodite(2002)[66]的横向调查研究结果显示,身体锻炼确实对老年人的幸福感有积极作用。Schroll(2003)[67]将50～85岁年龄段的老人作为研究对象,研究锻炼对其生理及心理健康的影响,结果同样验证了锻炼对生活质量的促进作用。Schnohr(2005)[68]对12 028名20～79岁年龄段的被试者进行的一项调查发现,利用闲暇进行慢跑的身体锻炼者的生活满意度高于不参与锻炼的人,而且锻炼量与锻炼者的生活满意感呈正相关。

(五)促进心理健康的运动处方

迄今为止,探索锻炼处方的研究已经有相当数量,但是确切的结论却不多。有资料显示,无论采取什么形式的短时有氧运动,其对锻炼者的心理健康都产生相同的影响[69]。Cox(2000)[70]的一项研究观察了锻炼者步行和爬阶梯30 min后的心理效益,结果发现,两种运动对焦虑的影响没有差异。

有研究认为,利用锻炼促进主观幸福感时应该考虑以下因素:锻炼的兴趣、方式、频率、强度和时间,而锻炼兴趣还会影响其他因素。关于锻炼方式的分类并不一致,但有氧运动比无氧运动能更好地促进锻炼者的主观幸福感,在很多研究中都得到了验证[71]。Berger,Pargman和Weinberg(2002)[72]最近的研究进一步提示,有氧运动中有规律的腹式呼吸才是锻炼产生心理效益的真正原因。

关于锻炼的强度,有研究显示,每周三次中等强度的锻炼不会影响锻炼者的积极性而且不易产生伤病,因此更有利于促进心理健康[73,74]。Netz等[75]对36篇相关研究进行的元分析表明,中等强度的有氧锻炼更有利于促进锻炼者的幸福感。

关于锻炼的持续时间,研究结果提示,不同的时间对锻炼者幸福感产生的作用不同。如10 min的锻炼可以降低紧张感[76],120 min的锻炼会产生心理上的欣快体验[77]等。

Amanda 和 Amy(2004)[78]的研究则探讨了给定运动量的条件下,间歇运动和持续运动是否能产生不同的幸福感。研究结果表明,二者并没有差异。

(六)影响身体锻炼与心理健康关系的第三变量

身体锻炼与心理健康的研究领域中有相当一部分实证研究没有对可能产生假性行为的额外变量引起足够的注意,研究中也缺乏对这些额外变量的严格控制,这引起了许多学者对研究结果的质疑,也吸引了许多学者开始探讨身体锻炼与心理健康之间的第三变量。

例如,Elavsky 和 McAuley(2005)[79]对更年期女性锻炼与生活满意感关系的研究显示,锻炼能够促进生活满意感,但这种关系同时受到中介变量自我和更年期反应的调节。Motl、Berger 和 Leiischen(2000)[80]的一项研究发现,攀岩者的运动兴趣影响了锻炼前后心境状况的变化。Celilie(2002)[81]所做的一项实验研究则探讨了身体接受(physical acceptance)在锻炼和自尊之间的中介作用,结果显示,身体接受的确在二者之间存在调节作用,作者建议应该在研究锻炼和心理健康的关系时考虑身体接受这一变量。

(七)小结

总的来说,身体锻炼的心理效益似乎更多地体现在情绪调节方面。研究表明,短期身体活动的情绪效益包括心境状态的改善、焦虑水平的下降以及应激和紧张的减少。长期身体锻炼除具有短期身体活动的效益之外,还有以下特点:与人的健康幸福感有关;对焦虑、抑郁具有治疗作用;所产生的情绪效益较短期身体活动维持时间更长。身体活动(尤其是长期身体锻炼)还能使人产生诸如"最佳表现"、"流畅"、"跑步者(或锻炼)高潮"和"高峰体验"等良好的情绪体验。同时,身体锻炼对于中老年人保持认知功能具有重要的意义;它与人格的完善、认知功能的提高甚至减缓艾滋病病毒在体内的发展有一定的关系。

三、体育教育心理研究进展

(一)体育学习的心理动力

有关学生体育学习的心理动力方向的研究,主要涉及体育学习态度[82]、动机[83-87]、兴趣[88]、非智力因素[89]等课题。具体而明显的进展是自我、成就目标动机和归因训练成为近年来学生体育学习心理和行为动力调节研究的热点课题。

对自我的研究是心理学行为调节研究的方向之一。跟随国内外教育心理学对自我研究的发展,宋允清、彭金洲(2002)[90]和斯力格、孙永生(2003)[91]报告了体育专业学生自我监控能力调查和培养的实证研究结果。其中,斯力格等选用董奇编制的《学习自我监控量表》对不同专业大学生学习自我监控能力进行了比较研究[92],发现体育专业学生在学习的计划性、准备性、意识性、方法性、执行性、反馈性、补救性和总结性 8 个方面显著差于工科专业学生,在准备性、意识性、方法性、反馈性 4 方面显著差于师范专业学生。宋允清等运用教学实践法,通过自我指向型和任务指向型两类干预手段,建立学生自我监控能力培养方法体系,在体育专业学生田径挺身式教学课中实施,既加强了学生的自我监控能力,又显著提高了他们的技术动作规范、达标成绩、基本知识和教学能力。郝思哲(2003年)[93]采用东北师范大学李晓东编制的《大学生自我学习效能量表》,测量了大庆石油学院的学生,并将自我学习效能高分段与低分段学生的速度滑冰成绩进行了对比,结果表明,两组存在显著差异。

继刘淑慧等将成就目标理论介绍到体育运动心理学领域后,在此方向上的研究一直是一个持续的热点,而且不断深入,由20世纪90年代的理论介绍、量表修订和一般描述性研究,发展为理论导向明确、设计严格、控制严密的多因素实验研究,试图发现成就目标定向对学生技能学习、运动绩效和情绪等的影响效果。例如,关于体育教学中认知策略与目标定向关系及武术课堂策略训练的实验研究[94],成就目标定向对大学生技能学习及情绪影响的实验研究[95]等,均为构思清晰的研究设计,发现了任务定向对运动绩效和运动愉快感具有明显作用的效果,与理论推测和其他学者的研究结果保持了一致。

胡咏梅(2002)[96]以目标定向理论为依据,运用自然实验的方法,在中学体育课上创设出学习性动机气氛和成绩性动机气氛,探讨环境因素对学生心理反应的影响。结果表明,学习气氛提高了学生的任务目标定向动机水平和能力知觉,且对男生的作用明显;成绩气氛降低了男生的动机水平、任务定向和能力知觉,但对女生的动机变量影响不显著。这一结果与国外研究成果基本一致。

心理学关于归因的研究已有几十年的历史。我国学者对学生体育学习的归因研究从归因维度、归因因素等的调查性研究发展至对归因训练进行理论和实证性研究的层次。王斌、马红宇、侯斌(2002)[97]从研究设计和理论检验两个方面对国内外报道的3个归因训练研究进行了比较,讨论了研究中的控制组、测试类型、运动任务、被试、训练类型等问题。为了提高归因训练的研究水平,他们还提出了体育学习归因训练研究的综合模式。

曾永忠(2002)[98]通过问卷调查和因素分析方法,确定了中学生体育学习成功和失败归因的6个因素,即自身努力、自身能力、心理因素、任务难度、运气、他人努力,并构建了中学生体育学习归因三维模型,更加直观地显示了体育学习归因原因因素与归因维度之间的关系。他在2002年发表的另一篇研究报告中,提出了"成功—能力、努力和练习方法;失败—努力、练习方法"的归因训练模式,对中学生身体素质测验后的归因进行再归因训练。研究结果显示,实验班学生在体育运动成就动机、运动自我效能和体育情趣方面都比对照班显著提高。

我国学者在学生体育学习动力领域的研究多采用问卷调查法,问卷多为国外引进或其他心理学领域设计的,依据体育运动心理学的理论针对我国大中小学生设计的研究工具很少。今后应在选择因果关系研究、加强多因素实验设计的同时,研制适用于我国体育教学实际的问卷或量表,提高研究的"体育教学化"水平。

(二)体育教育的心理建设功能

国家教育部2001年7月颁发的普通高级中学《体育与健康课程标准》中,特别强调了充分发挥体育课程的多种功能和价值,促进学生身体、心理和社会适应等整体健康水平提高的课程教学目标。

彭健民、黎杰(2004)[99]及兰自力、骆映(2003)[100]从学校体育的特点与功能分析出发，提出了学校体育对大、中、小学生心理健康的影响作用：学校体育能有效促进学生智力与能力的发展；提高学生德性修养，养成良好的品德；净化学生的情感，治疗心理疾病；发展学生的个性，提高社会适应能力；培养学生的竞争意识与协作精神；缓解学生精神压力，消除心理紧张。

近年来，有些学者提出了体育课程实施心理健康教育的模式[101]，另有一些学者对体育教学促进学生整体心理健康的效应进行了调查或实验研究[102-107]，还有一些学者探讨了某些具体的体育教学内容对学生自我概念[108]、身体自尊[109]、气质[110]、个性[111-112]、智力[113-114]以及凝聚力[115]等心理因素的影响效果。其中，徐霞、姚家新（2001）在修订与检验大学生身体自尊量表的基础上，通过自然实验研究，考察了篮球课对大学生身体自尊的影响作用，得到了积极显著的结果。

"健心运动处方对提高大、中学生心理健康水平的实验研究"[116]，"健身运动处方锻炼对小学生心理健康影响的研究"[117]，"体育游戏法对学生心理健康影响的实验研究"[118]，"减轻高中女生羞怯心理的研究"[119]等，均在体育教学心理干预措施的设计和效果检验上作出了有益的尝试。

运动技能学习对儿童智力发展至关重要，因为"身体认知是人的智能构建中的一个重要环节"[120]。徐本力、熊斗寅、梁洪波等（2002）[121]，傅正军、范辉、陈根兴等（2001）[122]在开发儿童运动和智力潜能方面进行的实验研究，历时时间长、研究被试人数多，干预手段和测试指标多样，研究结果支持了通过运动学习儿童左右手双侧肢体的运动技能提高以及年龄较小阶段的儿童运动技能与智力和文化课学习成绩相关较高的理论推论。

（三）小结

自我、成就目标动机、归因训练、运动技能学习过程的认知特点和合作学习在体育教学中的应用，是近年来我国体育教育心理研究出现的新方向，涌现出了一批研究成果。认知心理实验方法在运动技能学习过程研究中的应用提升了我国体育教育心理研究的水平。但在学生体育学习心理特点和体育教学心理建设功能领域，一般性的论述、问卷调查、描述性分析等低层次重复性研究还较多。一些研究选题的理论导向不明确，解决实践性问题的意向也不突出，研究设计简单，变量的概念模糊，没有给出操作定义，自变量的选择和操纵程序不详细描述，因变量测量的有效性、可靠性交代过少，被试选择、成熟、测验—再测验、环境、主试或被试效应等因素的影响与相互作用不加以控制，影响了研究结果的可信程度。

在今后的研究中，既应加强理论导向明确的选题，也应注重在考察体育教学实践的基础上从体育教育学科特点出发选择课题进行研究，提出问题时注意理论推测和实证依据的充分性，以及解决理论和时间问题的价值和应用的针对性；应加强体育教学心理实验研究设计理论和方法的探索，分析各种变量的特征与制定操作定义的方法，提出自变量操纵、因变量测量、额外变量控制的要求，细化研究程序，有效抵御内外干扰，提高研究的内、外部效度；应将实验室研究和现场研究密切结合，将实验室研究获得的结果应用到体育教学现场研究中，观察研究结果的一致性，得到依据更加充分、更有应用价值的实证结果；应注重开发适合于我国社会文化环境、青少年人群特点和体育教学实际的研究工具，提高问卷或量表的标准化水平,还应加强行为观察法、访谈法、口语报告法等"质"的方法在体育教学心理研究中的应用,丰富对体育课堂中心理和行为反应的观测方法,提高这些方法的有效性和可靠性水平。

四、运动心理学研究展望

第一,运动员的心理训练始终是运动心理学工作者进行理论和应用探索的主要领域。这一领域中出现过众多相关理论,如倒 U 型假说、内驱力理论、个人最佳功能区理论、突变模型、多维焦虑理论、方向频率理论等,这些理论构想仍然需要更多的实证检验。同时,一些新的理论构想,如心理建设综合系统模式和逆境应对训练模式,一些新的研究热点,如 Choking[123,124],不断展现出新的魅力。但我们也同样需要更多的实证研究对这些构想进行检验。从当前高水平运动员心理训练领域的研究中可以看到有如下几点重要提示:①运动员心理训练的计划、实施及评价与专项运动特征更加紧密结合[125];②因人而异的个人化心理训练是必要的[2];③同时,竞技运动的特点使追寻特殊规律的研究范式独具魅力。

第二,各种生理指标在监测与评价运动员心理状态或心理机能时的信度与效度如何,仍是有待探索的重要问题[13]。这一问题包括三个方面:①这些生理指标和心理指标的相关性如何。林岭(2006)[73]的研究发现,监测运动员心理疲劳的生理指标和心理指标之间的相关较低。那么,原因是什么?两类指标在监测运动员心理疲劳时各有什么作用?哪些指标是更加有效的指标?这些,都是困扰运动心理学研究者的问题。②这些生理指标与运动员和教练员心理状态的主诉的相关性如何?生理指标的特点是量化程度高,客观性强,但我们对心理状态的评价和监测似乎还不能忽视主诉。③采用生理指标进行心理机能长期的动态监测与评价的效果如何?在竞技运动领域,小样本长期跟踪研究可能既是发现精英运动员训练规律的有效方法,也是评价测验指标有效性的重要手段,而迄今为止,这类研究鲜见。

目前,采用脑电技术(如 EEG、ERP、脑波涨落等技术)监测运动员中枢神经系统机能状态虽然难度较大,但似乎受到更多重视,也极具潜力。在运动生理、生化领域,采用血乳酸、血睾酮、血尿素、血色素等指标监测运动员身体机能状态并根据评价结果指导训练的效果得到公认,但运动心理学还没有提供公认的有效指标来监测运动员的心理机能状态,这是运动心理学面临的重要挑战。

第三,运动员的运动认知仍将是运动心理学工作者的重点课题。采用传统的专家—新手对比的研究范式,利用在空间定位上极具优势的功能核磁共振技术和在时间定位上极具优势的事件相关电位技术等先进技术及其组合,探索优秀运动员在知觉、注意特别是决策过程中的信息加工特征,既有理论价值,亦有应用价值。但无论采用何种先进技术,针对研究目的构想的实验设计(包括自变量、因变量的选取、刺激呈现的顺序与间隔、控制变量的安排等)往往是更为重要的,它在很大程度上决定着实验的质量和成败。

第四,关于身体锻炼与心理健康关系的研究已经积累了许多成果,也遗留下许多疑问,例如:为什么一些跟踪调查和跟踪实验的结果不相一致?身体锻炼在多大程度上可以预防和治疗人的心身疾病(如高血压、癌症、胃溃疡)?身体锻炼有哪些心理建设功能?身体锻炼对正常人和患者的心理建设功能有哪些不同的地方?这类问题中,有两个问题显得尤为重要:①什么类型、多长时间的身体锻炼能在多大程度上提高心理健康水平?这涉及作为预防方案和治疗方案的身体锻炼,其防病治病的剂量效应如何?显然,此类研究要想探明现代医学意义上的剂量效应,还有很长的路要走。②在身体锻炼与心理健康存在哪些中介变量和调节变量,有助于解释两者之间关系的复杂性?第三变量的研究或者交互作用的研究,总是可以帮助我们更加深入地理解两变量之间在不同条件下的相互关系[126]。

说明:中国心理学会之《运动心理学研究进展》,因主题和负责人均与本文相同,所以,全文与本文类似,但内容更多。

参考文献

[1] 刘淑慧.中国心理学会编,射手在奥运大赛中成功发挥的心理学研究.当代中国心理学.北京:人民教育出版社,2001:446-453.

[2] 姒刚彦.运动员心理训练研究进展.体育科学学科发展报告,2006.

[3] Hanin Y L. Interpersonal and intragroup anxiety. Conceptual and methodological issues. In:Hackfort D,Spielberger C D (Eds). Anxiety in sports:An international perspective. Washington,DC:Hemisphere Publishing Corporation,1989:19-28.

[4] Jackson S A. Toward a conceptual understanding of the flow experience in elite athletes. Research quarterly for exercise and sport,1996,67:76-90.

[5] Materns R, Vealey R S, Burton D. Competitive anxiety in sport. Champaign, IL: Human Kinetics,1990.

[6] Morgan W P. Test of champions:The iceberg profile. Psychology today,1980,14:92-108.

[7] Terry P C. An overview of mood and emotions in sport in:Proceedings of 4th International Congress of Asian-South Pacific Association of Sport Psychology. Seoul,Korea:2003:368-377.

[8] 姒刚彦,刘皓.高水平运动中的逆境应对.第七届全国体育科学大会论文摘要汇编(二).北京:2004:100-101.

[9] 梁承谋.普通心理学原理.中国三峡出版社,1996.

[10] 梁承谋.中国体育科学学会(主编),认知运动心理学研究进展.体育科学学科发展报告,2006.

[11] 韩晨.问题情境及技术等级对运动员直觉性思维的影响——对棒球运动员投—击球判断准确性和时间的实验.北京:北京体育大学硕士学位论文,2000.

[12] 王斌.手球运动情境中直觉决策的实验研究与运动直觉理论的初步建构.北京:北京体育大学博士学位论文,2002.

[13] 任未多.中国体育科学学会(主编),运动心理生理学研究进展.体育科学学科发展报告.2006.

[14] Deeny S P,et al. Cortico-cortical communication and superior performance in skilled marksman:an EEG coherence analysis. Journal of Sport & exercise Psychology,2003,25:188-204.

[15] Hatfield B D, Haufler A J, Hung T M, Spalding T W. Electroencephalographic studies of skilled psychomotor performance. Journal of Clinical Neurophysiology. 2004,21(3):144-156.

[16] Steven J Radlo, et al. The influence of an attentional focus strategy on alpha brain wave activity, heart rate and dart -throwing performance. International Journal of Sport Psychology, 2002, 33(2): 205-217.

[17] Davidson R J. Affective neuroscience and psychophysiology: Toward synthesis. Psycho-physiology, 2003, 40: 655-665.

[18] Robazza C, et al. Performance emotions in an elite archer: A case study. Journal of Sport Behavior, 2001, 23: 144-163.

[19] 任未多.不同运动项目运动员脑电特征的比较研究.广州:第八届全国心理学学术会议,2001.

[20] 张振民,等.EEG闪光刺激诱发试验对运动员神经疲劳评定的研究.体育科学,1995(6):61-64.

[21] 任未多.运动性中枢疲劳、脑机能和竞技状态的跟踪研究.昆明:柏溢全国运动心理学学术会议论文集,1998.

[22] 张振民,等.心理调节下放慢呼吸脑电图功率谱能量变化.体育科学,1991 (1):71-75.

[23] 张振民,等.高水平射击运动员想象射击期间大脑唤醒水平和心率的研究.体育科学,1993(3):86-89.

[24] 张忠秋,等.中国跳水奥运选手的系统心理监测与调节.武汉:第八届全国运动心理学学术会议论文集光盘,2006.

[25] 郑樊慧,等.飞碟多向运动员重大比赛前后安静状态下脑电绝对功率值的比较研究.武汉:第八届全国运动心理学学术会议论文集光盘,2006.

[26] 张振民,等.中国乒乓球世界冠军运动员脑功能特征研究.中国运动医学杂志,2002,21(5):453-457.

[27] Hung T, et al. Assessment of reactive motor performance with event-related brain potentials: Attention processes in elite table tennis players. Journal of sport & exercise psychology, 2004, 26: 317-337.

[28] Shih H, Lin J, Hung T. Discrimination of best and worst air-pistol shooting performance: Spectral EEG analysis of intermediate shooters. Paper accepted for presentation at the NASPSPA 2006 conference, Denver, USA.

[29] Chang W, Lin J, Shih H, Hung T. Relationship between self-confidence and EEG activity in air pistol shooting. Paper accepted for presentation at the NASPSPA 2006 Conference, Denver, USA.

[30] Wang Y, Lin J, Shih H, Hung T. A comparison of temporal alpha and beta power spectrum between rejected and executed shots in intermediate air pistol shooters. Paper accepted for presentation at the NASPSPA 2006 Conference, Denver, USA.

[31] Chen W, Lin J, Hung T. Pre-shot EEG alpha and beta activity during air-pistol shooting: a comparison between the postural simulation and the shot execution preceding the trigger pull. Paper accepted for presentation at the NASPSPA 2006 Conference, Denver, USA.

[32] 赵仑.时间相关电位及其应用性研究.在ERP试验在运动心理学中的应用学术研讨会上的报告.北京:北京体育大学,2006.

[33] Keita Kamijo, et al. Influence of exercise intensity on cognitive processing and arousal level in the central nervous system. Advance Exercise & Sport Physiology, 2006, 12(1): 1-7.

[34] Takuro Higashiura, et al. The interactive effects of exercise intensity and duration on cognitive processing in the central nervous system. Advance Exercise & Sport Physiology, 2006, 12(1): 15-21.

[35] 李捷.脑对运动负荷自主反应水平协同变化原理与实验评价方法.第六届全国体育科学大会论文摘要汇编(二),2000,341.

[36] 李捷.运动技能形成自组织理论的建构及其实证研究.北京:北京体育大学出版社,2005.

[37] 吕雅君,等.运动员脑像图与智力 IQ 的相关研究.天津体育学院学报,2001(4):20-22.

[38] 胡咏梅,等.优秀击剑运动员脑像图特征的研究.武汉:第八届全国运动心理学学术会议论文集光盘,2006.

[39] Jesus Ramirez, et al. Levels of ACTH and-β(beta)endorphin in the response to stress from open sea diving to 25m (3. 5ATA), A field study. International Journal of Sport Psychology, 2004, 35(1):1-13.

[40] 张忠秋.运动员比赛心理发挥状况与儿茶酚胺排除量和状态焦虑关系的探讨.体育科学,1997,17(3):71-74.

[41] 丁雪琴.几种心理训练方法的应用效果及其综合评价手段的研究.体育科学,1998,18(2):89-94.

[42] 丁雪琴,等.优秀运动员竞技心理能力和状态的诊断.王清,我国优秀运动员竞技能力状态的诊断和监测系统的研究与建立.北京:人民体育出版社,2004:395-445.

[43] 魏高峡,梁承谋,李佑发,沃建中.我国优秀游泳运动员赛前心理状态的脑功能研究.体育科学,2005,25(10):41-46.

[44] 张剑,陈佩杰,章建成.心理应激和心理训练对不同特质焦虑运动员免疫指标的影响.中国运动医学杂志.2000,19(2):177-178.

[45] 庄洁,陈佩杰,章建成.心理应激对不同特质焦虑运动员 T 淋巴细胞亚群和糖皮质激素及其受体的影响.中国运动医学杂志,2000,19(2):174-176.

[46] 陈佩杰,章建成,等.心理行为干预后不同特质焦虑运动员应激后的神经内分泌反应.体育科学,2003,23(1):99-104.

[47] Maslach C, Jackson S. MBI: Maslach burnout inventory, Palo Alto, CA: Consulting Psychologists Press, 1981.

[48] Maslach C, Jackson S E. Maslach burnout inventory: Manual 3th ed Palo Alto, CA: Consulting Psychologists Press, 1986.

[49] 林岭.运动性心理疲劳的概念模型、多维评定、影响因素及干预措施.博士学位论文.北京:北京体育大学.2006.

[50] 刘方琳.运动情境中心理疲劳的性质、原因及应对.硕士学位论文.北京:北京体育大学.2005.

[51] 张力为.中国体育科学学会(主编),运动性心理疲劳研究进展.体育科学学科发展报告.2006.

[52] 张力为,赵茜.教练员的心理疲劳.在全国高级教练员岗位培训班的调查报告.2006.

[53] Landers D M, Arent S M. Physical activity and mental health in R N Singer, H A Hausenblas, C M Janelle, et al, Handbook of Sport Psychology (2nd ed), New York: John wiley, Sons, Inc. 2001: 740-776.

[54] Taylor A. Physical activity, anxiety and stress in S J H Biddle, K R Fox, S H Boutcher, et al. Physical activity and psychological well-being: London: Routledge, Kegan Paul 2000.

[55] Mutrie N. The relationship between physical activity and clinically-defined depression. In S J H Biddle, K R Fox, S H Boutcher, et al, Physical activity and psychological well-being, London: Routledge, Kegan Paul. 2000.

[56] Bhui K, Fletcher A. Common mood and anxiety states: Gender differences in the protective effect of physical activity. Journal Social Psychiatry and Psychiatric Epidemiology, 2000, 35(1):28-35.

[57] William J S, Stéphane D. Physical activity reduces the risk of subsequent depression for older adults. American Journal of Epidemiology, 2002, 156:328-334.

[58] Dunn A L, Trivedi M H. Physical activity dose-response effects on outcomes of depression and anxiety.

Medicine & Science in Sports & Exercise,2001,33(6):587-597.

[59] 王利,王森.太极拳锻炼对中老年人心理因素影响分析.中国临床康复,2004,8(6):1128-1129.

[60] Thurston Rebecca C. Physical activity and risk of vasomotor symptoms in women with and without a history of depression:Results from the Harvard study of moods and cycles. The North American Menopause Society,2006,13(4):553-560.

[61] McAuley E,Blissmer B. Physical activity,self-esteem and self-efficacy relationships in older adults: A randomized controlled trial. Annals of Behavior Medicine,2000,22(2):131-139.

[62] Kristine Y,Deborah Barnes. A prospective study of physical activity and cognitive decline in elderly women. Archives of Internal Medicine,2001,161:1703-1708.

[63] Jennifer W,Jae Hee K. Physical activity,including walking and cognitive function in older women. The Journal of American Medical Association,2004,292:1454-1461.

[64] Van Gelder B M,Tijhuis M A R. Physical activity in relation to cognitive decline in elderly men. American Academy of Neurology,2004,63:2316-2321.

[65] Archana S M. Effects of physical activity on cognitive functioning in middle age:Evidence from the white hall Ⅱ prospective cohort study. American Journal of Public Health,2005,95(12):2252-2258.

[66] Aphrodite S,Kenneth R F,James McK. Physical activity and dimensions of subjective well-being in older adults. Journal of Aging and Physical Activity,2002,10:76-92.

[67] Schroll M. Physical activity in an aging population. Scandinavian Journal of Medicine & Science in Sports,2003,13:63-69.

[68] Schnohr P,Kristensen T S,Prescott E,et al. Stress and life dissatisfaction are inversely associated with jogging and other types of physical activity in leisure time-the Copenhagen city heart study. Scandinavian Journal of Medicine & Science in Sports,2005,15:107-112.

[69] Richard H. Cox 著.张力为等译.运动心理学——概念与应用.北京:清华大学出版社,2002.

[70] Cox R H,Thomas T R,Davis J E. Delayed anxiolytic effect associated with an acute bout of aerobic exercise. Journal of Exercise Physiology Online,2000(3):59-66.

[71] Raglin J S. Anxiolytic effects of physical activity. In W P Morgan (Ed). Physical activity and mental health,1997:107-126.

[72] Berger B G,Pargman D,Weinberg R. Foundations of exercise psychology. Morgantown,WV:Fitness Information Technology,2002.

[73] Berger B C,Motl R W. Exercise and mood:A selective review and synthesis of research employing the profile of mood states. Journal of Applied Sport Psychology,2000(12):69-92.

[74] Berger B G,Motl R W. Physical activity and the quality of life. In R N Singer,H A Hausenblas CM Janelle. Handbook of Sport Psychology,2001:636-671.

[75] Netz Y,Wu M J,Becker B J,et al. Physical activity and psychological well-being in advanced age:A meta-analysis of intervention studies. Psychology and Aging,2005,20(2):272-284.

[76] Thayer R E. Calm energy:How people regulate mood with food and exercise. New York:Oxford University Press,2001.

[77] Mandell A. The second wind. Psychiatric Annals,1979(9):57-68.

[78] Amanda J D,Amy W. The effect of 15 min and 30 min of exercise on affective responses both during and after exercise. Journal of Sports Sciences,2004(22):621-628.

[79] Elavsky S,McAuley E. Physical activity,symptoms,esteem and life satisfaction during menopause. Maturitas,2005(52):374-385.

[80] Motl R W, Berger B C, Leiischen P S. The role of enjoyment in the exercise mood relationship. International Journal of Sport Psychology, 2000(31): 347-363.
[81] Celilie. Testing the mediating role of physical acceptance in the relationship between physical activity and self-esteem: An empirical study with danish public servants. European Journal of Sport Science, 2002, 2(5): 1-10.
[82] 丁璐,孙丽珍,陶兰. 维吾尔族中小学生体育态度之研究. 北京体育大学学报, 2001, 24(2): 231-232.
[83] 刘新兰,林生华. 上海市中学体育课学生成就取向相关研究. 成都体育学院学报, 2002, 28(5): 52-54.
[84] 卢婵. 成就动机与学生体育学习积极性之关系. 上海体育学院学报, 2000, 24(1): 88-91.
[85] 胡红,李少丹. 大学生学习体育动机的调查与评价. 北京体育大学学报, 2000, 23(2): 169-171.
[86] 马襄城,申爱莲. 影响大学生体育课学习动机因素的调查与分析. 上海体育学院学报, 2003, 27(3): 91-94.
[87] 王和平. 当代大学生体育动机同一性与差异性的研究. 北京体育大学学报, 2005, 28(10): 1351-1352.
[88] 朱静华. 高校女生体育课兴趣现状及培养的探讨. 北京体育大学学报, 2003, 26(1): 102-103.
[89] 王韬华,赵广辉,王新胜. 学生非智力因素对体育课成绩影响的统计与分析. 广州体育学院学报, 2000, 20(2): 114-118.
[90] 宋允清,彭金洲. 在术科教学中培养学生自我监控能力的实验研究. 北京体育大学学报, 2002, 25(4): 534-535.
[91] 斯力格,孙永生. 体育院校学生学习自我监控能力培养途径与模式. 沈阳体育学院学报, 2003(2): 56-59.
[92] 斯力格,孙永生. 体育院校与其他院校学生学习自我监控能力的比较研究. 沈阳体育学院学报, 2003(1): 63-65.
[93] 郝思哲. 自我效能感对大学生速滑学习成绩的影响. 哈尔滨体育学院学报, 2003, 21(4): 54-55.
[94] 王长生. 关于体育教学中认知策略与目标定向关系训练的实验研究. 中国体育科技, 2003, 39(11): 16-20.
[95] 陈旭,姚家新. 成就目标定向对大学生技能学习及情绪影响的实验研究. 武汉体育学院学报, 2002, 36(6): 55-58.
[96] 胡咏梅. 体育课中的动机气氛对初中生的动机水平,目标定向和能力知觉的影响. 汉股第七届全国运动心理学学术会议论文集, 2002, 29.
[97] 王斌,马红宇,侯斌. 归因训练的研究设计与理论检验. 武汉体育学院学报, 2002, 36(6): 59-62.
[98] 曾永忠. 再归因训练对中学生体育学习影响的实验研究. 广州体育学院学报, 2002, 22(3): 38-41.
[99] 彭健民,黎杰. 高校体育教学对促进大学生心理健康的研究(综述). 湖北体育科技, 2004, 23(1): 46-48.
[100] 兰自力,骆映. 学校体育对中小学心理健康教育影响作用探讨. 体育与科学, 2003, 24(1): 72-74.
[101] 管水法,王素青,王国均. 体育课程促进中学生心理健康的研究. 体育科学, 2003, 23(4): 120-125.
[102] 旺晓赞. 学校体育教学与中学生心理健康关系的研究. 成都体育学院学报, 2003, 29(5): 70-72.
[103] 白震,陈洪. 体育教学促进大学生心理健康水平的实验研究. 西安体育学院学报, 2002, 19(2): 109-111.
[104] 卢三妹,王常青,李薇. 师生角色互换对促进女大学生心理健康的研究. 广州体育学院学报, 2003, 23(3): 47-49.

[105] 杨祥全. 太极拳对普通大学生心理健康影响的实验研究. 天津体育学院学报,2003,18(1):63-66.

[106] 何秋华,刘夫力. 课余集体体育锻炼对促进大学生心理健康的研究. 体育学刊. 2002,9(5):59-61.

[107] 李薇,陈宝玲. 大学生健身运动处方的心理效果研究. 健身研究. 2002(4):16-18.

[108] 杨剑,贝恩渤,季浏. 中学生身体自我概念发展及干预策略的研究. 广州体育学院学报,2001,21(2):61-64.

[109] 徐霞,姚家新. 篮球课对大学男生身体自尊影响的研究. 体育科学,2001,21(5):75-77.

[110] 蒋玲. 现代体育对大学生气质影响的调查与分析. 广州体育学院学报,2003,23(6):59-61.

[111] 谭志刚,刘建平,李志鹏. 健美操对男大学生个性影响的初步研究. 武汉体育学院学报,2002,36(1):129-130.

[112] 杨占明. 健美操对普通大学生个性影响的研究. 山东体育学院学报,2003,19(3):50-52.

[113] 胡凯. 卡通操对中学生智力发展的影响. 武汉体育学院学报,2003,37(6):145-147.

[114] 杨理君,李娟. 体育与健康教学对智力发展的研究. 沈阳体育学院学报,2003,2:73-74.

[115] 祝大鹏. 篮球和乒乓球教学课对大学新生凝聚力影响的分析. 沈阳体育学院学报,2003(3):53-54.

[116] 李薇,陈莉平,魏秀云. 健心运动处方对提高大、中学生心理健康水平的实验研究. 汉般第七届全国运动心理学学术会议论文集,2002,38.

[117] 吕晓昌. 健身运动处方锻炼对儿童心理健康影响的研究. 中国体育科技,2003,39(5):56-59.

[118] 赵洪明. 体育游戏法对初中学生心理健康影响的实验研究. 沈阳体育学院学报,2004,23(6):763-765.

[119] 苏坚贞,季浏,黄世荣. 减轻高中女生羞怯心理的研究. 汉般第七届全国运动心理学学术会议论文集,2002,54.

[120] 郭有莘. 当前运动技能教育发展展望. 体育与科学. 2003,23(5):57-59.

[121] 徐本力,熊斗寅,梁洪波,等. 开发儿童运动和智力潜能的实验研究. 体育科学,2002,22(1):4-7.

[122] 傅正军,范辉,陈根兴,等. 开发小学学龄儿童运动和智力潜能的实验研究. 上海体育学院学报,2001,25(1):74-78.

[123] 王进. 为什么到手的金牌会"飞走":竞赛中"Choking"现象. 心理学报. 2003,35(2):274-281.

[124] 王进. 压力下的"Choking":运动竞赛中努力的反常现象及相关因素. 体育科学,2005,25(3):85-94.

[125] Dosil J. The sport psychologist's handbook: A guide for sport-specific performance enhancement. Chichester: John wiley, Sons, Inc. 2006.

[126] 张力为. 第三变量与四维时空——体育科学研究中的多维视角. 北京体育大学学报,2005,28(6):758-760.

撰稿人:(以姓氏笔画为序)毛志雄　任未多　刘淑慧　姒刚彦
张力为　张忠秋　李京诚　姚家新　梁承谋

运动医学研究的新进展

近些年来，体育科研机构调整、重大研究课题开展、重点实验室筹建等一系列政策出台，不仅使得我国运动医学的学科建设有了长足的发展，而且促使我国运动医学研究与竞技体育实践的结合有了明显的进步。运动医学科研的整体水平正在不断提高、科研的重点领域正在不断深入、科研的服务范围正在不断扩大，受到训练基地和项目管理中心的领导以及广大运动员和教练员的肯定和欢迎。与国外运动医学的进展相比，我国运动医学研究的显著进步主要表现在运动创伤、运动康复、医务监督、运动营养、兴奋剂检测等相关专业领域。

一、运动创伤研究进展

(一)微创治疗技术的研究和应用

微创技术具有治疗创伤小、康复时间短、功能恢复快等特点，深受运动员患者的青睐。目前微创手术已经成为运动创伤治疗的主要手段。近年来，我国已开展肩、肘、腕、髋、膝、踝等部位的微创手术，尤其是对膝关节的微创治疗技术研究的开展，使微创治疗新技术和新方法的应用和推广有了飞速的提高。

膝关节半月板的微创治疗由半月板全切除、半月板部分切除，发展到半月板缝合，即半月板解剖修复的阶段。虽然半月板缝合后需要 6 周的时间才能愈合，但由于目前半月板损伤早期诊断技术的普及、提高，多数半月板损伤的运动员患者得到及时、有效的治疗，加上术后早期康复训练，患者实际治疗、康复期明显缩短。保留一个完整的半月板，对于提高运动员的竞技水平，延长国家优秀运动员高竞技状态的时间等都有重要的意义。目前关节镜下半月板缝合术主要采用由内向外(inside-out)的缝合技术，国内用特制缝合针、系列套管缝合技术，取得了满意的临床效果，经过两年以上随访，临床愈合率达 90％以上。关节镜下半月板缝合技巧包括：①熟悉半月板各个部位血供情况；②半月板损伤的术前、术中准确定位；③掌握半月板缝合的基本原则和不同部位半月板缝合的特点；④及时开展半月板缝合术后的现代支具应用与康复技术。由外向内缝合(outside-in)和完全关节内缝合(all-inside)技术可以作为由内向外缝合技术的补充，或者根据创伤医师的习惯适时采用。

膝关节前、后交叉韧带微创重建技术相对比较成熟，北京、上海等地已有开展。国内外研究证明，关节镜下前、后交叉韧带重建手术具有定位准确，关节损伤小，重建韧带张力适宜，术后恢复完善等特点，明显提高了临床治疗效果。关节镜下重建前、后交叉韧带的材料，我国目前主要采用自体骨－髌腱－骨(B-T-B)，或者多股腘绳肌腱，既可以保证重建韧带的强度，又能避免传染疾病。由于该项技术操作难度较大，建议在国内专科医院进行专项技术培训后，再在临床实践中应用。

膝关节骨性关节炎微创手术，虽然国内开展时间相对较长，但是治疗效果莫衷一是。最近研究提出髌外侧挛缩、髌骨固定引起髌股关节压力增加，股胫关节压力升高，异常压应力的增加，从而加重关节滑膜炎和软骨的损伤。采用关节镜下清理、半月板缝合和髌外侧减压后，临床症状明显改善。术前判断髌骨活动受限、固定的程度对预后很重要。可采用髌骨滑动试验和髌骨倾斜试验定量分析髌骨的活动度。

(二)传统医疗方法的研究和应用

传统医疗方法具有鲜明的中国特色，主要包括手法按摩、针灸治疗、中药外用等，操作手法简便、实用、有效，被广泛地应用于运动创伤的临床医疗和下队服务中。

在过去相当长的时间内，传统医疗方法的研究比较滞后，大多数停留在依据主观临床症状改变基础上的经验总结，缺少足够的客观的科学依据。近年来，随着科技水平的发展和基础条件的改善，借助组织病理学、脑电图、生物化学、影像学、生物力学等先进方法，传统医疗方法的研究和应用有了较大的进展。

(1)应用脑电图测试按摩两侧合谷和足三里穴位前后的脑电图变化，发现强刺激按摩后即刻及按摩后 5 min，都出现大脑皮层抑制过程增强。另外，用水检压计描记胃运动曲线，按摩脾俞、胃俞穴时可引起胃运动增强，出现胃紧张收缩波，而按摩足三里穴时则出现胃运动抑制现象。这些研究证明按摩可调节神经、器官的功能。

(2)许多研究发现，按摩治疗可使血中内啡肽升高，而5-羟色胺、乙酰胆碱、组织胺、5-羟吲哚乙酸、去甲肾上腺素和多巴胺的含量下降，同时增加了神经中枢中 5-羟色胺和内啡肽的含量，这些改变证实了按摩治疗的镇痛作用。

(3)应用影像学(CT、MRI)方法进行评定，证实手法按摩结合功能锻炼治疗腰椎间盘突出症，不仅能使运动员患者的临床症状得到良好的康复，还可使突出的椎间盘组织获得吸收或回纳的效果。影像学研究还表明，在不采用石膏固定且不停训的情况下，应用按摩治疗可使足舟骨不全应力性骨折获得良好的临床愈合。

(4)在应力性骨折治疗的研究方面，通过骨组织形态学、核素骨显像、血生化检测和生物力学方法对动物实验模型进行测试，证实按摩、针灸、中药治疗方法能促进骨改建平衡的恢复，改善骨质和促进新骨形成，恢复胫骨强度并提高力学性能，抑制运动性胫骨疲劳的进一步发展，从而达到消除运动性胫骨疲劳的目的。

以上众多研究，从各个不同方面为运动创伤的手法按摩、针灸疗法、中药治疗提供了科学的理论依据，论证了这些传统医疗方法不仅对肌肉、肌腱、韧带等软组织损伤有治疗作用，而且对一些复杂的骨、关节的损伤也可获得良好的治疗效果，有利于推动它们在运动创伤临床医疗中更广泛的应用和医疗水平提高。

此外，在运动创伤研究领域，优秀运动员运动创伤流行病学调查研究、运动创伤的应用基础研究等方面都取得了一系列重要成果。

二、运动康复研究进展

世界卫生组织将医学分为预防医学、保健医学、治疗医学和康复医学。康复医学应用现代医学心理学和现代工程学技术，采用积极的指导干预性的功能恢复，已经成为运动员患者功能最大限度恢复的重要医学手段。运动康复是应用创伤康复计划在最短的时间内恢复运动员患者的运动功能和竞技状态。运动康复研究包括：关节功能评估；康复计划制定；关节支具应用。

（一）关节功能评估

关节功能评估是创伤康复治疗疗效评判的标准和依据。我国目前多采用国际上通用的评估标准。由于经济、生理、医疗等方面的差异，有些国际评估标准不适用于我国运动员患者。目前已有根据国内实际情况，借用国际标准的评估表，进行临床对比观察和研究。在运动员康复治疗中，我们应尽快制定关节功能评估表，使运动康复疗效判定标准化，以便于研究、应用、交流、普及和提高。

（二）康复计划制定

运动创伤康复治疗与术后康复国内起步较晚，但发展较快，已初步形成以专项技术为特色的康复中心，比如重庆的“创伤康复”，北京地区的“手康复”（积水潭医院）、“关节康复”（304 医院）、“运动创伤术后康复”（体育医院）等。

运动康复主要采用一对一的康复模式，其主要目的为：①促进损伤组织的愈合；②恢复正常关节液循环；③避免关节僵直；④增强关节肌力；⑤改善心肺功能和调整心理状态；⑥防止手术并发症（DVT、感染、关节退变等）。

术后运动康复的主要内容：①床旁基础康复训练（踝泵、滑板、SLR、压膝等）；②关节活动的训练；③阶梯负荷训练；④肌力强度的训练；⑤关节平衡功能的训练；⑥专项技能和体能的训练。

运动创伤康复治疗计划的实施原则是“个性化”和“循序渐进”。

（三）关节支具应用

关节康复支具的应用，使运动创伤康复成为可能。支具又称矫形器，是一种以减轻四肢、脊柱、骨骼肌系统的功能障碍为目的的体外支撑装置。支具的功能为：①稳定与支撑；②固定功能；③保护功能；④助动（行）功能；⑤预防矫正畸形；⑥承重功能。

关节康复支具的应用程序：①支具处方；②支具选择、测量和取型；③支具佩戴要求。

我国目前已经应用的数字卡盘调节式膝支具、ACL/PCL 专用支具、万向轴肩支具、可调性肘支具、足踝真空固定支具等，已在运动创伤康复治疗中显示出其优越性，有力地促进了运动康复计划的实施和康复治疗效果的提高。

随着科技发展，一些其他学科的技术和先进仪器设备也被应用到运动康复的研究与治疗中，如步态分析、等速测力与肌电测试系统。应用运动学、生物力学、生物电生理学等方法，进行运动创伤发生机制的研究、治疗前后的功能评估、运动处方的建立和康复训练的指导，为运动创伤与运动康复的研究建立了一个新的平台。

三、医务监督研究进展

医务监督是运动医学的一个重要组成部分，主要是研究运动性疾病的发生和发展规律，并提出相关的预防和治疗对策。医务监督的研究和应用对于保障运动员身体健康，有效防治运动性疾病，科学指导训练和比赛，提高竞技体育水平有着重要的作用。近些年来，医务监督的研究主要涉及以下几个方面。

(一)运动员机能评定研究

目前我国的运动员机能评定根据其目的已分成两大部分：一是侧重运动能力的机能评定，主要是通过评定了解机体对运动训练的反应以及训练比赛对机体的影响，用以指导运动员选材、控制训练负荷，从而达到挖掘机体的运动潜力、提高竞技能力的目的；二是侧重健康状态的评定，了解运动员的营养状况、内脏器官功能，以及对运动性疾病的监控。

随着运动员机能和体能检测范围的扩大，相应的检测指标也越来越多。目前常用的指标分为四大类25个大项，根据不同的检测目的而有所不同。按照机体本身可分为生理、生化、免疫和心理四大类指标。根据运动医学临床又可分为：心血管功能系统、其他器官功能系统、免疫系统、运动营养状况等类别指标。不同系统之间相互交错，形成"综合"指标。

在检测结果的判定上，多数指标存在着明显的个体差异。随着竞技运动水平的不断提高，影响运动员机能状态的因素也更加多样化、复杂化。因此在运动员机能评定研究中，既要强调综合性分析，又要注重个体的特殊性和长时间的系统追踪观察。

(二)运动性心脏的研究

运动性心脏的研究是医务监督的研究热点，从应用研究到基础研究均有不少报告涉及。在无心脏病理性改变或结构异常时，大多数运动员心电图异常是长期训练适应的结果，只有5%有心脏结构异常。通过对入选2000年奥运会运动员和正常青年学生进行超声心动图对比研究分析，发现优秀运动员的心脏超声特点为：左心室相对重量(LVMM/BSA3/2)大；LVWT/LVIDD比普通人高，但不同项目运动员之间差别不大；E/A比值略有增高，心率和静息心输出量(CO/BAS3/2)较小；女运动员心脏相对测量指标较小，但E/A比值较大。

随着近代分子生物学的发展，心肌肥大已不再是一个细胞体积增大的简单过程，而是一种心脏重塑过程。运动性心脏重塑过程中，血液动力发生明显改变的同时，神经体液内分泌系统和心脏自身的内分泌调节均积极参与了心脏的重塑过程。不少研究发现，运动员心脏与病理性心脏在细胞表型重塑特征上有明显的不同，运动性心脏重塑过程中，运动心脏内分泌功能的改变在停训一段时期后具有可复性。

(三)运动与免疫功能的研究

近20年来，免疫学发展迅速，运动与免疫的关系日益受到重视。研究最多的是关于运动对白细胞免疫功能和体液免疫功能的影响。进入 21 世纪，有关红细胞免疫功能的研究逐渐深入，运动与红细胞免疫功能的关系越来越引起人们的关注。急性运动时免疫反应，多数人认为此时最敏感的免疫细胞指标为 NK、中性粒细胞和巨噬细胞。适量的运动有助于提高人体的免疫功能，中等持续时间和强度的急性运动对免疫系统的应激小于持久的、大强度的运动；而持续超高强度运动抑制免疫，增加常见病感染的机会，已成为共识。随着分子生物学的发展，在免疫反应中特殊功能的蛋白质（如细胞因子、抗体和急性反应蛋白等）的作用也逐渐被人们所认知。HIV 感染者进行健身运动是安全和有益的，对改善生活质量有利，但需要避免运动量过大。动物实验观察到适度训练能抑制鼠某些恶性肿瘤的生长，能改变 NK 细胞、中性粒细胞、吞噬细胞及调节性细胞因子等的功能。

(四)过度训练的医学研究

在运动医学临床中，过度训练综合征的研究仍具有重要的研究和应用价值。过度训练综合征主要包括生理、心理、生化和免疫四大类症状。神经内分泌系统的变化（如甲状腺激素、糖皮质激素、生长激素等）已被用来作为判断过度训练的重要技术指标。近些年有研究认为，心理指标有时比其他三大类症状出现更早，能更有效地反映出过度训练。采用神经电生理学与运动心理学相结合的方法，对运动员大脑生物电活动进行追踪检测，可以分析出运动员的训练强度、疲劳情况，反映出比赛中的竞技状态、心理压力等。关于肾素一血管紧张素（RAS）在动物过度训练中作用的研究提示，动物在过度训练状态下，血浆 AⅡ、心脏局部 AⅡ 均异常活跃，可比对照组升高近 4 倍。AⅡ 过度升高对心肌有损伤作用，而使用血管紧张素转换酶抑制剂（ACEI），可显著抑制运动时血浆和心脏局部 AⅡ 的升高，对心肌起保护作用。

(五)运动员健康检查管理信息系统的研究

健康检查管理信息系统是根据运动医学的特征和要求，充分利用现代计算机技术与数据库技术来实现运动员医学资料的科学管理，是现代化技术和现代化管理相结合的系统工程。其核心问题是运动员医学资料的录入、保存、查询与统计。其目的是实现对运动员医学资料的安全保存、快速查询和准确的统计分析，并能够便捷地生成运动员医学报告及时反馈给运动员、教练员以及相关人员参考。运动员健康检查管理信息系统能体现人、计算机、运动员医学资料三者间的关系：运动员医学资料是加工的对象；计算机是加工的手段；人是加工过程的设计者和成果的享用者。

目前，国家体育总局运动医学研究所已与有关计算机院系的专业设计、开发人员共同完成了运动员健康检查管理信息系统的建立工作，并正处于测试完善阶段。该系统能够实现运动员健康检查资料的安全录入、快速查询、准确统计分析，并能有选择性的自动生成运动队/运动员健康检查报告，及时反馈给队医、教练员以及相关决策人员参考。此外，该系统还特别加强了系统安全性方面的设计，根据用户类别的不同，设计了不同的用户权限；提供了系统备份与恢复功能，保证了运动员医学资料的安全存储；设计了资料导入与导出功能，方便本系统与其他数据处理软件间的数据交换；此外，还增加了扫描功能，方便用户对图像资料的录入与保存。

四、运动生理生化研究进展

运动性疲劳对运动员身体机能和竞技水平有着明显影响，但目前机理尚未完全明了，因此，关于消除疲劳、加速身体机能恢复的生理生化研究受到广泛关注。研究者从整体、器官、细胞和分子等不同层次探讨运动性疲劳的发生机理，探讨不同运动项目运动员训练的疲劳机制与特征，据此提出有针对性的生理生化手段预防与消除运动性疲劳。

在训练监控与优秀运动员身体机能评定方面，常规的生理生化检测方法在日常运动训练监控中发挥着重要作用，同时，一些新技术新方法为更科学、更准确、更全面地监控运动员机能状态与训练水平提供了新思路，例如，唾液、尿液测定等无创性方法成为血常规的有益补充；遥测技术、数字化技术的应用可以实时监控运动员在运动训练中的生理变化；核磁共振可无损伤测定骨骼肌微细损伤及其适应，等等。通过对运动过程中肌细胞的血液供应、运动员的神经中枢机能状态的监控等可以及时地捕捉运动员身体机能的一系列细微变化，更准确地分析判断运动员机能状态，为教练员和运动员及时调整训练方案提供科学依据。

近几年来，运动员低氧训练的生理生化监控及不同低氧训练模式利弊比较、运动能力相关基因研究等成为国内研究热点。

五、运动营养研究进展

现代竞技体育对运动员体能、能量动员、肌肉力量和神经反射等方面的要求越来越高，成功与失败之间只有百分之几秒或零点几厘米之差。为了在竞赛中取胜，运动员的训练必须适应现代体育科学的发展。运动营养就是一门用营养学和生物化学的手段来研究和评估运动人体的代谢和体能状况，并提供营养学强力和恢复手段的科学。该学科经过几十年的发展，已经成为一个相对独立的学科，并在竞技体育和全民健身运动中发挥增强体能和保证健康的积极作用。

（一）合理膳食营养和营养学强力手段的研究

膳食营养是保证运动员营养素的需要和维持体能的最重要的物质基础。与其重要性不相适应的是，运动员膳食的不平衡现象普遍存在，严重影响了训练的效果和训练后的恢复。膳食营养调查发现运动员膳食的失衡主要涉及六个方面：①碳水化合物（糖）摄入严重不足；②脂肪或蛋白质摄入过多；③部分维生素摄入不足；④三餐摄食量分配不合理；⑤钙摄入不足；⑥运动中忽视了水和无机盐的及时补充。

有些营养素或者其在机体内代谢的中间体，不仅直接参与机体代谢，同时还具有调节机体新陈代谢和生理机能的作用。通过这些物质的补充，可以提高训练的效能，并有助于消除疲劳，从而改善和提高运动能力。

根据强力营养素的作用目标，我们通常将它们分成以下四类：①增强肌肉合成代谢和肌力的强力营养素；②促进能量代谢的强力营养素；③促进疲劳消除和体能恢复的强力营养素;④减轻和控制体重的膳食安排和特殊营养素补充。

(二)机体对运动训练不适应及其相应干预措施研究

训练的目的是提高运动能力,这就要求运动员在超生理极限的强度下训练。超负荷的运动量将带来疲劳并打破运动员的机体内环境原有的平衡。当运动员通过综合的恢复手段从疲劳中恢复时,就会形成机能的超代偿。如果疲劳得不到消除,并发生积累,就可能带来一些与代谢失衡伴随发生的医学问题。这些医学问题可能涉及以下几个方面:中枢神经系统疲劳;内分泌功能抑制;免疫机能下降;造血系统功能抑制;机体抗过氧化能力下降。

1. 中枢神经系统疲劳的防治研究

从理论上讲,人体的中枢疲劳可能有两方面原因:其一是运动中作为能源的糖的供给不足;其二是多种神经递质代谢紊乱。如果运动员在运动训练过程中注意了糖的补充就可完全消除第一原因造成的中枢疲劳。摄入一些支链氨基酸或富含支链氨基酸的食品,如乳清蛋白(富含亮氨酸),可以防止中枢疲劳的发生。

2. 内分泌功能激活的研究

长期大运动量训练中出现低血清总睾酮是较为困难的问题,它会伴随运动员竞争意识下降、兴奋性差、训练后体力恢复慢等。其发生机理是,训练刺激对下丘脑—垂体—性腺轴的抑制所导致的低睾酮带来的运动中和运动后恢复期的肌肉蛋白质降解增强,而合成能力降低。经过大量的测试,我们认为我国男、女运动员的血清总睾酮的理想值应在558ng/dl 和 37ng/dl 以上。也有不少研究用睾酮与皮质醇的比值作为衡量指标。当运动员睾酮值低下时,切忌使用合成类固醇。合成类固醇的使用有可能改变训练的不良状况,但是它也会带来进一步抑制内源性睾酮分泌,造成药物依赖。同时合成类固醇也是国际奥委会禁用的药物。采用中药补剂来调理运动员的内分泌功能,提高血睾酮水平,可以取得良好的效果。

3. 免疫功能失调的预防和治疗研究

运动员尤其是优秀运动员在大强度训练或比赛期间,可能发生细胞免疫、体液免疫和非特异免疫机能抑制,从而使机体对病原微生物易感性增高或所患感染性疾病症状加重。血液检测主要表现:①辅助/诱导 T 细胞亚群(CD4)比例下降,细胞毒/抑制 T 细胞亚群(CD8)比例增高,从而导致 CD4/CD8 比值下降;②血清免疫球蛋白 IgG、IgA、IgM 和唾液 IgA 降低;③血清谷氨酰胺浓度降低。谷氨酰胺是很好的免疫增强剂,因为它是多种免疫细胞复制的原料。某些中成药也是很好的免疫调节剂,只要使用及时、对症,可以有明显的效果。

4. 运动员低血色素和贫血的预防和治疗研究

运动训练过程中确实存在着与运动训练有关的血色素下降问题,它是影响运动员运动能力和运动成绩提高的一个重要因素。然而,运动性贫血和运动性血色素下降的机理仍然是运动医学界甚为关注,尚未完全解决的一个难题。经大量测试,我们将我国运动员血红蛋白的理想值定为男运动员高于 150 g/L,女运动员高于 130 g/L。当运动员的血红蛋白低于这一数值或出现铁储存下降时，需要采用综合的营养学措施。这一措施包括：促进红细胞生成的中药生血剂和铁剂补充；减少氧化应激造成的红细胞老化、维持红细胞寿命的抗氧化剂和红细胞保护剂，如 1.6-二磷酸果糖等的使用。

5. 清除机体自由基，促进疲劳消除的研究

激烈的体力活动时，氧耗增加达休息时的 10～15 倍。这一氧耗的增加可引起自由基产生增加高达 2～3 倍。过量的自由基将造成肌肉和红细胞膜的脂质过氧化损伤，致使肌肉疲劳的过早发生和体能难以恢复，并加速红细胞的老化和溶解。丙二醛（MDA）可用以间接评估机体的过氧化损伤的程度，血液超氧化物歧化酶（SOD）、谷胱甘肽过氧化物酶（GPx）等是人体酶类抗氧化物质，对它们的测定可以评估机体的抗氧化能力。

水果和蔬菜是富含抗氧化物质的食物。维生素 C、维生素 E、β 胡萝卜素和微量元素硒及绞股蓝皂苷、灵芝多糖和番茄红素等保健品均具有一定的清除体内自由基的功效。

六、兴奋剂检测研究进展

我国兴奋剂检测中心 1989 年首次通过国际奥委会认可后至 2006 年，是亚洲唯一连续 18 年完全通过国际奥委会年度复试的实验室。2001 年，兴奋剂检测中心如期通过中国实验室国家认可委员会实验室认可。

我国兴奋剂检测中心通过国际间的合作科学研究计划，使实验室能跟上世界兴奋剂检测的发展。与西班牙实验室合作，调查了欧洲人种和亚洲人种 T/E 比的分布以及对使用睾酮的反应。与挪威实验室合作，调查了欧洲和亚洲女性运动员月经周期内内源性 19-去甲雄酮的变化，进一步确认了国际奥委会关于判定雄酮阳性的判据。与澳大利亚兴奋剂检测实验室合作研究检测运动员滥用 EPO 的方法，进行血检，获得了广泛的好评。目前参加由世界反兴奋剂机构资助的国际合作课题，用同位素比质谱检测兴奋剂的研究，以及 SIAB 计划。

(一)功能基因组和生物芯片的研究

主要由北京国家工程研究中心承担。作为合作单位，兴奋剂检测中心和清华大学芯片中心合作研究和开发研究兴奋剂检测用的生物芯片。已经制成能检测 20 余种兴奋剂的生物芯片，目前正在进行适用性研究。利用生物芯片的高通量、快速、微量等特点，争取能用很少量的尿液，在较快的时间内检出多种兴奋剂。

(二)兴奋剂检测微流控芯片的研究

兴奋剂检测中心协调课题的研究方向。目前正在研究利用微全分析的技术，使尿样能在线、微量自动制备，包括提取、衍生化等多种前处理步骤，为后续的电泳、质谱等检测做准备。

(三)兴奋剂 EPO 的质谱检测方法研究

兴奋剂检测中心和军事医学科学院合作，旨在改进现有的 EPO 尿检方法，将现在由

免疫发光、电泳检测的方法改进为直接由生物质谱检测 EPO 糖结构，从而确定是内源性还是外源性 EPO，到目前为止，世界上尚未建立质谱方法确定 EPO 来源的方法。

(四)兴奋剂检测技术和方法的研究

该课题旨在对兴奋剂检测技术进行研究，进一步提高兴奋剂检测方法的可靠性、灵敏度和准确性；通过科技创新，改善目前尚不完善的检测方法以及建立有我们自主知识产权的兴奋剂检测方法；通过研究，建立科技储备，解决 2008 年北京奥运会的兴奋剂检测可能出现的技术问题，实现 2008 年科技奥运的目标。

(五)兴奋剂重组生长激素检测方法的研究

该课题旨在研究检测兴奋剂重组生长激素的方法。目前国内外尚未建立公认的检测兴奋剂重组生长激素的方法。生长激素在体内代谢快、含量低，而且检测兴奋剂生长激素的难点主要集中在区别检测到的生长激素是体内自生合成的还是外源性地由用药引入体内的。该课题利用当代技术的最新成果，包括生化、免疫技术，研究解决兴奋剂检测的问题。

参考文献

[1] 国家体育总局.体育科技、教育和反兴奋剂工作“十一五”规划.2006.

[2] 曲绵域，等.实用运动医学.北京：北京大学医学出版社，2003.

[3] 于长隆.现代运动创伤学进展.北京：北京大学医学出版社，2003.

[4] 于长隆.常见运动创伤的护理和康复.北京：北京大学医学出版社，2006.

[5] 冯炜权，等.运动生物化学研究进展.北京：北京体育大学出版社，2006.

[6] 任玉衡，田得祥.中国优秀运动员运动创伤流行病学研究.国家体育总局科教司，北京：1999.

[7] 杨锡让，等.运动生理学进展——质疑与思考.北京：北京体育大学出版社，2000.

[8] 王清.我国优秀运动员竞技能力状态诊断和监测系统的研究与建立.北京：人民体育出版社，2004.

[9] 翁庆章，等.高原训练的理论与实践.北京：人民体育出版社，2002.

[10] 冯连世，等.运动训练的生理生化监控方法.北京：人民体育出版社，2006.

[11] 胡扬.体育科研中的基因多态性战略.中国运动医学杂志，2005，24(5)：619-623.

[12] 林岭，等.可以用生理生化指标检测评价运动性心理疲劳吗.中国运动医学杂志，2005，24(6)：731-735.

[13] 运动医学分会.运动医学若干重要领域热点问题研究.中国体育科学学会.体育科学研究现状与展望，北京：2004：214-291.

撰稿人：李国平

运动心理生理学研究进展

一、引言

运动心理学具有明显新兴学科的特征，其一就是没有自己成熟的研究方法，因此表现出强烈的对研究方法探寻的热情。运动心理生理学与其被认为是一个研究领域，倒不如将其看作是对某种研究方法的希望寄予与探索。

心理生理学理论基础的基本假设有二：一是认为说明人类本质的各种信息都包含在个体的生理过程、主观体验及外显行为之中；二是将口头报告和外显行为作为灵敏和可以分辨的量度是令人怀疑的，而通过获取生理过程信息从效度和信度上可能是更为可靠的[1]。运动心理生理学对上述第二个假设做了延伸性补充：优秀运动员是高度个性化的个体或小群体，难以满足口头报告所需的最少被试量；以及运动员的高度自我控制导致外显行为掩蔽，使通过生理信息获取研究资料更可取。

运动心理生理学研究的是神经心理状态(mental state)，与之区别的是一般意义上的心理状态(psychological state)。按照运动心理生理学的解释，神经心理状态很大程度是神经系统特定部位的激活状况，是脑与身体有关系统对情境刺激的反应。高水平运动技能来自长期运动训练和条件反射引起的变化和适应，以及比赛实践中成功和失败的体验(如自我意象和自信心)。这些外部变化反过来影响中枢神经系统，如通过生物化学递质的分泌导致运动操作过程中的最佳神经心理状态。长期专项训练能改变并定型有关的心理过程，而作为其基础的神经生物学变化，促进运动员在高水平运动操作中表现出自信和注意力集中。此外，神经与心理间的相互作用还表现在运动控制过程、神经肌肉系统、自主神经系统和内分泌系统的活动，如应激情境导致内分泌活动，影响心理状态，其变化影响运动控制过程和结果[2]。

竞技体育提出的要求不仅仅是发现问题，更需要解决问题。在运动心理生理学领域表现为对某些研究方向的追求，如通过各种方式对运动员心理状态进行评定，借助生物反馈设备进行心理训练，以生理手段对运动员心理状态进行调节等。

二、当前生物反馈技术与研究进展

生物反馈是一种技术，这一领域的研究进展首先要依靠技术的进步，电子和计算机技术的飞速发展为其提供了可能。生物反馈设备的无线接口、小型便携化，不仅方便了运动现场研究，还可以供运动员携带到训练和比赛现场随时使用。计算机技术使生物反馈信号更加丰富、活泼、人性化和富于情趣，提高了使用者进行心理技能练习的兴趣和长期坚持性。

传统生物反馈给出的是脑电、肌电、心率、皮肤电、皮肤温度、末端血容量等原始生理指标的反馈，生理指标最令人不满意的是其特异性差，不同性质的心理状态可能有相同生理指标的变化[3]。随着学科研究成果的积累，人们开始以研究成果作为生物反馈的指标，以替代原始生理指标。研究者发现，心率变异性(HRV)与人的情绪有关，即在应激和情绪状态下心跳频率出现某些变化，这源自交感神经系统与副交感神经系统平衡的下降[4,5]。研究者通过计算其功率谱获得量化数据，经过一定数据的积累就形成这一指标的评价系统。以这一研究结论为技术目标，一种被称为"Self-generate Physiological Coherence System(SPCS)"的生物反馈设备应运而生。使用该设备的训练者，得到的反馈信号不再是心率本身，而是心率的变异性。

脑电研究显示，当人注意力集中时，前额部位 α 波出现频率加快和波幅降低现象[6]。根据这一脑电变化设计制造的 Peak Achievement trainer 生物反馈设备进入竞技体育应用领域。当使用者出现注意分散时，系统提供各种反馈信号，使用者此时必须重新设法集中注意。

将研究成果作为反馈指标，通过数据积累建立评价系统，配以计算机技术形成的良好界面，是当前生物反馈技术的发展特征。

三、脑生物电

(一)脑电图(electroencephalogram,EEG)

1.国外研究领域与进展

国外运动心理学应用 EEG 的研究多以自控过程 (self-pace)的运动项目(如射击、射箭)为对象，研究目的主要是描述操作活动前和过程中的唤醒、注意大脑两半球活动特征以及复杂的视觉—运动任务，并以此分析运动技能的掌握和表现。近年来这一领域的研究还在继续深入，研究热点是运动操作过程中的心理状态表现为大脑效率，左右两半球皮层电活动表现出较低的呼应而呈不对称。研究者由此推论大脑处于低活动状态，可解释为大脑使用较少神经资源来执行活动任务，与较低的视觉注意和认知参与有关，代表操作过程的自动化程度高[7-9]；优秀运动员注意策略体现在外部注意时脑电 α 功率谱低于内部注意，同时心率下降[10]，这些研究结果似乎提供了流畅状态的生理基础。

另外，一些新的研究领域也有所涉及，如研究竞赛焦虑和情绪对运动表现影响的生理机制[11,12]。研究者试图以心理生理学为出发点，探索心理现象的物质基础。研究者假设神经心理能量与运动员的自信心、努力程度、积极情绪、注意和对突发事件的应对行为有关，脑电是脑细胞释放的一种生物电，也是一种能量，因此通过脑电研究进行检验[13]。

2.国内研究领域与进展

我国台湾地区学者始终活跃在脑电研究的前沿，在上述研究领域保持与国际研究进展的同步，研究成果丰富[14-19]。

国内学者的研究兴趣则多为对运动员特定状态或过程的描述，这一方面也与国内研究者使用的 EEG 设备只能在受试者安静闭眼状态下进行测试有关。研究者希望将 EEG 用作运动选材、训练监测、运动能力与竞技状态评定的手段，应用性质突出。研究涉及不同项目的脑电特征[20]、特定时段的心理状态[21-22]。有研究者提出 EEG 的神经元代谢方式可能与技术特点有关；表象技术动作时 α 指数抑制百分比可以评价运动员心理竞技能力与状态[23]。

(二)事件相关电位(event-related potentials,ERP)

事件相关电位是探询大脑认知活动进行的轨迹，被认为是研究信息加工最有希望的技术，但目前由于设备与刺激技术实现的条件限制，仍然只能进行实验室特定条件下的描述研究，尚不能对运动实践提供可应用的成果。

应用于竞技体育实践 ERP 成分是伴随性负变化(Contingent Negative Variation, CNV)，与人脑对时间的期待、动作准备、定向、注意等心理活动密切相关。一项以乒乓球运动员为对象所进行的选择性注意研究发现，与非运动员相比，优秀乒乓球运动员在面对不确定性刺激时注意的资源要求较低，而且会将注意资源分配至刺激出现概率较低的区域，但是会将反应动作准备在刺激出现概率较高的区域，这一研究为选才与训练的介入方向提供了启示[24]；一些研究探索了运动强度和运动时间对认知过程和中枢神经系统唤醒过程的影响[25-26]；我国学者运用 CNV 研究了运动技能学习中的两侧迁移[27]。

(三)脑电超慢涨落分析技术

脑电超慢涨落分析技术是我国学者进行原始创新并发展起来的一种脑电分析技术，并创造了一个英文专用词 Encephaloflutuograph Technolgy，ET 为该词缩写。ET 创立人提出了脑电超慢涨落理论[28]，是一种关于脑电与神经化学介质之间关系的理论，该理论至今未见生物化学领域对其的评价意见。有学者提出运动技能形成自组织理论，该理论强调脑功能对运动训练和竞技状态调控的重要性，并以脑电超慢涨落分析技术作为该理论指导下训练过程的评定手段，用于评定运动员竞技能力、训练强度、中枢疲劳、应激程度、学习能力等[29,30]。

(四)脑像图(Electro-encephalon Quadrant Graph,EEQG)

脑像图也是我国研究人员的原创成果，创立者将脑波数据依一定的编码原则，引进数学模型进行运算并使其成像。其特点是研究脑自发电位不同阶段的频率随时间的动力学演化模式[31]。有研究结果显示，脑像图分析技术可以显示运动员大脑处理信息的效率和竞技状态等有价值的信息[32]。

(五)心理调节的生理途径

各类脑电图作为一种测量手段都只是发现问题，运动实践更需要的是解决问题。日本在 20 世纪 90 年代进行的一项重大国家级研究课题的研究结果表明，当脑电 α 频率具有明显韵律节奏时(频率快慢变化有明显节奏且频率加快时波幅降低，频率减慢波幅升高)，人感到精力充沛、愉快舒服、情绪稳定、工作效率最高，这被称为 1/f 定律[33]。依据这一研究成果，目前已出现应用声光调节技术的设备。该设备主要是通过声频、光频和情景声音刺激，诱发人体脑电波，使人进入十分安静和放松的“α 状态”，应用研究表明能减轻运动员的心理疲劳和增强表象演练能力[34]。

CES(cranial electrotherapy stimulation,一种电刺激)技术是一种应用于脑部的电子刺激治疗技术,该技术通过直接向中枢神经系统导入独特的微量生物电流,对主管心理及情绪活动的下丘脑、边缘系统及网状结构系统产生直接的调理作用,促使内源性吗啡肽(endorphin)大量分泌,从而有效地缓解压力和焦虑,临床用于治疗焦虑、抑郁、失眠、疼痛等多种应激紧张性心身疾病有一定效果,以运动员为对象的研究也显示了其应用价值[35]。

四、其他研究领域

(一)心理状态的生理生化评定

电生理指标记录的是当前某一时间点的生理状态,与心理有关的生化指标则显示的是测量前某一段时间内的总体情况,两者各有优劣。一些学者应用电生理指标评价不同放松方法和不同音乐对自主生理反应的影响[36];也有学者通过生化指标研究应激状态下的情绪变化,训练年限短的运动员,在应激状态下 ACTH 和 β-内啡肽排出量显著高于训练年限长的运动员[37]。运动心理学家一直希望并寻求有较为客观的方法评定心理训练的效果,有研究者运用多项生理指标对心理训练进行评定,提出前额肌电值、心率、皮肤导电性三项指标对心理状态的变化较为敏感,可用来评价心理训练的效果[38]。

(二)心理神经免疫

运动心理学从心理神经免疫学(Psychoneuroimmunology,PNI)探讨神经系统将心理因素转换为可影响生理状态的机制。有研究探讨了现代社会由于心理应激对机体造成的免疫抑制,认为免疫系统是精神和躯体之间的桥梁,心理应激通过免疫系统影响躯体健康,探索通过身体活动缓解和拮抗应激并保卫免疫机能的可能性[39,40]。重大比赛前运动员患感冒发烧时有发生,被认为是由于应激造成免疫抑制所致。因此,上述研究成果对竞技体育也具有意义,有待进一步深入研究。有研究者从不同特质焦虑运动员心理应激对免疫机能影响差异的角度进行研究,首先检验心理应激下不同特质焦虑或不同神经类型运动员某些免疫指标的变化[41],并探讨心理训练的作用[42],继而进一步研究进行心理行为干预后不同特质焦虑运动员应激的神经内分泌反应[43]。

五、研究展望

心理生理学研究需要借助专门仪器进行,研究首先要求仪器本身提供的测试指标要有高的精度和稳定性。但仅此尚不能满足研究要求,更重要的是仪器提供的生理指标是否在测量心理状态上具有高效度和高信度,这就需要研究者去努力探索、检验、筛选。运动心理生理学目前仍处于探索研究方法的阶段,并成为今后一段时间内学科发展的主要方向。

高水平运动训练是高度个性化的操作过程，从这一意义上讲，心理生理指标较之自我报告更易发挥其优势。脑电等电生理指标具有敏感性高的特点，同时也带来了特异性差的问题，很多因素都可以引起电生理指标的变化，以至我们难以区分电生理指标变化反映的是何种性质的因素。与体育科学的其他测量分析方法一样，在运动实践中应用电生理方法评定心理状态，应在对训练过程了解基础上进行综合分析。脑电图的个体差异很大，有一定数量的特例存在，一次性测试的评价价值有限，纵向跟踪的自身对照是其可取的技术方式。

目前 ERP 研究都采取经典刺激方法，但也正是由于这一原因，ERP 研究目前只停留在实验室研究阶段，难以设计运动现场研究。如果希望能够获得指导运动实践的研究成果，应首先从研究方法上寻求突破，对刺激信号方式和编排进行创新性设计。

运动心理学是一门应用学科，在目前阶段，研究者应将生理指标与自我报告相结合，相互印证、相互补充。心理生理学对自我报告持怀疑的基本假设，应仅限于学科发展的逻辑起点，在运动实践中兼收并蓄是更可取的。

运动训练过程与竞技状态调控是一个复杂系统，单一自变量的心理生理学实验研究可能会出现实验条件控制得越严密，研究结果的生态学效度越低，越缺乏应用价值的情况。

高强度的运动训练，特别是频繁的比赛，以及长期的应激压力，使运动员出现中枢神经系统疲劳的可能性增加。对脑机能状态的监测，已成为运动训练监测的一个重要领域。运动员在大赛前紧张焦虑等心理现象，影响神经系统的感知觉、注意、信息加工和神经对肌肉的支配。神经调节也是一种心理调节，并且可以看作是物质基础，是赛前调节的重要环节。

参考文献

[1] Cacioppo J T, Tassinay L G(Eds). Principles of psychophysiology[M]. New York: Cambridge University Press, 1990.

[2] Hatfield B D, Hillman C H. The psychophysiology of sport: A mechanistic understanding of the psychology of superior performance [M]//R N Singer, H A Hausenblas, C M Janelle (Eds). Handbook of sport psychology. New York: Wiley, 362-386.

[3] 任未多. 对以生理指标评定心理状态的某些探讨[J]. 体育科学, 1994, 14(1): 91-94.

[4] McCraty R, et al. The effects of emotions on short term heart rate variability using power spectrum analysis[J]. American Journal of Cardiology, 1995, 76: 1089-1093.

[5] McCraty R, et al. The impact of a new emotional self-management program on stress, emotions, heart rate variability, DHEA and cortisol[J]. Integrative Physiological and Behavioral Science, 1998, 33(2): 151-170.

[6] Cowan J, Allen T. Using brain wave biofeedback to train the sequence of concentration and relaxation in athletic activities[A]. Proceedings of 15th Association for the Advancement of applied Sports Psychology, 2000, 95.

[7] Hatfield B D, Haufler A J, Hung T M, Spalding T W. Electroencephalographic studies of skilled psychomotor performance [J]. Journal of Clinical Neurophysiology, 2004, 21(3): 144-156.

[8] Deeny S P, et al. Cortico-cortical communication and superior performance in skilled marksman: an EEG coherence analysis[J]. Journal of Sport & exercise Psychology, 2003, 25: 188-204.

[9] Hatfield B D, Haufler A J, Hung T M, Spalding T W. Electroencephalographic studies of skilled psychomotor performance[J]. Journal of Clinical Neurophysiology, 2004, 21 (3): 144-156.

[10] Steven J Radlo, et al. The influence of an attentional focus strategy on alpha brain wave activity, heart rate, and dart-throwing performance [J]. International Journal of Sport Psychology, 2002, 33(2): 205-217.

[11] Robazza C, et al. Performance emotions in an elite archer: A case study[J]. Journal of Sport Behavior, 2001, 23: 144-163.

[12] Davidson R J. Affective neuroscience and psychophysiology: toward synthesis[J]. Psychophysiology, 2003, 40: 655-665.

[13] Kerick S E, et al. psychological momentum in target shooting: cortical, cognitive affective, and behavioral responses[J]. Journal of Sport & exercise Psychology, 2000, 22: 1-20.

[14] Hung T Haufler A J, Hatfield B D. Comparison of mental efficiencies between marksmen and novice shooters during rifle shooting: An examination of the psychomotor efficiency hypothesis by EEG dimensional analysis[A]. Paper accepted for presentation at the NASPSPA 2006 Conference, Denver, USA.

[15] Shih H, Lin J, Hung T. Discrimination of best and worst air-pistol shooting performance: spectral EEG analysis of intermediate shooters[A]. Paper accepted for presentation at the NASPSPA 2006 conference, Denver, USA.

[16] Chang W, Lin J, Shih H, Hung T. Relationship between self-confidence and EEG activity in air pistol shooting[A]. Paper accepted for presentation at the NASPSPA 2006 Conference, Denver, USA.

[17] Lin M, Lin J, Shih H, Hung T. The effect of state anxiety on shooting performance and temporal asymmetry[A]. Paper accepted for presentation at the NASPSPA 2006 Conference, Denver, USA.

[18] Wang Y, Lin J, Shih H, Hung T. A comparison of temporal alpha and beta power spectrum between rejected and executed shots in intermediate air pistol shooters[A]. Paper accepted for presentation at the NASPSPA 2006 Conference, Denver, USA.

[19] Chen W, Lin J, Hung T. Pre-shot EEG alpha and beta activity during air-pistol shooting: a comparison between the postural simulation and the shot execution preceding the trigger pull[A]. Paper accepted for presentation at the NASPSPA 2006 Conference, Denver, USA.

[20] 任未多. 不同运动项目运动员脑电特征的比较研究[A]. 广州: 第八届全国心理学学术会议, 2001.

[21] 张忠秋, 等. 中国跳水奥运选手的系统心理监测与调节[A]. 武汉: 第八届全国运动心理学学术会议论文集光盘, 2006.

[22] 郑樊慧, 等. 飞碟多向运动员重大比赛前后安静状态下脑电绝对功率值的比较研究. 武汉: 第八届全国运动心理学学术会议论文集光盘, 2006.

[23] 张振民, 等. 中国乒乓球世界冠军运动员脑功能特征研究[J]. 中国运动医学杂志, 2002, 21(5): 453-457.

[24] Hung T, et al. Assessment of reactive motor performance with event-related brain potentials: attention processes in elite table tennis players[J]. Journal of sport & exercise psychology, 2004, 26: 317-337.

[25] Keita Kamijo, et al. Influence of Exercise intensity on cognitive processing and arousal level in the

central nervous system[J]. Advance exercise & sport physiology,2006,12(1):1-7.

[26] Takuro Higashiura,et al. The interactive effects of exercise intensity and duration on cognitive processing in the central nervous system[J]. Advance exercise & sport physiology,2006,12(1):15-21.

[27] 刘江南,等. 运动技能两侧性迁移认知事件相关电位(ERP)实验研究[A]. 北京:第七届全国体育科学大会论文汇编,2004.

[28] 梅磊. ET-脑功能研究新技术[M]. 北京:国防工业出版社,1995.

[29] 李捷. 运动技能形成自组织理论的建构及其实证研究[M]. 北京:北京体育大学出版社,2005.

[30] 李捷. 脑对运动负荷自主反应水平协同变化原理与实验评价方法[A]. 第六届全国体育科学大会论文摘要汇编(二),2000,341.

[31] 王德堃. 实用脑波图谱学[M]. 上海:远东出版社,1992.

[32] 胡咏梅,等. 优秀击剑运动员脑像图特征的研究[A]. 武汉:第八届全国运动心理学学术会议论文集光盘,2006.

[33] 陈幼松. 脑电波的基础与应用研究[J]. 科学中国人,1997,1-2:42-44.

[34] 丁雪琴,等. "MC² Study™"对减轻优秀运动员心理疲劳和增强表象演练能力的研究[J]. 中国体育科技,2000,36(1):14-21.

[35] 王东升. CES 技术对运动员脑机能影响的研究[A]. 北京:第七届全国体育科学大会论文汇编,2004,410-411.

[36] 李京诚,等. 不同放松方法对主观松弛感和自主生理反应的影响[A]. 北京:汉股第七届全国运动心理学学术会议,2002.

[37] Jesus Ramirez,et al. Levels of ACTH and-β(beta)endorphin in the response to stress from open sea diving to 25m(3. 5ATA),A field study[J]. International Journal of Sport Psychology,2004,35(1):1-13.

[38] 丁雪琴,等. 优秀运动员竞技心理能力和状态的诊断[A]. 王清,我国优秀运动员竞技能力状态的诊断和监测系统的研究与建立. 北京:人民体育出版社,2004:395-445.

[39] 颜军,等. 运动对心理应激大鼠若干免疫指标的影响[J]. 体育与科学,2005,26(2):55-59.

[40] 颜军,陈爱国. 中等负荷运动对心理应激大鼠淋巴细胞凋亡的影响[J]. 体育科学,2005,25(11):51-54.

[41] 张剑,陈佩杰,章建成. 心理应激和心理训练对不同特质焦虑运动员免疫指标的影响[J]. 中国运动医学杂志,2000,19(2):177-178.

[42] 庄洁,陈佩杰,章建成. 心理应激对不同特质焦虑运动员 T 淋巴细胞亚群和糖皮质激素及其受体的影响[J]. 中国运动医学杂志,2000,19(2):174-176.

[43] 陈佩杰,章建成,等. 心理行为干预后不同特质焦虑运动员应激后的神经内分泌反应[J]. 体育科学,2003,23(1):99-104.

撰稿人:任未多

高水平运动员心理训练研究进展

本文系统总结了过去30年中提出的各种心理训练理论，并阐述了这类传统心理训练范式在实践应用中遇到的困难，从应用运动心理学的角度提出对理想竞技表现(peak performance)新的定义，即理想竞技表现是指在竞赛中对各种逆境的成功应对。从该定义出发，构建了运动员的逆境应对训练模式，这一训练模式由四个阶段组成：①确认或预见典型逆境；②找出合适的应对逆境方法；③实施个人化的训练；④评价训练效果。新定义及其训练模式直接植根于竞技运动实践，并以众多实例为依据。作者尝试建立高水平运动员系统心理训练的一个新导向并希望将其放回实践中深入检验。

一、传统心理训练范式

(一)传统心理训练范式

获得理想竞技表现(peak performance)是所有运动训练与竞赛的目标。在运动心理学领域，为追求这一目标前人已做了大量的研究并获得丰硕的成果，查阅当今研究文献，可以看到以下一些理论建树：建立在Yerkes与Dodson研究[1]基础上的倒U理论尝试解释运动员的唤醒水平与运动成绩的关系是符合一个倒U型的曲线，即唤醒水平过高或过低都对成绩不利，只有在合适的唤醒水平上成绩才会最佳；Morgan的心境状态研究[2]提出了著名的冰山剖面图(iceberg-profile)来描述运动员的心境与运动成绩的关系，并勾画出了优秀运动员的最佳心境剖面图；Martens等的多维焦虑理论[3]则认为认知焦虑与运动行为呈一种负线性关系，而躯体焦虑和运动行为是倒U关系，在这两类关系中人们均可找到能预测运动成绩的焦虑标准；Hardy等的突变模式[4]将理论进一步推向复杂化，分别讨论在低认知焦虑水平，适度认知焦虑水平，高认知焦虑水平条件下，生理唤醒与运动行为之间关系变化，探讨在何种条件下运动行为才能达至最理想；Hanin的个体最佳功能区理论[5]更为明确地提出适度水平的状态焦虑会导致最佳行为水平，并尝试通过确定运动员的最佳赛前状态焦虑水平来帮助达到赛中最佳竞技水平。该理论还提出为运动员建立类似常模的最佳焦虑水平置信区间；Jackson的流畅理论[6]描述了一种心理上的高峰体验，并提出在条件合适的情况下流畅状态就是一种理想竞技状态，能带来最佳运动成绩。该理论定义了流畅状态的心理结构并探讨导向最佳运动成绩的关联因素；Terry等则进一步尝试建立优秀运动员赛前/赛中的心境状态常模[7,8]，探讨心境在预测运动员运动成绩上的功效，并使用心境剖面图来监控运动训练的质量。所有这些研究都是对我们从心理学层面来深入理解高水平运动员的竞技状态，以及如何通过心理训练来获得理想竞技表现做出了重要的贡献。这些研究成果也为我们今后运动心理学的理论建树与实践应用奠定了基础。迄今为止，上述这些理论仍是指导国内外高水平运动员心理训练实践的主流导向。

(二)传统心理训练范式在实践应用中面临的困难

进一步考察传统心理训练范式在运动实践中的应用情况,在看到它们为解决实践中问题所做出的重要贡献的同时,也不难发现存在的一些困难之处[9-13]。第一个困难之处,是寻找与引发这些最佳心理状态的操作性问题。这涉及两个层面:一是每一个体的"最佳"为何物;二是如何操纵去达到。对待第一个层面,已有手段为回顾式访谈或问卷,或某类生物反馈信号(如脑电)标准的确立,多数需要反复测试,并在各类比赛中反复确定。对待第二个层面,主要通过各种心理技能学习、系统执行、熟能生巧找到规律。在实践中,对于有经验的部分运动员,有相当比例的人因难以准确找到"最佳"标准而放弃第一层面的尝试。而对能确定最佳心理状态的运动员来说,第二层面的自我学习去操纵重现最佳状态也是一个长期、反复、艰难的过程。另一方面,对于运动新秀来说(这些运动员也可能成为世界冠军),是不是因他们还没有"最佳"的经验而无从建立最佳的心理状态呢?总之,在此观察到了第一个不足之处,即在实践中可操作性不强。

传统心理训练范式在实践中遇到的第二个困难是,激烈对抗的竞技比赛是险象环生,逆境迭出的。所以,即便在比赛之前,或比赛中的前一个片段运动员已建立最佳心理状态(最佳心境,最佳焦虑或唤醒水平,理想流畅状态),随着比赛进程的千变万化,已有的最佳心理状态可能会很容易地受到改变或破坏①[14],那是不是理想竞技表现已不复存在?更进一步,如果运动表现起了变化,是否意味着一定要重新建立最佳心理状态呢?如果是这样的话,比赛中的最佳心理状态的保持应被理解成是一个连续、动态的建立——再建立的过程,而前述所有理论均未对此过程做出清晰的解释。

传统心理训练范式在实践工作中还遇到了第三个困难,即有些运动员,甚至一些教练员可能会产生一些误解,他们以为如果已获得最佳心理状态,就应该会一直处于最佳,而如果感觉状态达不到最佳,就会一直达不到最佳。本文作者在实践工作中曾无数次地听到运动员或教练员这样的抱怨:"开头还好好的,怎么突然就不行了!""完了,还没开始比赛就没什么状态,那怎么比啊!"一个运动员在赛前状态极佳而过分自信,或者一个运动员赛前无论如何调不到最佳状态而过分担忧都是最常见的例子。这些情况都与运动员与教练员理解与追求传统心理训练范式中所强调的"最佳"的心理状态有直接的关系。

二、对心理训练新范式的探讨

在前文中已列举了各种传统理论以及它们对理想竞技表现的描述,例如心境研究认为运动员心境在符合最佳的冰山剖面图时就会有优异运动表现[2];焦虑研究指出存在着最佳焦虑水平,运动员只有在这种最佳焦虑水平中才会出现理想竞技表现[3-5];"流畅"状态研究则描述一种绝对的控制感,自信心,沉浸感,处在这种"流畅"状态中运动员就会完美无缺地表现自己[6,15]。综合起来,运动心理学中有关理想竞技表现的传统定义可以归纳为在最佳心理状态中完美无缺地表现自己。

---

① 引自"备战2008年奥运会教练员心理训练研讨会"会议记录,北京,2002。

本文将探讨一种有关理想竞技表现的新定义以及心理训练的新范式。新定义是本文作者在过去多年从事运动实践工作的经验基础上提出来的，认为：理想竞技表现是指在竞赛中对各种逆境的成功应对。理想竞技表现的新定义指出的是逆境是比赛中的正常现象，一个运动员在比赛中愈能够对各种逆境成功应对，他的竞技表现就愈理想。因此，相应的心理训练新范式强调的是对比赛中各种逆境的成功应对，并且这其中包含着合理这一概念。换言之，这种心理训练范式所依据的是，即便运动员不是处在最佳心理状态上（指最佳心境，最佳焦虑/唤醒状态，流畅状态），只要能合理应对逆境，有效地补偿过失，调节自身，他仍有可能达至理想竞技表现。

心理训练新范式主要体现三大要素：逆境，应对，合理。逆境是指阻碍运动员实现比赛目标的各种情境。应对则是指克服或处理逆境的意识与方法。本文中特别要强调的是应对的意识，因为有了这种意识，运动员、教练员就不仅仅是适应环境式应对，更有改变环境式应对。运动员/教练员对比赛中的逆境不仅仅是识别，更有预见。

什么是合理？人们可能难以准确定义。相对来说，对于特定运动项目比赛中运动员的思维与行为，什么是不合理比较容易找到或达成共识。所以本文中“合理”的意思主要是指控制自身的不合理与充分利用对手的不合理。

合理，是本文提出的理想竞技表现新定义中的一个重要组成部分。在它的理论基础中包含着历史上获得诺贝尔经济学奖的两项与合理性有关的心理学思想。其一是 1978 年获奖的 Simen 提出的“有限理性理论”[16]，它能帮助人们认识到运动员在比赛中的问题解决过程是一个动态的、矛盾的、受到多种限制的适应机制过程，因此不应从最理想的状态（包括心理状态，技术状态）去考虑取得最理想的行为或结果，而应从人受环境制约或局限（如受对手、裁判、场地、天气、器材等）方面，即与逆境应对方面来考虑如何取得满意的运动表现或结果。其二是 2002 年获奖的 Kahnemann 提出的“前景理论”，它与 Simen 的理论一脉相承，从人们事实上是怎样做的描述性角度来进一步阐述“人的理性是有限的”。“前景理论”帮助我们认识到在现实生活中，尤其是处在复杂、混乱、不易辨别或易受到威胁的情况下，人们的决策往往会是非理性的，不合理的。Kahnemann 等的研究揭示了在不确定条件下人们决策过程中对理性偏离的原因与性质，也指出了这种对传统模型偏离的非理性是有章可循的和可预料的[17]。Kahnemann 的理论可以帮助细察在激烈对抗的风险条件下比赛双方存在的不合理思维及行为，人们所要学习与把握的，就是如何控制自身的不合理并充分利用对手的不合理。

三、高水平运动员逆境应对训练

传统心理训练模式主要由两大部分构成，首先是寻找与评价运动员的“最佳”状态，其次是通过各种心理技能训练或辅助手段来引发或保障“最佳”状态，即是一种获得法。在中外研究文献中可以找到这类心理训练模式的大量例证[18-21]。这种模式中还带有几个特点：①训练周期性较长；②评价“最佳”状态的指标偏主观；③教练员的参与性不够强。

本文提出的逆境应对训练模式首先将传统模式中寻找与评价运动员的“最佳”状态变革为寻找与评价运动员的典型逆境，然后通过训练使其能合理、成功地应对逆境，即是一种消除法。其相对应的特点是训练周期比较有弹性,评价应对效果的指标必须主客观一致,以及教练员的主导性与参与性可明显提高。下面尝试具体介绍这一逆境应对训练程序。训练程序由四个阶段构成,阶段与阶段之间是反馈互动的。并且,根据确认的逆境特征,整个程序实施的时间长短也是灵活的。图1是整个逆境应对训练程序的模型示意图,下面对图中各个阶段的内容逐一进行解释。

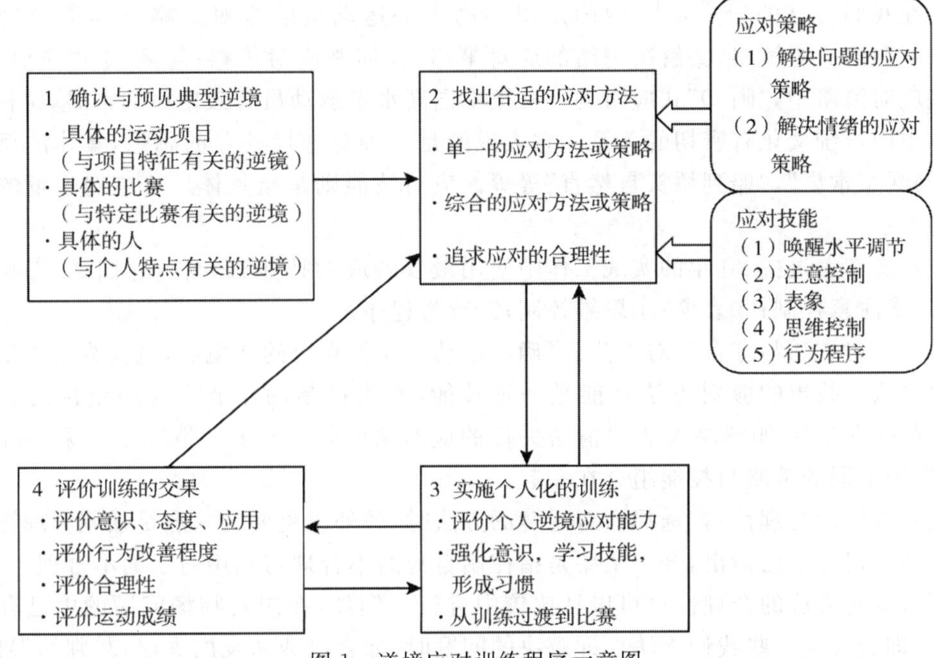

图1 逆境应对训练程序示意图

(一)确认与预见典型逆境

典型或关键逆境是指在比赛中对一个运动员或运动队完成比赛目标形成主要威胁的那些逆境,它可以从一种到多种不等;确认是指从之前已经发生过的经验中提取、识别、确认;预见是指对尚未发生的情境进行分析与评估。

提出与运动项目、具体比赛、个人特点有关的逆境分析主要是提示确认与预见逆境的思路,实际上这三条线路可能是互相联结的。

与运动项目特征有关的逆境:它可以是集体运动项目中所有队员共同面对的逆境,如某一篮球队最怕对手在关键时刻采取全场盯人战术;也可以是某一项目中运动员会遇到的典型逆境,如射击运动员在比赛时注意力受到干扰。

与特定比赛有关的逆境:这主要指与特定比赛的任务、压力有关的逆境。如有的运动员只要参加奥运会就发挥不出水平;有的运动员遇到特定的对手就发憷;有的运动员总是在最后一球、一剑、一枪、一跳时出现“晕场”。它也可以是团体赛对抗时(如乒乓球、羽毛球)预见的对方出场阵容时要准备的逆境。

与个人特点有关的逆境:主要指与某一运动员心理特征,技术特征有关的逆境。前者如一足球运动员脾气暴躁,容易在比赛中失去自控,或一位网球运动员追求完美特性,只要比赛中犯错就不能原谅自己；后者如一体操全能运动员在面对他的弱项比赛时，或一位乒乓球双打运动员对同伴某一方面技术不够信任时。

（二）找出合适的逆境应对方法

应对方法中包括应对策略与应对技能：应对策略是指某一类性质相同的应对方法的集合。在我们自己的研究①[22]中确定出的高水平运动员的应对策略有四类，它们是：①解决问题的应对策略；②解决情绪的应对策略；③回避应对策略；④阿 Q 式应对策略。在这些应对策略中，"阿 Q"式应对是一种被中国高水平运动员有效使用的策略，这种应对策略与中国传统文化有密切的关系。它表现的是一种与逆境共存的思想，具体的例子如"胜败乃兵家常事"，"船到桥头自然直"等等。应对技能则是指具体用于应对逆境的心理技能。

在本文作者过去 20 年的实践工作中使用最多的应对技能有 5 种，它们是：①唤醒水平调节；②注意控制；③表象；④思维控制；⑤行为程序。

单一应对方法与综合应对方法：当确定运动员需要克服的逆境后，就要为他找出合适的应对方法。找出的应对方法可能是一种技能，如为控制动作节奏与稳定性的表象训练[23]；或一种策略，如解决大赛中情绪失控的应对策略②。但多数情况下会采用综合的方法，即把不同的策略与技能组合在一起。

应对方法的合理性：在选择应对逆境的方法时，另外很重要的一点是强调合理性。本文在前面的讨论中已指出，合理主要是指控制自身的不合理与利用对手的不合理。

评价应对方法的合理性也可以从比较中进行。例如，在应对临场问题的中已存在一条定律，即当发生一些我们无法立即解决的问题时（如自己或队友的失误，裁判的误判，因一下子不能适应对手技战术而产生了损失等），我们就不应再纠缠于问题本身。但在实践中，容易出现两类情况：其一是只坚持解决问题（骂自己，责怪队友；与裁判理论；不相信自己不能适应对手等），没有其他选择。其二是明白其中道理却难以做到，本文作者就曾许多次被告知"我无法不让情绪出现"；甚至被问道"明明出现不该出现的失误我怎么能把它看作正常？"在这儿，与逆境共存的思想就极其重要，"容忍问题，也容忍你的情绪反应，但它们不应妨碍你专注当前"。因此，与逆境共存思想结合行为程序技能训练就比解决问题策略与解决情绪策略更合理一些。

（三）实施个人化的训练

评价个人应对逆境能力：在开始个人化的训练时，需先对运动员的逆境应对能力进行评价。在我们近期的研究[5]中，确定出至少可以从三个维度上来评价运动员的逆境应对能力：对逆境的准备，对逆境的承受力和对逆境的控制力。对运动员逆境应对能力的评价

---

① 引自姒刚彦，钟伯光，李庆珠，刘皓．香港康体发展局研究课题：香港与大陆运动员压力管理研究课题结题报告，2003，未发表。

② 引自姒刚彦，香港乒乓球男双选手备战 2004 年雅典奥运会情绪控制训练．香港体育学院内部交流资料，2004，未发表。

可由多种方式组成:观察,访谈,问卷,教练员评估等。

强化意识,学习技能,形成习惯:意识主要是指"逆境是正常"的意识,即一个运动员一定要建立起本文定义的什么是理想竞技表现的意识与观念。学习技能即对前一阶段中确定的应对方法进行学习与训练,这期间可能会有反复与修订。形成习惯是个人化训练的最高境界,是对确定的逆境形成了自动化反应的解决或控制问题思维与行为,对预见的,甚至未预见的逆境产生积极的反应方式。这种习惯与运动员已经掌握的自动化的动作一样,在特定时空条件下就会表现出来。

从训练过渡到比赛:这一阶段训练中的另外一大特点是把在静态学习场所学会的逆境应对能力逐渐过渡到动态的比赛中,通过比赛来反复检验,反复调整,直到形成习惯。在"找出合适的应对方法"这一小节的叙述中引用的多篇参考文献,均为本文作者与同事实施个人化训练的实例,可供有兴趣的读者进一步参考。

大周期与小周期训练:在传统的心理训练计划讨论中,一般都认为至少要有相对长的时间(如3~6个月)[21]来实施心理训练。而本文作者认为可以与运动训练学理论相一致,逆境应对训练亦可以分为大周期与小周期。这样的划分具有两方面的含义:其一,逆境应对训练与技术训练,体能训练一样,不是一劳永逸的,需要反复磨练。所以纵然已进行过一个大周期的训练(如半年),亦有必要在某次大赛前进行小周期的磨练(如一个月);其二,对于从未进行过心理训练的运动员来说,也有可能为解决某一特定逆境/困难采用小周期训练。

(四)评价训练效果

评价逆境应对训练效果的主要方法论取向,是特殊规律研究法。评价意识、态度、应用:意识当然是指有否建立在比赛合理应对逆境的观念;态度则是指运动员能否坚持这种观念,是否始终以这种观念来评价自身的理想竞技表现;应用就是在他的态度之下的行为倾向,即在实践中贯彻观念。意识、态度、应用倾向的变化应该被看作是逆境应对训练的底线效果,它是行为改善的基础。这一层面的效果评价主要通过观察、访谈、运动员陈述、教练员评估。

逆境应对行为的改善程度:即当典型或目标逆境出现时运动员应对行为或竞技表现的进步情况。在对心理状态及应对行为,竞技表现的评估时可采用单一被试实验设计,或个案实验设计[23,24]。最近也有学者提出了实用主义型混合设计[25]即混合不同的研究方法(如多种定性与定量方法结合)来对心理干预与运动表现进行评估,这也可以应用到对逆境应对训练效果的评价上。

评价合理性:应把应对方法的合理性与运动员比赛中技战术使用的合理性结合起来对逆境应对效果进行评价。所以在这绝对少不了教练员的参与。本文作者的想法是,应对方法应保持与技战术使用一致,只要并非不合理,就可以大胆尝试。这也是一种创新过程,我们的目标不是追求最合理,而是最能解决目前的问题。

评价运动成绩:运动员在比赛中的成绩进步与否也应被看作是对逆境应对训练效果检验的一项标准。作为应用服务,比赛结果好坏是终极检验标准。对于每一项具体的逆境应对训练来说,都能够找到与之相配的"目标比赛",它可能是由一个系列组成,也可能只是某一次大赛。

四、研究展望

随着人们日益重视高水平竞赛中运动员心理因素的作用，运动员的心理训练已成为国内外运动心理学家应用研究的一个核心内容。综观进入到21世纪的运动心理学研究文献，可以发现至少有如下三种应用研究特点。

第一，运动员心理训练的计划制定、方法选择及评价标准都与专项运动特征更加紧密结合[26]。这一特点证明当前运动员的心理训练已更加专项化、系统化、深入化，心理训练更针对专项运动的心理需要。

第二，心理训练更直接针对运动员的个人特定需求[27]。心理训练只有结合运动员个人的心理特征、技术特征及比赛中已有的逆境应对特征来加以系统实施并反复评估，才有可能获得满意的效果。

第三，高水平运动员心理训练的应用研究更趋向于采用特殊规律研究范式[27-28]。由于高水平运动员这个精英群体的数量较少及个体独具特性，需要采用更突出个案特点的特殊规律研究方法来描述与评估运动员的认知、情感、行为特征。这种研究取向可能会更贴近高水平的竞技运动，更适合有经验、个人特点明显的精英层次运动员。

参考文献

[1] Yerks R M, Dodson J D. The relationship of strength of stimulus to rapidity of habit formation [J]. Journal of comparative neurology and psychology, 1908, 18: 459-482.

[2] Morgan W P. Test of champions: The iceberg profile [J]. Psychology today, 1980, 14: 92-108.

[3] Materns R, Vealey R S, Burton D. Competitive anxiety in sport [M]. Champaign, IL: Human Kinetics, 1990.

[4] Hanin Y L. Interpersonal and intragroup anxiety. Conceptual and methodological issues [M]. In: D Hackfort & C D Spielberger (Eds.), Anxiety in sports: An international perspective. Washington, DC: Hemisphere Publishing Corporation, 1989: 19-28.

[5] Hardy L, Parfitt G. A catastrophe model of anxiety and performance [J]. British journal of psychology, 1991, 82: 163-178.

[6] Jackson S A. Toward a conceptual understanding of the flow experience in elite athletes [J]. Research quarterly for exercise and sport, 1996, 67: 76-90.

[7] Terry P C, Lane A M. Normative values for the Profile of Mood States for use with athletic samples [J]. Journal of applied sport psychology, 2000, 12: 93-109.

[8] Terry P C. An Overview of Mood and Emotions in Sport//Proceedings of 4th International Congress of Asian-South Pacific Association of Sport Psychology. Seoul, Korea, 2003: 368-377.

[9] 姒刚彦，李艳. 对我国高水平运动员心理训练的几点新思考 [J]. 中国体育科技，1995(9)：1-5.

[10] 王天生. 从后现代视角看我国运动心理学研究中的若干问题——兼评运动心理学专委会“发展与前瞻”一文 [M]. 汉股第七届全国运动心理学学术会议论文集，北京：2002，64.

[11] 刘淑慧,杨娇丽.竞技体育领域心理研究方法的回顾与思考 [M].第六届全国体育科学大会论文摘要汇编(二),武汉:2000:479-480.

[12] Ravizza K H. A philosophical construct:a framework for performance enhancement [J]. International journal of sport psychology. 2002,33:4-18.

[13] Gould D. The psychology of Olympic excellence and it's development [M]. In Proceedings of 10th Word Congress of Sport Psychology,Skiathos,Hellas,2001:51-61.

[14] Hardy L,Jones G,Gould D. Coping with adversity [M]//L Hardy,G Jones,and D Gould (Eds). Understanding psychological preparation for sport:theory and practice of elite performers. John Wiley and Sons,Chichester,1996:203-236.

[15] Fred G,De Lacerd A. Applied sport psychology:peak performance [J]. Sport Aerobatics,1998,27(6):98-101.

[16] 宏泰顾问.诠释诺贝尔经济学大师的智慧 [M].北京:中国纺织出版社,2004.113

[17] 宏泰顾问.诠释诺贝尔经济学大师的智慧 [M].北京:中国纺织出版社,2004.366.

[18] 丁雪琴,曲春,殷恒婵,等.国家帆板帆船队备战 2000 年奥运会的心理训练及其效果 [J].体育科技,2002,22:98-102.

[19] 张忠秋,王智,郭松,等.增加我国优秀短道速滑和花样滑冰运动员参加第 19 届冬奥会比赛心理能力发挥的综合系统性研究 [M].汉股第七届全国运动心理学学术会议论文集,北京:2002,85.

[20] Judy L,Van Raalte. Provision of sport psychology services at an international competition:The X Ⅵ Maccabiah Games [J]. The sport psychologist,2003,17:461-470.

[21] Weinberg R S,Gould D. Foundations of sport and exercise psychology [M],Champaign,IL:Human Kinetics,1999.

[22] 钟伯光,姒刚彦,李庆珠,等."中国运动员应激应对量表"的编制及检验 [J].中国运动医学杂志,2004,23(4):356-362.

[23] 姒刚彦.太极拳成套动作表象训练实施中过程与特征的初步探讨一个案研究 [J].体育科学,2002,22(3):123-127.

[24] 姒刚彦.少年网球运动员竞赛自信心综合训练一个案研究 [M].第六届全国体育科学大会论文摘要汇编(一),武汉:2000,325.

[25] Giacobbi P R Jr,Poczwardowski A,Hager P. A pragmatic research philosophy for applied sport psychology. The Sport Psychologist,2005,19:18-31.

[26] Dosil J. The sport psychologist's handbook:a guide for sport-specific performance enhancement. Chichester:John wiley,Sons,Inc. 2006.

[27] 姒刚彦.追求"最佳"还是强调"应对":对理想竞技表现的重新定义及心理训练范式变革[J].体育科学,2006,26(10):43-48.

[28] Anderson A G,Miles A,Mahoney G,et al. Evaluating the effectiveness of applied sport psychology practice:making the case for a case study approach [J]. The sport psychologist,2002,16:432-453.

撰稿人:姒刚彦

运动性心理疲劳研究进展

运动性心理疲劳研究有两大来源：一是竞技运动领域关于运动性疲劳(exercise-induced fatigue)现象的研究；二是工业、教育、医护等领域关于工作倦怠(job burnout)的研究。

Burnout 常被翻译为枯竭(如许燕，王芳，蒋奖，2006)[1]，有时也被译为心理耗竭(如蔡理，季浏，2005)[2]或倦怠(如李永鑫，李艺敏，2006)[3]。如果 burnout 前面加 job，则译为职业枯竭、职业倦怠或工作倦怠(job burnout)。这一概念由 Bradley 于 1969 年提出。随后，临床医生 Ferudenberger 在 1974 年的一项研究中，对纽约自由诊所戒毒者服务的志愿工作人员的极度心理压力和工作倦怠进行了探讨，成为该研究领域的重要开创者。20 世纪80 年代之后，社会心理学家 Maslash(Maslash，1982；Maslash & Jackson，1981，1984，1986；Malslach，Jackson & Leiter，1996)[4-8]和她的同事们的工作极大地推动了该领域的研究，使之成为心理学、社会学、组织行为学的一个重要话题。他们认为，心理耗竭主要由情绪耗竭、乏人性化和个人成就感丧失组成。其中，情绪耗竭是最先产生的症状和最具代表性的指标。Ferudenberger 的研究方向侧重应用，重点探讨的是评估、预防和治疗问题；Maslash 的研究方向侧重理论，重点探讨的是性质、结构和测量问题(Schaufeli & Buunk，2003)[9]。后来的许多研究均支持了 Maslash 的三因素模型对心理耗竭的分解(Evans & Fischer，1993；Koeske & Koeske，1993；Lee & Ashforth，1996)[10-12]。

近年来，中国学者开始关注这一领域，理论探索(如李永鑫，2003；李永鑫，侯祎，2005；李永鑫，李艺敏，2006；李永鑫，孟慧，2004；唐昕辉，李君春，耿文秀，2005；王芳，许燕，蒋奖，2005；许燕，王芳，蒋奖，2006)[13-17,1]和应用研究(如蒋奖，许燕，张姝玥，陈浪，2004；李永鑫，时金献，2006；田宝，李灵，2006；徐富明，朱从书，邵来成，2005)[18-21]逐渐增多。理论探索方面较有代表性的研究是许燕、王芳、蒋奖(2006)[1]提出的职业枯竭及其相关因素的模型。该模型将该领域的问题归纳为前因变量(工作压力等)、职业枯竭变量(耗竭、讥消、职业效能)、后果变量(工作满意度、离职意向、负性情绪等)以及调节三者关系的调节变量(应对、社会支持、人格特质等)。但总的来说，能够提出自己观点的理论探索不多。方法探索方面较有代表性的研究是李永鑫和李艺敏(2006)[3]的工作。他们在对 834 名医生、护士、教师、警察进行问卷调查的基础上编制了职业工作倦怠评价标准，即耗竭分数＞25、人格解体分数＞11、成就感降低分数＞16 作为工作倦怠的临界值，并在程度上将工作倦怠界定为零倦怠、轻度倦怠、中度倦怠和高度倦怠 4 种水平。但总的来说，能够提出自己观点的方法探索也不多。应用研究主要是针对情感劳动者(如心理咨询师、护士、中小学教师等)进行的调查。

一、运动性心理疲劳研究的进展

运动性心理疲劳的研究集中在竞技领域的运动员和教练员两类人群，20 世纪 90 年代之后开始受到重视，针对运动员的研究更多一些(如冯燕，2005；刘方琳，张力为，2004；林岭，2006；石岩，2006；王文增，2006；赵元吉，彭蕾，雷鸣，2004；Harlick & McKenzie，

2000;Kellmann & Gunther,2000;Kentta,Hassmen & Raglin,2001;Lai & Wiggins,2003;Price & Weiss,2000;Raedeke & Smith,2001;Raglin,Sawamura,Alexiou,Hassmen & Kentta,2000;Tenebaum,Jones,Kitsantas,Sacks,Berwick,2003)[22-35]。

(一)运动性心理疲劳的性质

1.运动性心理疲劳的界定

运动性心理疲劳的定义问题到目前为止仍是运动心理学家们争论的热点之一(Goodger,Lavallee,Gorely & Harwood,2006)[36]。西方学界对教师、医生、护士等行业的心理疲劳早有研究,并冠以心理耗竭、职业倦怠或工作倦怠(burnout)的名称,用于描述长期处于高压力工作环境下所造成的心理资源耗竭现象(Maslash & Jackson,1981)[5]。

我们认为(张力为,林岭,赵福兰,2006)[37],心理耗竭的名称从字面来看有两点不妥:一是过于突出结果性状态(燃尽);二是只含有消极意义。职业倦怠或工作倦怠的名称从含义来看亦有不足,倦怠所能够包含的意义过于有限,仅仅强调“乏”。相比而言,心理疲劳似乎能够更加准确地描述相关现象:其理由是,第一,它可以较好地与生理疲劳相对应,分别说明两类相关但又不同的现象及其交互作用;第二,如同生理疲劳一样,它更容易容纳积极作用,表达疲劳—适应—再疲劳—再适应的适应性意义;第三,它更容易体现发展过程,而不是仅仅是突出结果。通过对运动员、教练员进行的访谈调查(刘方琳,2005;林岭,2006)[38,24],借鉴前人对心理耗竭和工作倦怠的界定,我们认为(张力为,林岭,赵福兰,2006)[37],在竞技运动领域,运动性心理疲劳是运动员在应对内源性压力和外源性压力时,心理资源及生理资源被不断消耗而没有得到及时补充时所出现的心理机能不能维持原有心理活动水平即心理机能下降的现象,具体表现在情绪维度、认知维度、动力维度、行为维度和生理维度的改变上。运动性心理疲劳的产生过程中可能存在着一个具有转折意义的心理疲劳的可感觉阈限。运动性心理疲劳与生理疲劳一样,具有适应性的心理机能重建功能,应对得当时,可使运动员更好地应对训练比赛中的各种压力。运动性心理疲劳的发展如果没有得到适当的调节和控制,最终可能导致心理耗竭。

本文将采用心理疲劳这个词来讨论心理耗竭、职业倦怠或工作倦怠研究领域的相关问题并探索竞技运动领域心理疲劳的特征。

2.运动性心理疲劳的表现

Schaufeli 和 Buunk(2003)[9]最近对 25 年来职工心理疲劳的相关研究进行了评述,将心理疲劳的表现归为五个类别,包括情感的(如感到沮丧、伤心、郁闷)、认知的(如无助、无望、无力)、身体的(如情绪耗竭和身体不适)、行为的(如吸烟、用药、表现不好、旷工)和动机的(如缺少热情、不积极、没有兴趣)。竞技运动领域中关于运动员的研究结果与职工心理疲劳领域的研究结果大同小异。

Cresswell 和 Eklund(2003)[39]的研究表明,运动性心理疲劳可能会对运动员的社会关系产生不利影响,包括产生家庭和婚姻问题。运动性心理疲劳发展到严重程度,还有可能引发使用药物和酗酒等反社会行为。

冯燕(2005)[22]对 101 名一级以上优秀运动员进行的开放式问卷调查发现,对于可能引起心理疲劳的大负荷训练,体能类运动员(游泳、中长跑、自行车、投掷等)较技能类运动员(武术、网球、乒乓球等)的认知评价更为积极,男运动员比女运动员的认知评价更为积极。这提示,在大负荷训练过程中,体能类运动员和男运动员可能对大负荷训练的必要性和残酷性有更多的心理准备,因而表现出更为认可或接受的态度,他们的心理疲劳感受也可能稍轻一些。

林岭(2006)[24]最近的一项调查发现,运动员发生心理疲劳(自己判断为心理疲劳)时,常见的现象包括躯体症状、行为症状、动机下降、消极情绪和消极评价五个方面。与躯体症状有关的条目平均得分最高,与消极评价有关的条目平均得分最低。心理疲劳最明显的症状为厌倦训练,运动员有时、经常或总是出现此症状的百分比为 84%。林岭(2006)[24]的调查还显示:有 45%的运动员 2~4 周发生一次轻度心理疲劳,32%的运动员 2~3 个月发生一次中度以上的心理疲劳。真正发生严格意义上的心理耗竭的人不多,仅占被调查对象的 0.8%。1 年中,心理疲劳的持续时间在 3 天至 6 个月。出现过心理疲劳症状的运动员中,70%的人心理疲劳的持续时间在 1~2 周。心理疲劳的发生时机并不稳定,一般常见于长时间大负荷训练的中后期(42%),封闭性训练阶段(35%)和重大比赛前、后(33%)。

(二)运动性心理疲劳的成因

刘方琳(2005)[38]的访谈调查发现,运动员心理疲劳的内源性因素包括认知因素、人格因素和年龄因素;外源性因素包括社会因素、训练比赛因素和项目特点因素。教练员心理疲劳的内源性因素除了认知因素、人格因素和年龄因素之外,还包括投入因素;外源性因素则包括工作内容因素、组织因素和社会因素。上述因素还可进一步分解为更小的子因素。

林岭(2006)[24]的调查则发现,影响运动员心理疲劳的主要因素包括训练因素(81%)、环境因素(75%)、社会支持因素(52%)、个人认知因素(48%)。关于训练因素,运动员认为最主要的是训练组织方式,如单调、沉闷等,其次是训练负荷;关于环境因素,运动员认为管理制度不合理、管理环境太封闭、队内环境不和谐是最主要原因;在社会支持因素中,最主要的是缺乏沟通与社会交往、忧虑个人前途、缺乏教练的信任与支持;在个人认知因素中,个人目标定位过高是最主要的影响因素。据此,林岭认为(2006)[24],外源性的训练因素和管理因素是运动员心理疲劳的最重要原因。

王文增(2006)[26]的研究表明,人际关系、环境因素、日常压力、内外压力等是大学生运动员心理疲劳的重要预测指标。

Raedeke、Granzky 和 Warren(2000)[40]曾从责任感的认识观角度对教练员心理疲劳的原因进行剖析,认为心理疲劳是由情感断层诱发的。他们认为,教练员感到训练不再吸引他们而又不得不去做的时候,就会产生较大的心理断层。他们对 295 名各年龄组的游泳教练员进行了包括责任感的理论归因、心理疲劳的归因以及责任感内容 3 项问卷调查。结果表明,失落感较强组的教练员比其他组的教练员更容易产生心理疲劳。

殷小川(2006)[41]对教练员的研究发现,影响教练员心理疲劳的内源性因素包括角色冲突和角色模糊;外源性因素包括工作任务过重,工作时间太长,长期不能和家人生活在一起,缺少领导和同事的支持,工作中的人际消耗与冲突,缺乏自主,缺少资源,工作时间模糊等。

通过上述研究可见,运动性心理疲劳的成因可以概括为内源性因素和外源性因素两大方面。其中,内源性因素可进一步分解为心理因素和身体因素(如伤病、体能消耗等)。外源性因素似乎是影响运动性心理疲劳的更为重要的因素(参见林岭,2006;王文增,2006)[24,26]。

这些外源性因素中,多项研究反复提及的是训练(工作)安排及社会支持这两个因素。刘方琳(2005)[38]和石岩(2006)[25]的研究还发现,退役困扰或出路困扰是运动性心理疲劳的重要预测因素。今后的研究需要通过量化分析进一步确认各种内外影响因素的权重,以便作为干预控制计划的依据。

(三)运动性心理疲劳的诊断

如何对心理疲劳进行有效测量,是心理疲劳研究领域的核心问题。2001 年,美国心理学会(APA)第 14 分会即工业和组织心理学分会曾专题讨论心理疲劳的评估问题(Models of job burnout:Evaluation and future directions),说明这一问题的重要性。运动性心理疲劳的诊断有两大类指标:一是心理指标;二是生理指标。

1. 心理指标

自陈报告是最常用的心理疲劳测量方法。比较常用的心理疲劳量表见表 1。王芳、许燕和蒋奖(2005)[17]则认为,他评报告可以弥补自评报告存在的表面效度高、社会赞许度高、负面情绪唤醒等先天不足。Ewers、Tomic 和 Brouwers(2004)[42]最近的研究表明,自评报告和他评报告存在明显的差异。他们利用修改过的 MBI,让学生评价老师的心理疲劳程度,然后与老师的自评结果进行比较。结果发现,两者在情绪耗竭维度上没有差异,但在去人性化和个人成就感两个维度上,学生评价要比老师自评得更为严重。据此,王芳、许燕和蒋奖(2005)[17]认为,这两个维度恰巧是表面效度较高、易受社会期待影响的维度,提示了他评报告可能比自评报告更加可信。

表 1　一般心理疲劳量表和运动心理疲劳量表

测验名称及英文缩写	作者/年代	编制基础	操作定义	维度	反应方式
一般心理疲劳量表					
马斯拉奇心理疲劳量表 MBI	Maslach & Jackson,1982	临床个案	情绪衰竭/耗竭去个性化/讥诮 个人成就感降低/职业效能下降	3 维	7 点频率
枯竭测量表 BM	Pines & Aronson,1981	临床个案	生理耗竭 情感耗竭 心理耗竭	单维	7 点频率
Oldenburg 枯竭问卷 OLBI	Demerouti,2003	工作要求—资源模型 亦称 JD-R 模型	耗竭 疏离工作	两维	4 点赞同度
Shirom-Melamed 枯竭量表 SMBM	Shirom & Melamed,2002	资源守恒理论亦称 COR 模型	生理疲乏 情感耗竭 认知疲惫	单维	7 点频率
运动心理疲劳量表					
伊德斯 运动员心理疲劳量表 EABI	Eades,1991	大学生运动员访谈	运动能力的消极自我观念 情绪与体力耗竭 心理退缩 由教练员和队友引发的运动贬值 运动员与教练员期望的协调 成就感	6 维	7 点频率
运动员心理疲劳问卷 ABQ	Raedeke & Smith,2001		情绪与体力耗竭成就感降低 对运动的消极评价	3 维	5 点频率

注:一般心理疲劳量表的内容引自王芳,许燕,蒋奖,2005

自陈报告和他评报告这类纸笔测验常用于测量长期高强度工作造成的心理疲劳。而反应时、两点阈、闪光融合频率等更为客观化的测验常用于测量短时高强度工作造成的心理疲劳。

2. 生理指标

脑波超慢涨落技术(ET)通过对5-HT的特征性谱线S4系列的定量分析来反映中枢内5-HT的浓度变化趋势,ET的疲劳指数就是各个脑区S4系列谱线出现的数量总合。5-HT浓度升高,各脑区S4系列谱线增加(梅磊,1995)[43],提示中枢疲劳指数升高。

Blomstrand(2006)[44]在用支链氨基酸缓解中枢疲劳的实验研究中发现,补充支链氨基酸可以提高运动能力和改善疲劳状态下的认知能力,其主要机制是支链氨基酸可以通过竞争抑制而限制中枢内5-HT合成的原料色氨酸的摄入,从而降低了中枢内5-HT的合成,缓解了5-HT的中枢功能抑制作用。研究还发现,5-HT与抑郁、消沉等情绪症状有关。或许由于这些原因,有的运动心理咨询工作者将抑郁看做是心理疲劳的主要特征(Meriem Salmi,个人交流,2006年6月12日于法国体育学院)[45]。

20世纪90年代以来,事件相关电位(ERP)在运动人群的应用研究日益增加。Kaseda和Jiang等(2005.转引自林岭,2006)[24]的研究提示,在进行了6个小时的计算任务后导致心理疲劳时,随着主观疲劳得分的增加,听觉P300的潜伏期延长。因此,作者认为ERP是评价心理疲劳的客观指标。林岭(2006)[24]的研究发现,ET疲劳指数达25以上的4名运动员,其ERP的P300波幅均有较为明显的下降,而且在三个测量部位都有程度不同的下降;但是,ERP潜伏期和反应时随疲劳指数的变化趋势不一致,个体差异较大,有的呈正向变化,有的呈负向变化,有的则不变。目前,用ERP监测心理疲劳的设想仍在探索中。

3. 不同心理疲劳检测方法的比较

林岭(2006)[24]在最近的一项研究中,尝试采用多维检测方法系统监测运动性心理疲劳,这些检测方法包括神经生理方法(ET)、生物化学方法(尿素氮、睾酮、血红蛋白)、心理量表[(运动员疲劳问卷)即ABQ,(心境状态量表)即POMS]、躯体症状和行为症状的自评报告、行为观察和访谈调查。其中,ET用于测评运动员的中枢疲劳,尿素氮、睾酮、血红蛋白用于测评运动员的身体机能状况,ABQ用于测评运动员的情绪体力耗竭、消极评价和成就感降低的主观感受,POMS用于测评运动员的心境(情绪)状态,躯体症状和行为症状自评报告(10个问题,3级评分)用于了解运动员的训练欲望、睡眠、注意力集中、头脑清晰、技术感觉、训练质量、疲惫感、负荷强度、精神状态、自觉体力等情况,行为观察和访谈调查用于考察测评结果是否与运动员的实际情况相符。他的研究发现,同一心理量表(POMS和ABQ)内各维度的相关为低到中等(从$r=-0.16$到$r=0.79$),相关的方向也符合理论预测。这提示,这两个量表具有可以接受的结构效度。运动性心理疲劳的心理指标和生理指标之间的相关不高(从$r=0.03$到$r=45$)。其中,血尿素与所有心理指标无可靠相关;睾酮仅与ABQ中的成就感降低维度($r=-0.39$, $p<0.05$)、POMS总分($r=0.37$, $p<0.05$)以及POMS中的愤怒($r=0.45$, $p<0.01$)、疲劳($r=39$, $p<0.05$)维度呈中等程度的相关;血色素仅与ABQ中的成就感降低维度以及POMS的紧张维度($r=0.36$,

$p<0.05$)呈中等程度的相关。这提示,心理指标和生理指标相关不高,不能互相取代。

该项追踪研究(林岭,2006)[24]还发现,POMS、ET、躯体症状和行为症状是比较敏感的检测指标,也就是说,只要有运动性心理疲劳,基本上都能通过上述指标检测出来,检测结果与行为观察和访谈调查得到的实际情况比较吻合。相比而言,ABQ检测的敏感度不足。这可能是因为面临着全运会的参赛资格、队内竞争以及对队内环境的不信任,参加测验的运动员不太愿意向"重要他人"承认自己的疲劳感,在回答有关问题时,可能存在掩饰倾向。

不同的运动性心理疲劳检测方法有各自的优点和缺点,但还缺乏直接比较不同方法的研究。就目前的应用情况来看,自陈报告和脑波超慢涨落技术似乎更受研究者的青睐。总的来说,采用哪些方法检测运动性心理疲劳更为可靠和有效,仍有待探索。但不论采用哪种方式检测,均应遵循以下三个原则:第一,综合应用多维检测方法可能比只用一种检测方法更好;第二,检测和评定应该是长期进行的,以便掌握动态发展趋势;第三,评定主要是个人化的,也就是说,对测试结果的评定应特别重视自身对照。

(四)运动性心理疲劳的控制

科学的目标是对自然现象和社会现象进行描述、预测、解释与控制。控制是科学研究的最重要目标。目前,关于控制运动性心理疲劳的实证研究不多,仅见的几例包括Gould等(Gould, Tuffey, Udry & Loehr, 1996)[46]对少年网球运动员进行的调查研究、Cresswell和Eklund(2003)[39]对橄榄球运动员进行的调查研究以及林岭(2006)[24]对射击射箭运动员进行的干预研究。对运动性心理疲劳的控制,应当从产生原因入手。根据前文分析,运动性心理疲劳的产生原因可以分为内源性和外源性两大类。其中,外源性的训练因素和管理因素可能是运动员心理疲劳的最重要原因(林岭,2006)[24]。因此,控制运动性心理疲劳,或许应当首先从改善训练方式和提高管理质量入手。同时,也要针对其他原因进行系统调节。在竞技运动训练中,常用的控制心理疲劳的方式包括变换训练方式、变换休息方式、提供社会支持、设置短期目标、诚心悦纳自我和适当补充营养(张力为,林岭,赵福兰,2006)[37]。

二、运动性心理疲劳研究的展望

今后我们仍然需要探索的问题如下。

(一)关于运动性心理疲劳的性质

它可分为三个小问题:①Maslach和Jackson(1981)[47]的三因素模型(情绪耗竭,乏人性化,丧失个人成就感)、Eades(1991)[48]的六因素模型(运动能力的消极自我概念,情绪和体力耗竭,心理退缩,由教练员和队友引起的运动贬值,运动员与教练员期望的协调性,成就感)、Raedeke和Smith(2001)[33]的三因素模型(情绪和体力的耗竭,成就感的降低,对运动的消极评价)所提出的心理疲劳维度各不相同。运动性心理疲劳究竟可以分解为哪些维度?②运动性心理疲劳与教育、工业、医护领域中的心理疲劳具有实质性的差异吗?③有运动性心理疲劳的承受能力吗?如果有,这种能力受哪些因素影响?这种能力可以通过训练提高吗？

(二)关于运动性心理疲劳的原因

它可分为两个小问题：①目前，很少人将真实验设计用于运动性心理疲劳研究，更多的研究只是通过调查方法和准实验方法进行原因探索。因此，因果关系并不明确。Goodger 等人(Goodger et al.，2006)[36]意识到这一局限，认为目前只能做到探索运动性心理疲劳的相关变量。但他们列举的探讨相关变量的研究(表 2)却又面临另一难题，即这些所谓的相关变量中，哪些属于运动性心理疲劳症状本身，哪些属于它的相关因素？这两者的边界是否足够清晰和明确？②如果我们能够确认运动性心理疲劳的原因，那么，进一步的问题将是：在诸多诱发因素中，哪些原因是诱发运动性心理疲劳的最重要原因？

表 2　心理疲劳相关因素

心理疲劳相关因素的方向	心理疲劳相关因素的具体指标
呈正相关的因素	无动机，焦虑，训练应激/恢复不足，适应不良，情绪困扰，疲倦
呈负相关的因素	动机，内部动机，享受，应对，社会支持

(三)关于运动性心理疲劳的监测

选用什么指标作为心理疲劳检测方法的鉴标最好？心理疲劳的各种心理检测方法的预测效度如何？心理疲劳的各种生理检测方法的预测效度如何？心理检测方法和生理检测方法的共变性如何？为什么？

(四)关于运动性心理疲劳的控制

在诸多控制方法中，哪些方法是控制运动性心理疲劳的最有效方法？如何根据个人特点、项目特点和情景特点来控制运动性心理疲劳？

(五)关于运动性心理疲劳的差异

教练员和运动员的运动性心理疲劳各有什么特征？具有实质性差异吗？不同运动项目的心理疲劳各有什么特征？不同运动项目心理疲劳的诱发原因、动态监测和控制方法有规律可循吗？

作者希望，对以上问题的探讨将有助于我们加深对运动训练规律的理解，并引导我们帮助运动员更好地进行训练和参加比赛。

参考文献

[1] 许燕，王芳，蒋奖．职业枯竭：研究现状与展望[J]．西南师范大学学报(人文社会科学版)，2006，32(5)：7-11.

[2] 蔡理，季浏．运动中疲劳与心理耗竭若干问题研究述评[J]．体育学刊，2005，12(3)：54-56.

[3] 李永鑫,李艺敏. 工作倦怠评价标准的初步探讨[J]. 心理科学,2006,29(1):148-150.
[4] Malslach C. Burnout:The cost of caring. Englewood Cliffs,NJ:Prentice Hall,1982.
[5] Maslach C,Jackson S E. The measurement of experienced burnout. Journal of Occupational Behavior,1981,2:99-113.
[6] Maslach C,Jackson S E. Burnout in organizational settings. In Oskamp S (Ed.):Applied social psychology annual: Applications in organizational settings. Beverly Hills, CA: Sage, 1984, Vol. 5, 133-153.
[7] Maslach C,Jackson S E. Maslach Burnout Inventory:Manual. 3th ed. Palo Alto,CA:Consulting Psychologists Press,1986.
[8] Malslach C,Jackson S,Leiter M. Maslach Burnout Inventory Manual (6rd ed.). Palo Alto,CA:Consulting Psychologists Press,1996.
[9] Evans B. Fischer D. The nature of burnout:A study of the three-factor model of burnout in human service and non-human service samples. Journal of Occupatinal and Organizational Psychology, 1993,66:29-38.
[10] Koeske G,Koeske R. A preliminary test of a stress-strain-oucome model of reconceptualizing the burnout phenomenon. Journal of Social Service Research,1993,17:107-135.
[11] Lee R. Ashforth B. A meta-analytic examination of managerial burnout. Journal of Applied Psychology,1996,81:123-133.
[12] 李永鑫. 工作倦怠及其测量[J]. 心理科学. 2003,26(3):556-557.
[13] 李永鑫,侯祎. 倦怠、应激和抑郁[J]. 心理科学,2005,28(4):972-974.
[14] 李永鑫,孟慧. 工作倦怠结构研究进展[J]. 心理科学,2004,27(2):474-476.
[15] 唐昕辉,李君春,耿文秀. 国外工作倦怠观的理论探索[J]. 心理科学,2005,28(5):1185-1187.
[16] 王芳,许燕,蒋奖. 职业枯竭的测量方法[J]. 心理科学进展,2005,13(6):814-821.
[17] 蒋奖,许燕,张姝玥,陈浪. 心理咨询师工作倦怠调查[J]. 中国心理卫生杂志,2004,18(12):854-855.
[18] 李永鑫,时金献. 护士工作应激与倦怠的关系[J]. 心理科学,2006,29(4):983-985.
[19] 田宝,李灵. 学校组织气氛对教师工作倦怠的影响[J]. 心理科学,2006,29(1):189-193.
[20] 徐富明,朱从书,邵来成. 中小学教师的工作倦怠与其相关因素的关系研究[J]. 心理科学,2005,28(5):1240-1242.
[21] 冯燕. 优秀运动员大负荷训练的认知评价特征[J]. 天津体育学院学报,2005,20(5):67-69.
[22] 刘方琳,张力为. 运动员眼中的心理疲劳——一项探索性的定性研究[J]. 体育科学,2004,24(11):37-44.
[23] 林岭. 运动性心理疲劳的概念模型、多维评定、影响因素及干预措施[D]. 博士学位论文. 北京:北京体育大学,2006.
[24] 石岩,王伟. 运动员心理耗竭的影响因素研究[J]. 第8届全国运动心理学学术会议论文集(口头报告). 中国体育科学学会运动心理学专业委员会(CASP),中国心理学会体育运动心理学专业委员会,2006.
[25] 王文增. 大学生运动员应激源与心理疲劳的关系研究[J]. 第8届全国运动心理学学术会议论文集(口头报告). 中国体育科学学会运动心理学专业委员会(CASP),中国心理学会体育运动心理学专业委员会,2006.
[26] 赵元吉,彭庆元,潘小非. 体操运动员产生心理疲劳的影响因素与恢复手段的研究综述[J]. 北京体育大学学报,2004,27(10):1345-1347.

[27] Harlick M, McKenzie A. Burnout in junior tennis: A research report. New Zealand Journal of Sport Medicine, 2000, 28: 36-39.

[28] Kellmann M, Gunther K. Changes in stress and recovery in elite rowers during preparation for the Olympic Games. Medicine and Science in Sport and Exercise, 2000, 32: 676-683.

[29] Kentta G, Hassmen, Raglin J S. Training practices and overtraining syndrome in Swedish age-group athletes. International Journal of Sports Medicine, 2001, 22: 460-465.

[30] Lai C, Wiggins M S. Burnout perceptions over time in NCAA Division I soccer players. International Sports Journal, 2003, 7(2): 120-127.

[31] Price M S, Weiss M R. Relationships among coach burnout, coach behaviors, and athletes psychological responses. The Sport Psychologist, 2000, 14: 260-274.

[32] Raedeke T D, Smith A L. Development and preliminary validation of an athlete burnout measure. Journal of Sport & Exercise Psychology, 2001, 23: 281-306.

[33] Raglin J, Sawamura S, Alexiou S, Hassmen P & Kentta G. Training practices and staleness in age-group swimmers: A cross-cultural study. Pediatric Exercise Science, 2000, 12: 61-70.

[34] Tenebaum G, Jones C M, Kitsantas A, Sacks D N, Berwick J P. Failure adaptation: An investigation of the stress response process in sport. International Journal of Sport Psychology, 2003, 34: 27-62.

[35] Goodger K, Lavallee D, Gorely T, Harwood C. Burnout in sport: Understanding the process-From early warning signs to individualized intervention. In Williams J M (ed.): Applied sport psychology (5th ed.). Boston: McGraw Hill, 2006, 541-564.

[36] 张力为，林岭，赵福兰. 运动性心理疲劳：性质、成因、诊断及控制[J]. 体育科学，2006，26(11)：49-56.

[37] 刘方琳. 运动情境中心理疲劳的性质、原因及应对[D]. 硕士学位论文. 北京：北京体育大学，2005.

[38] Cresswell S L, Eklund R C. The athlete burnout syndrome: A practioner's guide. New Zealand Journal of Sports Medicine, 2003, 31(1): 4-9.

[39] Raedeke T D, Granzky T L & Warren A. Why coaches experience burnout: A commitment perspective. Journal of Sport & Exercise Psychology, 2000, 22: 85-105.

[40] 殷小川. 影响竞技运动教练员工作倦怠的工作特征因素研究[J]. 心理学探新，2006，26(2)：93-95.

[41] Ewers W J, Tomic W, Brouwers A. Burnout among teachers: Students' and teachers' perceptions compared. School Psychology International, 2004, 25(2): 131-148.

[42] 梅磊. ET—脑功能研究新技术[M]. 北京：国防工业出版社，1995

[43] Blomstrand E. A role for branched-chain amino acids in reducing central fatigue. Journal of Nutrition, 2006, 136(2): 544-547.

[44] Gould D, Tuffey, Udry E, Loehr J. Burnout in competitive junior tennis players: II. Qualitative analysis. The Sport Psychologist, 1996, 10: 341-366.

[45] Maslach C, Jackson S. MBI: Maslach Burnout Inventory. Palo Alto, CA: Consulting Psychologists Press, 1981.

[46] Eades A. An investigation of burnout in intercollegiate athletes: The development of the Eades Athlete Burnout Inventory. Paper presented at the North American Society for the Psychology of Sport and Physical Activity National Conference, Asilomar, CA, 1991.

撰稿人：张力为　林岭

近年来认知运动心理学研究工作进展

一、简述

作为当代主流的认知心理学，兴起于20世纪60年代。可当时运动心理学还在襁褓之中，初生婴儿，其状稚幼，不可能有大的作为。20世纪70年代，随着奥运会的日益兴盛，体育搏击日趋激烈，“两强相碰勇者胜，两勇相碰智者胜”就是对这一特殊竞技事态的生动写照。体育运动现实对运动心理学提出了更高的要求，运动心理学必须迅速跟进，才能在运动训练和竞赛中有所作为。1970年，Lindquist应用计算机研究运动技能，将认知心理学方法引入运动心理研究[1]。1978年，Jones为了研究网球运动员预测发球落点的能力，给两组被试播放网球发球的电影，然后在球触拍前的1/24 s、球触拍后的1/8 s和1/3 s使电影定格。结果发现：优秀运动员的预测成绩好于初学者[2]。Jones的研究，开创认知运动心理学(cognitive sport psychology)图片定格的先河。20多年来，认知运动心理的研究有了长足的发展，特别是新千年前后至今，关于运动思维的研究，国内有了很大的进展，现将近年来认知运动心理的研究情况，总结如下。

二、运动智慧问题

运动员靠什么取胜？这是体育界长久关注的热门话题。现代运动训练学，已经划出了制胜能力结构的基本框架：体能、技术、战术、心理几个层次。有关前三者的研究，目前已有长足的进展，并在运动训练、竞赛中取得相当的成就 。但是，对心理层面的研究还显得粗浅、不足。一个奇怪的现象是：一方面对运动员特别是顶尖级运动员，在大赛中心理因素的作用给予很高的推崇和权重；但另一方面，对运动中运动员表现出来众多、复杂的心理现象，判定简单、评价笼统，甚至概念混淆。由于认识不清，研究的主攻方向不断改变：20世纪70年代搞感知、80年代抓个性、90年代调控情绪……虽然也取得一些进步，可始终是雾里看花，重点模糊。21世纪前后，运动智慧问题受到关注，Gardner的多元智力理论[3]，在中国教育界掀起波澜。受其影响，在运动心理学界、一些学者认为，有单独的运动智力存在；另一些学者认为，没有单独的运动智力存在，两种观点，截然对立。尽管如此，但大家都不否认，在运动中特别是在高水平竞技运动之中，认知能力特别是思维能力，起着举足轻重的重要作用。

然而，什么是运动中起决定作用的思维能力呢？自从1897年Triplett研究运动心理开始[4]，运动员和教练员也都感悟到一定有一种特殊的运动思维能力存在，但这究竟是什么？显然，它不是儿童式的动作思维，它可能是形象思维或是逻辑思维吗？经验和理性告诉我们也不是。这一问题，成为困惑体育运动工作者和运动心理学家的一个世纪难题。早在1965年，苏联学者Pceking就提出运动中操作性思维概念，经典的事例是“三筹码”

实验[5]，在以往几十年的运动心理学研究中，国内外不少研究者热衷于将"三筹码"实验当做有运动价值的特殊的操作思维来研究，但是，大半个世纪以来，这一理论指导下的研究并没有实质性进展。分析造成这一结果的原因，中国学者梁承谋[6]认为，由于整个"三筹码"实验的进行，并不控制运作时间，实验的实际情况是：被试首先是充分思考，反复运用逻辑推理，有一定想法后，再动手进行活动操作。显然，这是逻辑思维支配下动作操作活动，是变相的逻辑思维结果，因而不具备运动专家所期望的那种操作思维意义，并不是特殊的运动思维类别。

三、运动思维产生的条件

梁承谋否定"三筹码"操作是真正的运动思维，但他并不否定有单独的运动思维形式。相反，他认为，运动人群的思维发展及养成，首先要遵循一般人群思维的规律，一定先有动作思维、形象思维、逻辑思维的养成和发展，但除此之外，还必定有一种独特的运动思维形式。这种运动思维，是由于运动人群与众不同的生活条件、任务目标以及特别的解决问题方式的要求，在一般人三种基本思维形式发展的基础上产生的。这种特殊的运动思维，也在运动员长期的运动训练、竞赛生涯中不断变化、发展。他还认为，要想真正认识运动中人思维活动的独特性，必须认识一般人思维活动产生的条件及其特点，并将它们与运动人群的思维活动产生的条件及其特点加以对比，只有才有可能发现差异、深入本质，才能提出科学假设并获得更准确的理解。

分析体育运动中的思维与一般的思维相比，在面对的需要解决的问题特性以及问题解决的方式上，它主要有三个明显的不一致：第一，在运动中，在不长的时间内，往往有一系列不断产生的问题需要主体解决，这些问题连续性强、偶然性大、预测性小，这其中没有间歇、更不允许有停顿。第二，在运动中，大多数问题特别是关键问题的解决，都需要在非常短暂的瞬间进行，机会稍纵即逝，失不再来，不允许犹豫、彷徨。第三，大多数问题都需要在动作中进行，即边操作、边动脑，且必须手、脚、身体与脑并用，不容分离和停滞。面对这些问题的解决的条件，其间接、概括的反映必然是快速的、接连不断的，而且是在操作中进行的。这一思维的特征是非常独特而发人深省的[7]。

四、运动思维的直觉性及其实证

以上这些特征都说明，运动思维既不是形象思维，又不是逻辑思维，更不是儿童似的动作思维。梁承谋进一步的推理研究认为，它只能是一种直觉性思维[8]。1998～2001 年间，韩晨、梁承谋选择棒球运动中的典型问题，进行实验研究[9]。

在棒球运动中，击球手必须对投手来球进行思维判断，球在肩以下、腰以上是好球，要击打，以外部位为坏球，不击打。实验以运动水平、定格时间、问题情景为自变量，击球手好、坏球判断的时间与正确率为因变量，设计实验，具体研究棒球投——击环节，击球手在不同问题情境、不同信息提示下思维判定活动，实验为 2×3×3 多因素设计，被试分为高水平 A1 组（某某市全国冠军队一专业队）、低水平 A2（某某重点大学校队一业余队)两组,共33人。全部实验材料从1999年全美职业赛26场转播图像中选取,通过自行研制系统在21英寸彩电上呈现,被试在有9个键的特制键盘上按键反应,两组被试实验结果见表1。

表1 两类被试在9种情境定格条件下判断正确率及反应时

实验处理	判断正确率(%)		反应时(ms)	
	全国冠军队	高校业余队	全国冠军队	高校业余队
	M±S	M±S	M±S	M±S
情1定1	0.36±0.119	0.23±0.092	754.03±309.87	1285.15±170.37
情1定2	0.44±0.115	0.33±0.086	814.32±314.48	1135.85±129.94
情1定3	0.56±0.113	0.42±0.116	829.03±363.59	1146.40±147.81
情2定1	0.36±0.115	0.31±0.107	677.22±294.59	1160.85±169.65
情2定2	0.44±0.117	0.35±0.152	685.78±341.74	1095.15±196.27
情2定3	0.49±0.100	0.36±0.156	657.35±362.11	1075.21±163.39
情3定1	0.42±0.085	0.30±0.088	632.74±326.47	1118.63±217.82
情3定2	0.41±0.105	0.38±0.108	670.11±397.79	1185.19±151.81
情3定3	0.47±0.095	0.35±0.110	732.37±368.94	1107.29±165.09
均值估计	0.44	0.35	830	1238

实验结果表明,两类被试在各种条件下判断正确率,都远远大于随机概率11.11%(最高5倍,最低2倍),且就反应时而言,全国冠军队均值830 ms、高校业余队均值为1 238 ms,均低于1 300 ms,远远小于2 s。前者说明,被试的反应不是随意猜测,是运动中真正存在的一种思维活动;后者说明,这种思维不可能常规性的形象思维及逻辑思维,这只能是一种特殊的直觉性很强的思维,我们将它命名为运动直觉思维。此结果具有明显的理论及实际价值,它证明,在体育活动中,由于活动本身的特殊性所致,是有一种特殊的思维形式存在的;而且,其水平与运动水平密切相关。近六七年来,经过多个运动项目的研究,均证实有这一思维的存在,梁承谋认为,运动直觉性思维就是运动思维中最主要的成分,它是运动思维能力的核心[10]。

五、运动思维的特征

2006年,梁承谋等通过多个运动项目具体的研究实证,并在此基础上进行理论思辨,提出运动思维具有四个特点。

(1)加工智源狭窄。这种思维总是在体育运动活动中操作进行的,由于既要具体操作,又要开动脑筋,两者必须兼顾,故运动思维较之一般的形象思维与逻辑思维,心理智源的空间要狭窄得多,问题考虑不可能太复杂、太长远以致太全面,只能是当前的主要问题。运动操作若是熟练程度高,运动思维的空间可能会大一点,若是操作熟练程度很高,运动思维的空间可能会更大一点,倘若是操作熟练程度低,运动思维的空间肯定会小,甚至完全不能进行。这往往是中、高、初三类运动员运动思维的最一般状况。

(2)不可能逻辑推理。因为运动在激烈、迅猛的进行之中，特别是在比赛之中，逻辑思维条件一般均不能充分展现，另外，认知心理学研究表明，在头脑中形成一个概念至少需要 400 ms[11]，一个最简单的推理需要在头脑中起码要形成三个概念及其两个连接，如果时间小于 2 s，那么，最简单的逻辑推理也不能进行，更不用说复杂的推理了。除下棋以外的其他运动，在大多数运动竞争现实场境中，动作环节都不大于 2 s，没有足够推理时间，具体竞赛情况，也不允许来慢慢演绎。

(3)不可能形象加工。在激烈、迅猛的运动竞争中，亦不可能进行形象思维的表象加工。因为，认知心理学的研究表明，在头脑中形成一个最简单的字母表象至少需要 550 ms[12]，要进行表象特征选择、剪裁、黏合、重组……在头脑中，起码需要引起三个以上的表象，进行若干次连接与比较，时间更是远远大于 2 s，如前所述，在大多数运动竞争现实场境中，一般的动作环节都小于 2 s，因此，在运动竞争中，进行表象加工基本上是不可能的。

(4)必须快速决策。因为竞赛场上情况瞬息万变，必须当机立断，迅速决策，而且是越快越好，才有可能获得主动，争取胜利，稍有犹豫或者决策迟缓，局面就会失控、贻误战机，造成不可挽回到损失。

六、运动思维与五项目

自从运动思维在棒球中被证实后，北京体育大学以梁承谋为首，由教授、博士生、硕士生、高访学者组成的认知运动心理学研究团队继续扩大研究成果，相继在手球、羽毛球、乒乓球、击剑四运动项目中，继续研究运动思维，继续获得新的印证，不断有了新的发现。另外，柔道、摔跤、跆拳道三项目的研究正在进行之中。

(一)手球

2002 年，梁承谋、王斌对运动直觉进行了深入的理论概括，提出运动直觉是直觉的下位概念，它在运动思维中占有独特的地位，运动直觉具有快速性、或然性、直接性、情境性、信息受限性、水平差异性等等特点。王斌[13]开发手球软件《BTL-W-SQCS-(V 1.0)》，运用图像分析法及反应时法，对手球运动员进行实验，证实了手球运动中运动直觉的存在，提出手球运动中有认知、直觉两类不同的决策任务并进行实证探索。

(二)羽毛球

2001 年，漆昌柱[15]自编羽毛球竞赛思维测试软件《BTL-Q-YQSW》，运用口语记录编码法，对羽毛球专家一新手在模拟比赛情境中的问题表征进行运动思维研究发现：专家比新手有较多的问题表征，有更高的智能化倾向；专家在运动思维过程中，表现出自上而下的信息加工模式，有明显的“产生式”思维特点。实验证实了专家与新手之间的陈述性知识差异：羽毛球专家拥有较多的问题表征的概念数量，具有更多的“针对对手”的目标概念和远比新手多的“基于内部信息”的条件概念。

2004 年，程勇民[16]研究羽毛球运动员的知识表征、运动水平和年龄对直觉性运动决策速度和准确率的影响。被试来自全国各省市羽毛球队，共计 371 人，实验采用自主开发的羽毛球运动能力测试系统《BTL-C-YQNN-V1.0》,用MANOVA分析实验结果,发现:①羽毛球专家预期反应时为700 ms左右;预期正确率在30%以上,明显大于随机概率16.7%;正确预期条件下,动作选择反应时明显缩短,错误预期条件下动作选择反应时明显延长;不同预期正确率条件下的知识表征具有显著性差异。②羽毛球竞赛情景中,预期对运动水平的作用机制主要依赖于预期的正确率。

(三)击剑

2004年,付全[17]运用图像分析法及反应时法,自编击剑软件《BTL-F-JJRJ(V1.0)》对优秀击剑运动员出剑时间选择进行认知性实验研究。被试为国家击剑队,江苏省击剑队和江苏省体校的花剑和重剑队员,以及江苏省现代五项队重剑运动员,共89名。结果发现:情境信息量、运动员决策风格因素对击剑运动员出剑时间选择的速度、准确性、稳定性有明显影响;与一般运动员相比较,顶尖级花剑、重剑国手在速度上均有绝对优势。花剑运动员运动水平越高,选择准确性越高,选择稳定性越好。大情境信息量,使一般水平花剑运动员选择速度显著减慢,而顶尖级国手无明显影响。信息量越大,重剑运动员决策稳定性越差。

(四)乒乓球

2004年,李今亮[31]运用时间阻断和空间阻断两种技术探讨了乒乓球运动员在接发球时判断的思维活动特征。被试分为优秀组(国家队、省市队现役选手)、普高组(北体大竞技体育学院学生)和一般组(北体大教育学院学生),共60名。实验采用自行开发的乒乓球运动员接发球判断测试系统《BTL-L-PQPD-V1.0》进行,时间阻断结果显示:优秀组、普高组和一般组之间在接发球旋转判断的准确性方面均存在显著性差异;空间阻断实验结果显示,发球员的发球动作主要对接发球员判断的准确性产生影响,而对判断的速度相关并不密切,其中落点判断准确性受球拍和躯干动作影响较大,而旋转判断准确性则主要受球拍运动的影响。李今亮认为,乒乓球运动员在接发球时的落点判断是一个连续性的过程,而旋转判断则主要在拍触球之前800 ms到拍触球时的一个狭小区间内进行。优秀运动员在接发球判断时最重要的思维活动特点是能够在恰当的、短暂的时间内有效地捕捉到对解决问题有帮助的重要相关信息,并同时忽略无关信息的干扰。

七、运动决策问题

2003年前后,从王斌等研究手球项目开始,国内运动思维研究重点,逐渐转向运动决策能力的探讨,力图建立决策心理训练的模型。对此问题,一时间分歧较多,一个重要原因是“预期”是知觉还是思维的争论。我们认为,知觉和思维的最大差异之一就是接受信息的直接性和间接性。而在持握器械类项目的预期研究中,这种直接性和间接性的程度是由图像定格时机来控制的,定格时机越在器械动作发动之前,例如球拍击球之前,间接性越强,而在器械动作发动之后,例如球拍击球之后,直接性越强。传统研究由于在这一争论的理论问题上没有统一认识,因此在实验技术上图像定格时机是随机的,研究所采用的定格既有在球拍击球之前，也有在击球之后，因而使得训练模型的研究结果可比性降低，分歧自然难免。

(1)2004 年，付全在借鉴前人研究成果的基础上，自行开发优秀击剑运动员运动决策测试系统《BTL-F-JJJC V1.0》，在计算机上完成了模拟情境下的决策测量。通过两个实验设计，考查了信息量与决策风格对不同水平和性别的击剑运动员的决策速度和准确性的影响。用 MANOVA 等方法对实验结果进行分析，得出：顶尖组花剑和重剑运动员在决策速度上具有绝对优势，不仅远远快于一般水平组，而且也显著快于普通高水平组。信息量主要影响击剑运动员的决策准确性，但对花剑和重剑的影响不一致；认知风格影响花剑运动员的决策准确性；认知风格和性别共同影响重剑运动员的决策速度；顶尖组运动员的优异表现，是因为他们在注意和搜索策略、心理表征、同时和继时加工过程上的整合化和自动化；决策速度可以作为高水平击剑运动员选材的重要指标，也是运动心理训练的重要方式。

(2)2004 年，程勇民针对在羽毛球运动情景中的预期，进行深入探讨。运动专家对即将发生的可能事件能够做出更准确的预期情景；运动专家的这种认知优势主要取决于后天习得的知识经验，不仅是程序性知识，陈述性知识同样具有优势。首先，他在理论上明确，羽毛球竞赛情景中的预期是运动思维；其次，在实验技术上，清晰地分离了预期反应和动作选择反应，将反映直觉思维能力的“预期反应”测试的图像定格时机设定在球拍击球之前 40 ms，而将反映知觉能力的“选择反应时”测试的图像定格时机设定在球拍击球之后 280 ms；他编制羽毛球能力测试软件《BTL-Ch-YQNN-V1.0》进行实验，得出以下研究结论：①预期对运动水平的作用机制主要依赖于预期正确率，正确预期显著缩短运动行为选择反应时，错误预期显著延长运动行为选择反应时。②利用“出手动作”来判断球路是羽毛球运动员直觉性决策能力形成的标志性知识，而拥有“习惯球路、战术意图、比赛局势”等判断球路的知识是羽毛球运动员决策水平升入更高层次的标志。③10～14 岁是羽毛球运动员直觉性运动决策能力发展的快速增长期，14～20 岁为平台期，20 岁以后为缓慢发展期。运动知识的积累和传授方面的不足可能是导致平台期的重要原因。

八、运动与注意

2001 年，李永瑞[37]运用反应时法，自编注意能力测试软件《BTL-L-ZYLCS-V1.0》，对乒乓球、射击高水平运动员进行注意瞬脱研究。实验发现，主体主导型固定靶射击运动员、综合注意型活动靶射击运动员都有明显的注意瞬脱现象，而环境主导注意型乒乓球运动员只有轻度注意瞬脱现象。2004 年，迟立忠运用反应时法，自编注意测评软件《BTL-Ch-ZYCP-V1.0 》对运动员与普通大学生的注意品质进行研究，亦发现一些有价值的研究苗头[38]。2002～2004 年，李永瑞等人继续采用多层次事后测定的实验设计方法对高水平乒乓球运动员、固定靶射击运动员、活动靶射击运动员及普通体育大学生的注意瞬脱特征进行全面测查，结果发现：不同运动项目高水平运动员的注意瞬脱特征之间存在显著的差异[42-44]。

九、运动与感知

梁承谋认为,动觉是对身体各部分位置变化与肌肉张力变化的感觉[45]。动觉研究向来很少。纵观动觉研究领域,发现国外研究主要集中于动作方位准确性、动觉后效、动觉记忆与动觉生理机制等方面;我国动觉的相关研究起步较晚,且数量较少[46-68]。体育运动领域对动觉关注并不多。2005 年,于晶[83]从具体项目与动觉关系入手,以高水平自由跤运动员为被试,探讨优秀与一般自由跤运动员之间动觉感受性差异;分析 37 名自由跤运动员动觉感受性特征,发现:①动觉感受性中的肌紧张感与运动幅度感两项指标之间具有较为密切的相关。②在自由跤运动员腰部动觉感受性中,优秀与一般自由跤运动员相比,其非优势侧的动觉感受性相应处于更高水平;肌紧张感与运动幅度感相比,前者对于区分优秀与一般自由跤运动员具有更好的鉴别力。③在自由跤运动员腰颈部动觉感受性中,肌肉张力与肌紧张感之间关系呈现的趋势是:随着肌力增加,由其所产生的肌紧张感呈现下降趋势。在腰部运动幅度感这一指标中,表现出当关节运动幅度较大时,由其所产生的运动幅度感处于较低水平。

十、运动与意志

意志是人类所特有而重要的高级心理过程,是人主观能动性的集中表现。但是,由于难以对其进行实证研究,因此对意志的研究相对薄弱,近年来未取得突破性进展。国外关于心理坚韧性的定义与特征进行了一些起步性研究,国内运动心理学专家对意志品质的测量做了研究。2001 年,宋中良[94]运用质的研究方法来研究意志问题。通过现象学访谈法、口语编码法来获取一手资料。研究发现,训练中主要意志困难为生理困难,比赛中的主要意志困难为心理困难;与开放型项目相比,闭锁型项目遇到较多的意志困难;运动表现好的运动员遇到较多的意志困难。不同项目、运动表现的运动员在意志困难时的使用策略明显有侧重。运动员克服意志困难的努力程度与项目喜好程度正相关。

2004 年,梁承谋等[95]通过资料分析编码,最后确定从时间、强度、困难性质等特征入手、界定意志品质六个维度,即目标清晰性、自制性、信念确认性、顽强性、果断性和坚毅性。为备战 2008 年奥运会,选拔参加世界大赛的高级后备人才,梁承谋等编制意志量表《BTL-YZ-V1.0》[96],对 2004 年夏季国家羽毛球和艺术体操集训队高级运动员共 253 人进行测试(高级运动员定义为省队及国家集训队专业运动员,具体研究对象大多数为健将、少量国际健将分入健将组,其余的一级运动员及个别二级运动员分入一般组),结果如下。

表 2　羽毛球和艺术体操不同等级不同性别运动员《BTL-YZ-1.1》总均分比较

项目	性别	N	健将组	一般组	T	P
羽毛球	男	99	195.03±21.28	184.85±22.01	2.265	0.26
	女	90	188.32±18.61	182.00±19.29	1.495	0.138
艺术体操	女	64	176.00±14.71	178.41±21.83	−0.431	0.668

表 2 结果表明:从意志总分来看,羽毛球项目男子健将组与一般组有显著的统计学意义的差异,女子两组 P 值接近 0.1。艺术体操项目总体差异不明显。

李佑发(2006)的研究是一项关于意志品质的质的研究。通过对 30 人的现象学访谈，其中包括普通大学生、中学生、军人以及叶乔波、桑兰、于芬、孙海滨等我国体坛名将。根据扎根理论(Grounded theory)进行编码，得出意志品质的维度。本次研究已经发现了一些新的子维度。该研究据此模型编制了测评普通人群和运动人群意志品质的两份量表，同时检验该意志品质模型。

十一、运动与人格

运动员人格研究是运动心理学的一个重要方面，但是，由于人格是最复杂的心理现象，影响维度众多，过去 40 年的研究主要是重复普通心理学的内容，未能使运动员人格研究繁荣起来。随着认知科学的迅速兴起，从认知心理学中借鉴了概念和方法，从与以往完全不同的角度研究人格，是一种崭新的趋势。

(一)气质类型鉴定

以往的气质研究，一是应用问卷量表；二是运用条件反射的测定方法。量表法简便易行，然而，问卷量表自身的信效度问题，被试作答的真实性问题等等也表现出明显的缺点。实验法很严格，但条件苛刻，操作复杂，携带不便。2004 年，梁承谋等在总结前人研究经验的基础上，运用现代认知心理学的反应时法，研制新的测查气质测试系统——《BTL-QZ-V1.0》，在便携式微机上设计出不同的多种任务，从简单反应时→二刺激复杂反应时→二刺激辨别反应时→四刺激复杂反应时→四刺激翻转反应时。让被试按照不同的要求完成。从而通过操作反应结果，客观地反映神经活动的特征，以此鉴定不同的气质类型。2005 年[97]，北体大认知运动心理研究组，运用《BTL-QZ-V1.0》，测得羽毛球、击剑、摔跤、柔道四项目 367 名运动员气质分类结果如下。

1. 羽毛球项目测试结果

从表 3 可以看出：羽毛球运动员的多血质和黏液多血质所占比例较高。男优秀运动员中，多血质比例最多，其次是黏液多血质；女子优秀羽毛球运动员中，黏液多血质最多，其次是多血质；这与现实生活中对优秀羽毛球运动员的观察发现，男子更活跃，女子更稳健印象一致。

表 3 2004 年国家集训队羽毛球运动员气质类型人数分布率(%)

类型		N	抑郁质	多血质	黏液质	胆汁质	黏液多血质	胆汁多血质	胆汁黏液质
男	优秀组	17	0.00	41.18	11.76	0.00	29.41	0.00	17.65
	一般组	24	0.00	20.83	25.00	0.00	29.17	0.00	25.00
女	优秀组	13	7.69	23.08	7.69	7.69	38.46	0.00	15.38
	一般组	43	4.65	20.93	16.28	0.00	39.53	2.33	16.28

2. 击剑项目测试结果

从表 4 可以看出：在男、女击剑运动员中，健将组多血质和黏液多血质所占比例排名分别为一、二。而一般组男女略有不同。

表4 2004年国家集训队击剑运动员气质类型人数分布率(%)

类型	N	抑郁质	多血质	黏液质	胆汁质	黏液多血质	胆汁多血质	胆汁黏液质
男 健将组	44	0.00	63.60	6.80	0.00	18.20	2.30	9.10
一般组	16	0.00	43.80	0.00	0.00	12.50	0.00	43.80
女 健将组	28	0.00	53.60	14.30	0.00	21.40	0.00	10.70
一般组	28	0.00	24.20	15.20	0.00	27.30	0.00	15.20

3.摔跤项目测试结果

2004年××省37名不同水平摔跤运动员气质类型测定结果是:在摔跤运动员中,男女健将组及男子一般组均是黏液多血质及黏液质所占比例排名一、二;而女子无等级组情况特殊,排名第一是黏液多血质,其余剩的竟然全是抑郁质。这一结果提示:无论男女性别差异,摔跤运动员75%以上的气质均是黏液多血质类型。

4.柔道项目测试结果

2004年国家集训队117名柔道运动员气质类型测定结果是:在男子柔道运动员中,健将组黏液质和黏液多血质所占比例排名并列一;而一般组则是黏液质和黏液多血质所占比例排名一、二。在女子柔道运动员中,健将组黏液多血质和多血质所占比例排名一、二;而一般组则是黏液质和黏液多血质所占比例排名一、二。这一结果提示:无论男女及级别,柔道运动员的气质偏黏液质为好。

(二)运动员人格构念探索

2005年,方佩素[98]借鉴凯利(Kailly)个人构念理论,使用梁承谋修订的人格构念量表,建立角色库,通过24个项目600多人测查发现,运动员的人格构念数受到运动项目、运动等级等特征的影响。

(三)运动员人格的认知复杂性

2006年,谷长江[99]运用梁承谋改编的《BTL-RG认知问卷》,对浙江省体操项目中不同性别、不同年龄及不同运动水平的体操运动员以及非运动员在生活、学习、自我三个方面建构概念,发现两者建构水平有一定差异。

十二、总结

受认知心理学的影响,国外认知运动心理的研究兴起于20世纪70年代。开始之初,仅限于一些零星的工作,且主要在知觉范围以内,由于理论滞后,一直没有大的进展。由于种种原因,国内有关认知运动心理的研究起步较晚,我们的开始于20世纪90年代末期,虽然有近20年的差距,但由于理论领先,方法得当,首先打了一个攻坚战,突破了原有“操作性思维”的误区,重新界定操作思维,深化了运动思维问题的内涵,开拓了运动思维研究的范围,取得了实质性的进展。在1999~2006年不长的几年期间,在北京体育大学就读的一群硕士、博士研究生，运用认知心理学理论与方法，除了在认知运动心理学的核心——运动思维获得求证，扩大项目战果以外，还在注意状态、动觉、气质、人格等几个方面，做了尝试性的研究探索，取得了明确的进展，显示了不低于国外的相当水平，形成了一个能打硬仗的团队。在科技部奥运攻关重点课题《奥运会优秀运动员科学选材》的工作中，北体大认知心理科研组成绩突显，研制、开发的运动心理检测工具《BTL-V1.0 心理测试工具系列》(3 个软件、1 个量表)已于 2005 年 10 月通过以中国心理学会专家鉴定委员会鉴定。与会专家一致认为："各操作系统性能稳定、针对性强、操作简明、密切联系运动训练及竞赛实际，方便携带和下运动队使用。……该项成果创新成分突出，实用性强，整体水平居国内领先地位，建议推广使用。"这在国内运动心理学界发生良好影响。

目前，除北京以外，上海、武汉、广州、沈阳等地的认知运动心理研究正在兴起，共同存在的问题是：研究问题缺乏统一规划，显得零散而不集中，加之研究经费不足，人手有限，难以获得规模效益。以上问题若能获得支持、改进，我国的认知运动心理研究工作，势必会有更大的突破性进展。

参考文献

[1] Lindquist E L. An information processing approach to the study of a complex motor skill . RES Q, 1970,3(41):396-401.

[2] Jones C M, Miles T R. Use of advance cues in predicting the flight of a lawn tennis ball. Journal of Human Movement Studies, 1978, 4:231-235.

[3] Gardner H. Intelligence Reframedmultiple Intelligences for the 21st Century [M]. New York: Basic Books, 1999.

[4] Richard H. Cox. 张力为，张禹，等译. 运动心理学—概念与应用. 清华出版社，2003.

[5] 罗季奥昂诺夫著. 卢振南，等译. 运动能力的心理诊断学. 武汉：武汉体院运动心理学研究室编，1984.

[6] 梁承谋. 普通心理学原理. 中国三峡出版社，1996.

[7] 梁承谋. 心理学. 人民体育出版社，1998.

[8] 梁承谋，韩晨. 直觉问题及运动情境中直觉性思维实证. 第四届华人心理学家国际学术会. 台北：2002.

[9] 韩晨. 问题情境及技术等级对运动员直觉性思维的影响——对棒球运动员投—击球判断准确性和时间的实验. 北京体育大学硕士学位论文，2000.

[10] 梁承谋，等. 实用心理学. 人民体育出版社，2006.

[11] 黄秉宪. 脑的高级功能与神经网络. 北京：科学出版社，2000.

[12] 乐国安. 论现代认知心理学. 黑龙江人民出版社，1986.

[13] 王斌. 手球运动情境中直觉决策的实验研究与运动直觉理论的初步建构. 北京：北京体育大学博士研究生学位论文，2002.

[14] Abernethy B, Russell D G. Expert-novice differences in an applied selective attention task. Journal of sport psychology, 1987, 9:326-345.

[15] 漆昌柱. 羽毛球专家——新手在模拟比赛情景中的问题表征与运动思维特征[D]. 北京：北京体育

大学博士学位论文,2001.

[16] 程勇民.运动水平、知识表征和年龄对羽毛球竞赛情境中直觉性运动决策的影响[D].北京:北京体育大学博士学位论文,2005.

[17] 付全.信息量与认知风格对击剑运动员决策速度、准确性和稳定性的影响.北京:北京体育大学博士学位论文,2004.

[18] 李今亮.运动认知技能研究的现状与思考.武汉:武汉体育学院学报,2005(11).

[19] Singer R N, Janelle C M. Determining sport expertise: from genes to supremes. International Journal of sport psychology, 1999. 30: 117-150.

[20] Davids K. The role of peripheral vision in ball games: Some theoretical and practical notions. Physical Education Review, 1984, 7: 26-40.

[21] Williams A M. Perceptual skill in soccer: implications for talent identification and development. Journal of Sports Sciences, 2000, 18: 737-750.

[22] Abernethy B. The effects of age and expertise upon perceptual skill development in a racquet sport. Research quarterly for exercise and sport, 1988, 59: 210-221.

[23] Abernethy B. Anticipation in squash: differences in advance cue utilisation between expert and novice players. Journal of sport sciences, 1990, 8: 17-34.

[24] Abernethy B. Paradigms to explore the coupling of perception and action: A reply to Mestre and Pailhous. International Journal of Sport Psychology, 1991, 22: 217-220.

[25] Abernethy B, Neal R J, Koning P Visual-perceptual and cognitive differences between expert, intermediate and novice snooker palyers. Applied Cognitive Psychology, 1994, 8: 185-121.

[26] Abernethy B, Wood J M. Do generalized visual training programs for sport really work?: an experimental investigation. Journal of sports sciences, 2001, 19: 203-222.

[27] Goulet C, Bard C, Fleury M. Expertise differences in preparing to return a tennis serve: a visual information processing approach. Journal of sport psychology, 1989, 11: 382-398.

[28] Helsen W F, Starkes J L. A multidimensional approach to skilled perception and performance in sport. Applied Cognitive Psychology, 1999, 13: 1-27.

[29] Starkes J L, Helsen W, Jack R. Expert performance in sport and dance. In R. N. Singer, H. A., Hausenblas, & C. M. Janelle (Eds.), Handbook of sport psychology (2nd ed., 2001, 174-201). New York: John Wiley.

[30] Ward P, Williams A M. Perceptual and cognitive skill development in soccer: the multidimensional nature of expert performance. Journal of Sport & Exercise psychology, 2003, 25: 93-111.

[31] 李今亮.乒乓球运动员接发球判断的思维活动特征.北京:北京体育大学博士学位论文,2005.

[32] Krawczyk D C. Contributions of the prefrontal cortex to the neural basis of human decision making. Neuroscience and Biobehavioral Reviews 2002, 26: 631-664.

[33] J E Raymond, et al. Temporary Suppression of Visual Processing in an RSVP Task: An Attention Blink? Journal of Experimental Psychology: Human Perception and Performance, 1992, 18(3): 849-860.

[34] Broadbent D E, et al. From detection to identification: Response to multiple targets in rapid serial visual presentation. Perception & Psychophysics, 1987, 42(1): 105-113.

[35] M M Chun, M C Potter. A Two-Stage Model for Multiple Target Detection in Rapid Serial Visual Presentation. Journal of Experimental psychology: Human perception an performance, 1995, 21(1): 109-127.

[36] 李永瑞,梁承谋.注意瞬脱现象及其理论解释.心理学动态,2001(1):5-11.
[37] 李永瑞.不同注意类型高水平运动员注意瞬脱及注意能力特征的研究.北京:北京体育大学博士研究生学位论文,2001.
[38] 迟立忠.注意品质的认知心理学研究.北京:北京体育大学博士研究生学位论文,2003.
[39] Marois R,Yi D J,Chun M M. The neural fate of consciously perceived and missed events in the attentional blink. Neuron,2004,41(3):465-67.
[40] Marcantoni W S,Lepage M,Beaudoin G,et al. Neural correlates of dual task interference in rapid visual streams:An fMRI study. Brain and cognition,2003,53(2):318-321.
[41] Giesbrecht B,Kingstone A. Right hemisphere involvement in the attentional blink:Evidence from a split-brain patiet,Brain and Cognition,2004,55(2):303-306.
[42] 李永瑞.乒乓球运动员注意瞬脱特征及其心理选材意义.体育科学,2002(4):125-128.
[43] 李永瑞.不同注意类型高水平运动员注意瞬脱特征的初步研究.北京:北京体育大学学报,2002(1):43-46.
[44] 李永瑞.女子足球运动员注意瞬脱特征的实验研究.北京:北京体育大学学报,2004(9):1193-1195.
[45] 梁承谋.试论动觉的心理学特征.第七届全国心理学大会论文集,224-225.
[46] Brenner E,Damme W J,Smeets J B Holding an object one is looking at:kinesthetic information on the object's distance does not improve visual judgments of its size. Percept Psychophys,1997,59(7):1153-1159.
[47] Carl P G. Lifelong Motor Development (third edition). By Allyn & Bacon,A Pearson Education Company,2000,159-160.
[48] Chokron S,Bartolomeo P,Colliot P,AuclairL. Effect of gaze orientation on tactilo-kinesthetic performance. Brain Cogn,2002,48(2-3):312-317.
[49] Darling W G,Bartelt R. Kinesthetic perception of visually specified axes. Exp Brain Res. 2003,149(1):40-47.
[50] Darling W G,Hondzinski J M. Kinesthetic perceptions of earth-and body-fixed axes. Exp Brain Res,1999,126(3):417-430.
[51] Darling W G,Williams T E. Kinesthetic perceptions of intrinsic anterior-posterior axes. Exp Brain Res,1997,117(3):465-471.
[52] Demirci M,Grill S,McShane L,Hallett M. A mismatch between kinesthetic and visual perception in Parkinson's disease. Ann Neurol,1997,41(6):781-788.
[53] Fujiwara K. Starting position of movement and perception of angle of trunk flexion while standing with eyes closed. Perceptal and Motor Skills,1999,89(1):279-293.
[54] Grill S E. Perception of timing of kinesthetic stimuli. Neuroreport,1998,9(18):4001-4005.
[55]Heikkila H V,Wenngren B I. Cervicocephalic kinesthetic sensibility,active range of cervical motion,and oculomotor function in patients with whiplash injury. Arch Phys Med Rehabil,1998,79(9):1089-1094.
[56] Lam S S,Jull G,Treleaven J. Lumbar spine kinesthesia in patients with low back pain. J rthop Sports Phys Ther,1999,29(5):294-299.
[57] Laufer Y,Hocherman S. Visual and kinesthetic control of goal-directed movements to visually and kinesthetically presented targets. Perceptual and Motor Skills,1998,86(2):1375-1391.
[58] Livesey D J. Age differences in the relationship between visual movement imagery and performance on kinesthetic acuity tests. Dev Psychol,2002,38(2):279-287.

[59] Mathai S. Effects of tactile-kinesthetic stimulation in preterms: a controlled trial. Indian Pediatr, 2001,38(10):1091-1098.

[60] Rix G D, Bagust J(2001). Cervicocephalic kinesthetic sensibility in patients with chronic, nontraumatic cervical spine pain. Arch Phys Med Rehabil, 82(7):911-919.

[61] Schade G(2003). Oropharyngeal vocal tract space during singing——comparison of tactile-kinesthetic and auditory perception with objective endoscopic findings. Laryngorhinoo-tologie, 82(8):541-551.

[62] Stinear J W, Byblow, W D(2001). Phase transitions and postural deviations during bimanual kinesthetic tracking. Exp Brain Res, 137(3-4):467-477.

[63] Trevor B B(2000). Effect of a neoprene sleeve on knee joint kinesthesis: influence of different testing procedures. Medicine & Science in Sports & Exercise, 32, 304.

[64] Zisi V, Derri V, Hatzitaki V(2003). Role of Perceptual and Motor Abilities in Instepkicking Performance of Young Soccer players. Perceptual and Motor Skills, 1996, 625-636.

[65] 课题组. 金属锉削技能的动觉训练研究. 天津职业技术师范学院学报, 2000(4):47-49.

[66] 黄强, 李向东, 赵欣. 职业操作技能的动觉训练法. 天津职业技术师范学院学报, 2000(1):35-40.

[67] 黄强, 李向东, 赵欣. 关于动觉训练对动作技能形成影响的实验研究. 天津职业技术师范学院学报, 1998(2):44-51.

[68] 叶梅. 提高幼儿肌肉运动感觉敏感度的实验性研究. 成都体育学院学报, 2003, 29(2):91-92.

[69] Bouet V, Gahery Y(2000). Muscular exercise improves knee position sense in humans. Neurosci Lett, 289(2):143-6.

[70] Gary Kamen(2001). Foundations of Exercise Science. A Wolters Kluwer Company, 247-248.

[71] Allegrucci M. Whitney SL, Lephart SM, Irrgang JJ, Fu FH. (1995). Shoulder kinesthesia in healthy unilateral athletes participating in upper extremity sports. J Orthop Sports Phys Ther. Apr, 21(4):220-226.

[72] Forkin D M, Koczur C, Battle R. (1996). Evaluation of kinesthetic deficits indicative of balance control in gymnasts with unilateral chronic ankle sprains. J Orthop Sports Phys Ther, 23(4):245-250.

[73] Lephart S M, Giraldo J L, Borsa P A, Fu F H. (1996). Knee joint proprioception: a comparison between female intercolle-giate gymnasts and controls. Knee Surg Sports Traumatol Arthrosc, 4(2):121-124.

[74] Jacobson B H, Chen H C, Cashel C, Guerrero L. (1997). The effect of T'ai Chi Chuan Training on balance, kinesthetic sense and strength. Perceptual and Motor Skills, 84(1):27-33.

[75] Roberts A B, Mon W M, Tresilian J R, Burgess L R(2001). Kinaesthetic judgements and refinement of striking action. Developmental-Medicine-and-Child-Neurology, 42(8):518-524.

[76] Fery Y A, Morizot P(2000). Kinesthetic and visual image in modeling closed motor skills: The example of the tennis serve. Perceptual and Motor Skills, 90(1):707-722.

[77] V Zisi, V Derri, V Hatzitaki. (2003). Role of Perceptual and Motor Abilities in Instep-kicking Performance of Young Soccer players. Perceptual and Motor Skills, 1996, 625-636.

[78] 林萍. 对形体教学中正确感知觉练习的探讨. 沈阳体育学院学报, 1999. 3:61-63.

[79] 赫秋菊. 篮球运动员感知觉与投篮命中率关系的探讨. 沈阳体育学院学报, 2000. 2, 33-35.

[80] 卢亮球. 优秀少年女篮运动员运动成绩与某些感知特征的相关分析. 西安体育学院学报, 2000. 2, 79-81.

[81] 石岩. 定量运动负荷和个性特征对动觉准确性和动作稳定性的影响. 心理学报, 1996. 2, 131-137.

[82] 石岩.定量运动负荷后间隔不同时间的肘关节动觉方位准确感.心理学报,1999(1):84-89.

[83] 于晶.力的大小与角度对自由跤运动员动觉感受性的影响.北京:北京体育大学博士学位论文,2005.

[84] Loehr,J. E. (1982). Athletic excellence:Mental toughness training for sports. New York:Forum.

[85] Jones G,Hanton S,Connaughton D(2002). What is this thing called mental toughness? An investigation of elite sport performers. Journal of Applied Sport Psychology,14:205-218.

[86] Middleton S C,Marsh H M,Martin A J,Richards G E,Perry C(2004a). Discovering mental toughness:A qualitative study of mental toughness in elite athletes. Self Research Centre Biannual Conference,Berlin.

[87] Middleton S C,Marsh H M,Martin A J,Richards G E,Perry C(2004b). Mental Toughness:Is the mental toughness test tough enough? International Journal of Sport & Exercise Science. 35:91-108.

[88] Middleton S C,Marsh H M,Martin A J,et al(2004c). Developing the Mental Toughness Inventory (MTI). Self Research Centre Biannual Conference,Berlin.

[89] Fourie S,Potgieter J R(2001). The nature of mental toughness in sport. South African Journal for Research in Sport,Physical Education and Recreation,23:63-72.

[90] Gould D,Dieffenbach K(2002). Psychological characteristics and their development in Olympic champions. Journal of Applied Sport Psychology,14:172-204.

[91] Bull S J,Shambrook C J,James W,Brooks J E(2003,February). Towards an understanding of mental toughness in elite English cricketers//R A Stretch T D Noakes C. [92]L Vaughan (eds.)Science and Medicine in Cricket:A collection of papers from the Second World Congress of Scienceand Medicine in Cricket Capetown,172-174. University of Port Elizabeth.

[93] 胡桂英,许百华.浙江省少年运动员的意志品质研究[J].浙江体育科学.1999,21(6):61-64.

[94] 宋中良.运动员在训练与竞赛中的意志困难及坚持策略[D].北京:北京体育大学硕士论文,2002.

[95] 梁承谋,傅全,程勇民,等.《BTL-YZ-V1.0 意志量表的编制与测查》.武汉体育学院学报,2005,39(12):44-47.

[96] 于晶,崔野.田径运动员不同运动水平、不同性别之间的意志品质比较研究[J].北京:北京体育大学学报,2005,28(6):761-763.

[97] 方配素.运动员人格构念系统研究.北京:北京体育大学博士学位论文,2006.

[98] 谷长江.体操运动员认知复杂性的实证研究.北京:北京体育大学高级访问学者访学论文,2006.

撰稿人:梁承谋

运动创伤的基础研究

随着科学技术的进步，运动医学事业有了突飞猛进的发展。运动创伤学作为运动医学的主要部分，随着微创外科、影像医学、移植生物学和分子生物学、生物力学和康复医学的发展，无论在基础研究还是临床研究，都成为目前医学领域中最活跃的部分。软骨损伤、韧带损伤、半月板损伤和骨骺损伤的基础研究极大地促进了临床治疗的发展。

一、关节软骨损伤的研究与治疗

(一)关节软骨损伤病理生理的研究

关节软骨覆盖在关节骨端表面，包括表层和固有层两部分。表层也叫无形层，只有在扫描电镜下才能分清，由黏液层和其下的纤维层组成，具有免疫屏障和润滑作用。固有层包括表层、中间层、柱状层、潮线、钙化软骨层及骨质六部分组成，具有活动、承重及生长功能。关节软骨主要由软骨细胞和软骨基质组成，软骨基质含有胶原纤维、蛋白多糖和水。胶原纤维主要是Ⅱ型胶原，不同方向的胶原纤维组成无数个“网状拱形结构”，并于表面形成一切线纤维膜，类似“薄壳结构”。Ⅱ型胶原之间的网状包裹及连接纤维为Ⅸ型和Ⅺ型胶原，而在钙化软骨层主要是Ⅹ型胶原。胶原的这种排列对软骨承受压力有重要意义。蛋白多糖是高度水化的结构，使许多溶剂保持液态，它带负电荷，其作用：一是吸引一群阳离子，从而中和负电荷；二是相邻的葡糖胺多糖因其负电荷而相互排斥，使组织处于拉伸结构状态；三是葡糖胺多糖的浓液和小离子发生渗透作用。关节软骨的营养主要来自关节滑液，与运动关系密切。北大运动医学研究所的临床及实验病理研究，证明运动劳损微细损伤的积累是主要成因。在关节软骨损伤的修复与再生研究中证明软骨损伤后，有细胞反应性增殖，但不能使其修复，只有损伤深达骨髓长出的肉芽经机械摩擦，通过组织化生才能将缺损修复。多数作者认为修复的软骨为纤维软骨，而非正常的透明软骨。还证明软骨损伤后其病理过程有胶原自家免疫反应参与，其表面的无形层有免疫屏障作用。

(二)关节软骨细胞分子生物学研究

在软骨细胞培养中，建立了软骨细胞的去分化(de-differentiation)模型。并用 cDNA 原位杂交免疫组化法来证明，软骨细胞培养至第五代时，去分化成纤维细胞。Ⅱ、Ⅲ型胶原抗体有促去分化作用。说明培养的软骨细胞用作移植时，不能超过第二代。在骨关节炎的研究中证明退变的关节软骨中簇聚的软骨细胞多数为肥大软骨细胞，它不是终末细胞，有不对称的分化及去分化现象。IL-1 与 IL-1Ra 并存，凋亡与增殖(端粒酶表达)并存，可能属修复适应机制。说明老年人骨关节病取其关节软骨的细胞做培养时，即使是肥大软骨细胞也可以使其去分化成可用以移植的软骨细胞。这些发现为软骨细胞的培养和软骨组织工程的实施奠定了基础。

(三)软骨损伤的修复与治疗

新鲜骨软骨块同体移植,关节镜下马赛克法修补大面积的软骨缺损,虽然在关节镜下及 MRI 观察效果满意,但因供体软骨来源缺乏以及缺损部位和移植的软骨块都有一定比例的变性和不愈合的裂隙,影响长期的手术效果。国外已有新鲜异体骨软骨块移植成功的报道,但在国内由于技术和社会诸多问题尚未开展,只处于试验阶段。随着我们组织库的建设和其他各种问题的解决,不久将会应用于临床,而硅胶修补软骨缺损,无论在实验研究还是临床研究,都取得了理想的效果。

(四)自体软骨细胞移植

软骨细胞移植的设想由来已久,但由于软骨细胞在体外培养条件不能大量扩增,在培养过程中关节软骨的生物学特征逐渐丧失,而代之以成纤维细胞表型出现,即所谓的反分化现象,而且也没有合适的载体固定细胞,这些因素限制着软骨细胞移植的应用。在试验研究和临床研究中,有利用骨膜、软骨膜和其他生物膜覆盖软骨缺损,其下注射自体培养的软骨细胞,虽然取得了良好的结果,但由于存在软骨细胞来源问题等种种缺陷,仍然无法解决临床的实际问题。

(五)生物工程软骨的应用

随着组织工程的发展,软骨组织工程也取得了长足的进步,主要包括以下三部分:酶解所获得软骨细胞的单层培养扩增,软骨细胞接种到合适的生物支架上,合适的生物反应器以长期维持细胞表型及基质再生。具体要求如下:①利用生物反应器,高密度培养细胞,并不断更换培养液,进行诱导以维持细胞的分化表型;②合成符合生物要求的多聚体支架:支架具有良好的细胞着床性能及组织相容性,支架孔径占总体积的 90%,为改进细胞着床功能孔面可涂各种生物黏合剂,组织再生的动力学与三维模型有关,坚硬底物诱导增殖,柔软底物诱导分化;③刺激软骨细胞增殖的生长因子。国外已经将该项技术应用于临床,国内由于技术条件的限制,尚处在试验阶段。阎辉和于长隆等以聚乳酸(PLA)为载体,将培养的不同的原代细胞:软骨细胞、骨髓基质细胞、成纤维细胞和脐带血干细胞,植入 PLA 支架上,形成细胞-PLA 复合物,用来修复软骨缺损,研究发现软骨细胞和骨髓基质细胞移植修复软骨缺损明显优于成纤维细胞及对照组。余家阔等利用自体外周血干细胞联合骨膜移植修复软骨缺损,效果良好。随着各种实验条件的不断完善,大规模的软骨组织工程将逐渐展开。

(六)软骨损伤的基因治疗

基因转移技术的发展和在其他领域的应用,给基因治疗软骨损伤带来的希望。实验证明,细胞因子,特别是 IL-1β 和 TNF-α 在软骨损伤的初期发挥关键的作用。可以通过基因导入的方法,抑制上述基因的表达或阻滞上述细胞因子发挥作用,减轻软骨的损伤。张晓玲和于长隆等利用逆转录病毒载体介导 IL-1Ra 和 IL-10 基因体外共转染同种异体原代滑膜细胞,再将其注入骨性关节炎的兔膝中,证明双基因同时导入有明显的抑制软骨破坏和基质降解的作用。王海军和于长隆等利用腺病毒载体介导 IL-1Ra 和 sTNF-R 基因直接注入骨性关节炎的兔膝中,可以明显抑制软骨的破坏和滑膜的炎症,而且证实了 IL-1β 在软骨的退变,TNF-α 在滑膜的炎症过程中发挥作用,在骨性关节炎的发生发展中二者起协同作用。

陈连旭和于长隆等利用 RNAi 技术,利用腺病毒载体将针对 NF-κBp65 基因的 siRNA导入大鼠的骨性关节炎模型中,可以抑制 NF-κBp65 的表达,降低 NF-κB 的转录活性,抑制关节液内 IL-1β 和 TNF-α 的分泌,减轻软骨的退变和滑膜的炎症。同时也证实大鼠的软骨细胞和滑膜细胞中存在 RNAi 现象,NF-κBp65 在骨性关节炎发生发展中发挥作用。而且也是 siRNA 技术应用于运动创伤领域的先例。可以相信,在不久的将来,RNAi 技术在运动创伤的基础研究和临床研究中将发挥越来越大的作用。

在基因治疗的过程中,载体的选择至关重要,虽然病毒载体感染效率高,但由于存在着免疫原性高,毒性大,目的基因容量小,制备复杂,又存在插入突变等缺点,非病毒载体的研究得到了进一步的研究。张晓玲、郁时兵和于长隆等利用壳聚糖将 IL-1Ra 和 IL-10 基因成功导入体外培养的软骨细胞和滑膜细胞,在兔的关节内可以抑制骨性关节炎的发生发展,并优化了各种反应条件。

二、交叉韧带损伤的研究和治疗

(一)交叉韧带的组织学类型

传统观念认为,韧带组织属于致密结缔组织,细胞呈梭形沿韧带的受力方向排列在胶原纤维束之间,胶原以Ⅰ型胶原为主,Ⅲ型胶原构成不多于 10%。根据蒋青的研究发现,交叉韧带不同于传统观念的骨骼韧带组织,具有类软骨的特性,甲苯胺蓝染色基质出现明显的异染。

(二)交叉韧带重建的病理生物学基础

一般认为,交叉韧带重建后重建物要经过四个阶段:缺血坏死、血管重建、细胞增殖和塑性成熟期。从组织学形态来看,重建后两周重建物的表型为原移植组织结构,但组织中央成纤维细胞坏死,在重建物的边缘,可见圆形或卵圆形的细胞;重建后 3 周重建物结构仍与原移植物相似,边缘有明显的细胞增殖,细胞向胶原基质浸润,与原移植物比较,重建物细胞数目减少,形态多样,呈杆状或卵圆状;重建 4 周后细胞数目明显增多,接近交叉韧带的数目,分布均匀,细胞形态主要呈卵圆形;大约要经过半年以后表型为正常的交叉韧带。

交叉韧带的止点分为典型的四层结构:纤维组织、纤维软骨、钙化软骨和骨组织,这种高度分化的止点结构主要起应力缓冲作用。重建后重建物上下止点的转归同样决定着整个韧带转归的好坏。我们的研究发现:骨一骨愈合在 6 个月时表现为间接止点,可见韧带组织有穿透纤维与骨组织相连,12 个月时,重建韧带与骨组织之间有向直接止点转归的倾向,但没有形成直接止点的四层结构,没有潮线的形成;而腱一骨愈合在 6 个月时已形成波浪起伏的潮线，并在 12 个月时潮线具有明显的规律，四层结构清楚。

(三)异体韧带移植的病理生理学基础

自体移植物应用比较广泛，但存在供区病损，返修术移植物来源缺乏等问题。异体移植在国外已广泛开展，而国内随着组织库的建立也发展起来。最早应用的是新鲜冰冻移植物，由于存在长期失败和疾病传播的风险，异体移植重建交叉韧带经历了一次低谷。后来引入了二次消毒方法，并对 HIV 的传播的进一步认识，同种异体移植进入了发展稳定期。从移植物的转归看，异体移植与自体移植愈合过程相似，经历了植入物的坏死、细胞长入、再血管化和胶原重塑，最终被小胶原纤维与受体成纤维细胞形成新的韧带样结构所取代。

(四)移植韧带的成熟与基因治疗

关节的韧带，特别是前、后交叉韧带的损伤，自体肌腱和异体肌腱重建交叉韧带已成为常规手术。实际上根据移植物到达体内的转归，无论是自体还是同种异体的都大同小异，移植物都必须经过一个坏死一自身组织长入取代一塑形成为韧带这个过程，移植物只是起到支架作用。由于自身组织长入需要一段时间，在这段时间内移植物必须保持一定的张力，才能保证形成的韧带有力学功能。因此，如何使这个替代过程尽可能在较短时间内完成就成为重建前交叉韧带的关键环节。李峰和于长隆等利用基因治疗的方法，将逆转录病毒介导的血小板生长因子(PDGF)基因转入自体骨髓间充质干细胞，然后同同种异体的跟腱共培养，最后将跟腱移植关节内，重建交叉韧带，可以明显促进韧带的血管化，增加重建韧带的生物力学特性，加速韧带的成熟。实验结果证实，骨髓间充质干细胞和 PDGF 都可以促进移植物向正常韧带的转化，二者又协同作用。其他生长因子对韧带成熟的研究正在进行。

(五)人工韧带在交叉韧带重建中的应用

理想的人工韧带应具备与正常人交叉韧带的生物学特性，而实际上是很难达到的。正常的前交叉韧带的抗拉强度为 1730±270N，因此人工韧带要提供足够的抗拉强度和固定强度，同时应具有较好的抗蠕变、抗弯曲疲劳和抗磨损能力，而提供较长的使用寿命。人工韧带在许多国家曾经使用并商品化，主要有以下三种：碳素纤维材料，Dacron 韧带和 Gore-Tex 韧带。在临床应用中由于问题较多，已经全部推出了市场。随后市场上应用的主要有加强型和支架型人工韧带。加强型也称为韧带加强装置(ligament augmentation device LAD)。交叉韧带重建后，随着移植物的坏死、血管重建、细胞增殖和塑型成熟 4 个阶段而强度下降，LAD 在这一段易损期起到应力保护作用。但最后实践证明应用 LAD 并没有明显的优势，而且使用 LAD 意味着在膝关节内植入了一个异物，可能导致反应性渗出和滑膜炎。而支架型人工韧带设计是设想它能允许和刺激宿主胶原纤维的长入，并按正常的交叉韧带的方向排列，逐渐获得正常的结构和抗拉强度，最终形成一条新的交叉韧带。以后采取各种方式，增加宿主细胞的长入速度，但与自体和异体肌腱移植比较，效果欠佳。

(六)人工韧带与基因治疗

我们设想,在利用支架型人工韧带时,事先将转染生长因子基因的成纤维细胞或基质干细胞与人工韧带共培养,使细胞长入支架内,然后再将其重建交叉韧带,希望在人工韧带的力学性质改变前,以其为支架,形成成熟的交叉韧带。目前我们的试验研究正在进行。

三、半月板损伤的研究与治疗

(一)半月板的生物力学特征和功能

半月板是一种纤维软骨组织,在半月板组织中,基质非常丰富,纤维软骨细胞相对较少。基质中有胶原纤维、蛋白多糖和水三种成分。半月板的血供较差,根据血供分布情况,临床上将半月板分为红一红区、红一白区和白一白区三个区。在其生物力学特性中主要对膝关节有利的,包括吸收震荡、分散应力、传导应力、改善关节润滑、改善股骨和胫骨之间的形态匹配和增加膝关节的前后稳定及旋转稳定等。但半月板的生物力学特性中也有不利的一面,如半月板内部胶原纤维排列方向决定的中部和内缘的结构薄弱及在膝关节屈曲扭转中半月板会产生矛盾运动等都增加了半月板损伤的危险性。

(二)半月板异体移植的研究

目前,半月板异体移植手术已成为一种很成熟的手术方法,主要用在那些已经切除了半月板,而且在切除半月板以后膝关节已经发生退变并开始表现一定骨关节炎症状的患者。异体半月板移植可以重建这些患者已经丢失的半月板功能,防止膝关节变性或骨性关节炎的发生,并改善膝关节的症状和功能。国外通过大量的动物实验证明,异体半月板是可以成活的,而且是不存在免疫排斥反应的。成活的半月板在组织学和形态学方面均与受体半月板相似。但在临床移植过程中,半月板的形态匹配问题、储存方法和消毒方法等问题都会对临床效果产生影响。

余家阔等在大量动物试验的基础上,成功地进行了国内异体半月板的移植手术,试验效果正在观察中。这不仅提高了我国在这一领域的学术地位,同时也促进了我所组织库的建设,而组织库的建设也为该手术的顺利进行提供的保障。并且进行了半月板的组织工程研究,比较了成纤维细胞、骨髓基质干细胞和外周血干细胞对半月板损伤修复的作用。为了解决半月板的来源问题和形态匹配问题,开展了异种异体半月板移植的试验研究,用猪的半月板组织塑型后移植替代兔内侧半月板发现:短期内可以起到保护关节软骨的作用,术后24周,移植物被大部分破坏,关节软骨退变开始出现,但较半月板全切除组的软骨退变轻,起到了延缓关节软骨退变的作用。这为半月板的异种异体移植迈出了坚实的一步。

(三)人工半月板移植的研究

在CMI(collagen meniscus implant 胶原半月板移植)之前,人们尝试过许多材料制成的半月板假体,试图对完全和部分缺失半月板的膝关节,通过植入这些假体来重建正常半月板的功能，但因种种原因而失败。CMI 是致力于通过胶原支架的作用诱导植入处的宿主细胞长入，再通过长入细胞的分化成熟，最终导致半月板缺失处的纤维软骨组织再生，从而修复半月板缺损。CMI 在进入临床实验前经过了一系列的临床前期实验研究表明，将各种生长因子和 CMI 合用是没有必要的，因为 CMI 植入处的血凝块可以释放各种细胞因子和生长因子。在半月板再生情况的研究中发现，修补局限性缺损的半月板的效果明显强于修补完整半月板的治疗效果。在狗的实验研究中，术后 6 月新生组织更加致密并有更多的纤维软骨组织出现，纤维软骨组织中的胶原纤维已经开始平行排列。这也为人工半月板的研究奠定了基础。随着材料学和组织工程学的发展，人工半月板的研究将得到进一步加强。

四、骨骺损伤的基础研究

在肢体上存在两种骨骺，即受压骨骺和牵拉骨骺，二者具有明显的不同。受压骨骺位于长骨的骨端，承受由关节传来的压力。它是一个关节骨骺，它的骺板司长骨的生长，如果生长受阻，即影响肢体的长度及关节的外形。受压骨骺还因其滋养血管进入的方式不同分为两类：一类是滋养血管直接进入骨骺；一类是间接进入骨骺。牵拉骨骺位于大肌肉的起点或止点，它承受的是拉力而不是压力，它不提供骨的纵轴生长，因此生长障碍时不影响肢体的长度。从骺板的纵切面上看，正常骺板可分为四层：静息层、生长层、转化层和化骨层。转化层又称钙化层，细胞肥大变性，基质内出现钙质沉着，继而细胞死亡。这一层由于细胞大，功能丧失，周围的软骨基质相对减少，损伤时容易折断。由于生长层和化骨层一般不折断，所以骺板骨折不影响生长。除非骨骺血管受伤生长层失去营养供应，或骺板垂直受压出现其他问题。骺板的周围有一层特殊结构，称为软骨膜环。它司骨的横径的增长，骨骺的急慢性损伤，变化较剧。

受压骨骺的表面都覆盖一层关节软骨，因此其营养来源一部由关节液滋养软骨，而血管都在有骨的一侧。骨骺的滋养血管的进入有两种方式：第一种较为常见，骨骺的侧方为骨膜所覆盖，滋养血管在远离骺板处穿透骨骺的边缘进入（直接进入）。第二种方式较少见，整个骨骺在关节内，整个骨骺被关节软骨所覆盖，滋养血管通过骺板的边缘进入骨骺（间接进入）。因此骨骺分离时血管常被损伤。

骺板的血液供应也有两种不同的系统：①骨骺系统 骨骺的血管穿破骨骺的骨板以后中止于骺板的静止细胞层的毛细血管襻。如果血管受损，则软骨增殖细胞受影响。可发生骨骺的早期愈合，发生畸形。②干骺系统 起源于骨干的隧腔，终止于骺板的钙化层。如果受损则影响钙化层细胞的营养，造成肥大软骨细胞的堆积不能成骨，骺板变厚。

五、异位骨化的基因治疗

关节周围韧带和肌肉的损伤以及手术后处理不等，容易引起异位骨化的形成，影响关节的运动功能，处理十分困难。实验研究证明，异位骨的形成起源于软组织内的间充质干细胞，其在特定的刺激因素作用下分化为成骨细胞。异位骨的发生有三个条件：间充质干细胞或前体细胞，刺激性因素和骨形成的适宜环境。间充质干细胞不能独自形成异位骨化，需要刺激性因子的存在。研究发现在有许多因子参与异位骨化的形成，主要的刺激因子有骨形态发生蛋白(BMP)、胰岛素样生长因子(IGF-1)、转移生长因子(TGF)和催乳素(prolactin)等。此外还有一些没有确定的刺激因子。各种刺激因子之间的相互作用十分复杂，对其了解也很有限。BMP是众多因子中研究的较多的一个。在异位骨化的形成过程中，BMP在其中发挥关键作用，是否可以通过抑制BMP的作用而抑制异位骨化的形成？林霖和于长隆等首先通过切断跟腱，脱钙骨植入肌肉内，腺病毒携带的BMP-4注射入肌肉内，成功诱导异位骨的形成，制造了三种异位骨化的动物模型。然后利用RNAi技术，利用腺病毒载体，将针对BMP作用通路中的关键因子Cbfa1的siRNA导入上述异位骨形成的模型中，可以显著抑制异位骨的形成。这不仅证明了Cbfa1在异位骨化形成过程中的作用，而且也是siRNA在异位骨化方面的首次应用。

参考文献

[1] 曲绵域，于长隆主编.实用运动医学(第四版)[M].北京：北京大学医学出版社，2003.

[2] 于长隆主编.现代运动创伤学进展.北京：北京大学医学出版社，2003.

[3] 刘亚波，吴新宝编译.骨科运动医学的最新观点和争论.北京：北京大学医学出版社，2002.

[4] 于长隆，等.兔关节软骨细胞体外培养时生物学性状的改变.中国运动医学杂志，1986(4)：218-221.

[5] 赵京元，于长隆，等.兔早期骨关节病发病机制研究.中国运动医学杂志，1998，17：3：228-230.

[6] Yu Changlong, et al. Early articular cartilage changes in traumatic osteoarthritis, Journal of Orthopaedic Surgery, 1998, 6: 1: 41-47.

[7] 于长隆.半月板全切对膝关节软骨影响的实验病理研究.体育科学，2000，20：2：50-54.

[8] 裴明，曲绵域，于长隆，等.免疫组化研究白介素Ⅰ和白介素Ⅰ受体拮抗剂在人发育骨与软骨中的表达.中国运动医学杂志，2000，19：2：118-119.

[9] 王梅，于长隆.硅橡胶植入对关节软骨Ⅰ、Ⅱ、Ⅲ型胶原合成的影响.中国运动医学杂志，2003，22：3：228-233.

[10] 阎辉，于长隆.不同细胞移植修复兔全层关节软骨缺损的比较研究.中国运动医学杂志，2003，22：3：234-239.

[11] 张晓玲，史须，于长隆.Chitosan-DNA介导关节基因转移的体外研究.中国运动医学杂志，2003，22：3：240-243.

[12] 阎辉，于长隆.异种脐血干细胞移植修复兔全层关节软骨缺损的初步研究.中国运动医学杂志，2003，22：4：331-336.

[13] Zhang X L, Mao Z B, Yu C L. Suppression of early experimental osteoarthritis by gene transfer of interleukin-1 receptor antagonist and interleukin-10, J Orthopaedic Research, 2004, 22: 742-750.

[14] Wang M, Yu C. silicone rubber: an alternative for repair of articular cartilage defects, Knee Surgery, Sports Traumatology, Arthroscopy, 2004, 12: 6: 556-561.

[15] 余家阔，谢兴，于长隆.异种异体和同种异体半月板移植修复兔膝关节半月板缺失的预后研究.中国运动医学杂志，2004，23：6：604-612.

[16] 谢兴，余家阔，于长隆.异种异体和同种异体半月板移植术后兔半月板和关节软骨中Ⅰ、Ⅱ、Ⅲ、Ⅹ

型胶原表达和免疫排斥研究.中国运动医学杂志,2005,24:1:4-8.

[17] 张晓玲,于长隆.骨性关节炎的联合基因治疗.中国运动医学杂志,2006,35:1:5-8.

[18] Lianxu Chen,Changlong Yu. NF-κBp65-specific siRNA inhibitsexpression of genes of COX-2,NOS-2 and MMP-9 in rat IL-1β-induced and TNF-α-induced chongdrocytes. Osteoarthritis and cartilage, 2006,14:367-376.

[19] Chalmers J,Gray D H,Rush J. Observations on the induction of bone in soft tissues. J Bone Joint Surg [Br]. 1975,57-B:36-45.

[20] Lin Lin,Lianxu Chen ,Changlong Yu. Adenovirus-mediated transfer of siRNA against Runx2/Cbfa1 inhibits the formation of heterotopic ossification in animal model. Biochemical and Biophysical Research Communications in press.

撰稿人:于长隆

优秀运动员运动训练的生理生化监控

运动训练的生理生化监控是近年来才逐渐被人们应用并引起重视的一个概念。纵观国内外的相关研究，运动训练的生理生化监控就是运用运动生理学和生物化学基础理论、实验技术和测定方法，对优秀运动员训练过程进行监控，以评价运动员训练时的负荷、训练方法和手段的效果，以及承受训练负荷的能力和机能状态。运动训练的生理生化监控涵盖了运动训练过程前、中、后以及动、静态的全方位的监控。

一、当前研究现状

早在19世纪，西方国家就开始把生理学和生物化学测试方法引入对运动员训练过程中身体机能状况的检测与评价。20世纪50年代以来，人们对运动时无氧代谢过程中的磷酸原系统、糖酵解系统和糖、脂肪及蛋白质的有氧代谢系统已有了清楚的了解；对其在运动时的代谢规律，如以血乳酸指标在递增负荷时的变化与无氧阈的理论和应用、不同负荷强度的血乳酸变化特点和间歇训练中的运动时间、休息间歇和练习组数等的不同安排，肌肉磷酸原、乳酸变化和恢复的特点，血乳酸变化的相应特点，运动负荷量度与血尿素的关系，力量训练对肌肉的影响和血清肌酸激酶(CK)的变化等有了一定的研究。近30年来，国外对训练方法的运动生理生化研究不断发展。Hermansen (1971)发现5次跑1 min休息4 min的间歇跑，可将血乳酸浓度比1 min跑时提高1倍多，并且发现不同的间歇跑强度和时间，对恢复期ATP、CP浓度可产生不同的影响，从而导致训练效果不同。也有人发现训练后以70%左右的强度进行放松性活动，可达到清除乳酸和加快恢复的最好效果。到20世纪80～90年代，有人用肌肉活检法测定了100 m跑中40 m、60 m、80 m、100 m各跑段中肌肉ATP、CP、肌肉乳酸、pH等的变化，说明60 m后糖酵解加强，供能增加。Mader (1991)通过对马拉松跑的血乳酸动力学进行分析，提出了训练时各种强度跑应占训练量的比例。Locatelli等(1995)对100 m跑进行了力能学分析，认为100 m跑糖酵解供能为65%～70%，跑后血乳酸升高和消除速率与运动成绩有密切关系。Spencer等(1996)认为在400 m、800 m、1500 m跑的能量系统中，无氧代谢达到了最高水平，如果进一步提高这些项目的运动能力，必须在保证无氧代谢供能能力训练的同时，加强有氧代谢供能能力的训练，才能提高运动成绩。

在以上研究的基础上，Viru. A等(2001)出版了《运动训练的生化监控》(Biochemical Monitoring of Sport Training)一书，认为训练监控是应用综合手段来研究训练效果，适应理论和代谢适应是运动员改善专项能力、一般和专项运动素质的基础，研究代谢和激素、功能的变化，可用于监控训练手段的效果[1]。

我国竞技体育发展和研究兴盛的时间始于1958年。在20世纪50～60年代，运动训练正处于大运动量训练时期，对运动员进行身体机能的生理生化和医学评定成了在运动队的科研人员和队医的主要工作，当时主要应用联合机能试验(combined funtion test)、哈佛台阶试验(Harvard Step Test)和血乳酸、血红蛋白、尿蛋白、尿潜血等生理生化指标进行机能评定，为大运动量训练提供科学参考。直至 20 世纪 80～90 年代，运动员身体机能评定一直是我国体育科研的重点领域，在这基础上，我国先后出版了《优秀运动员机能评定手册》（浦钧宗等主编，1987）和《优秀运动员身体机能评定方法》（冯连世等主编，2003）两部专著，总结和发展了运动员身体机能评定的研究理论和实践成果。近年来，我国运动生理生化科研工作者在系统研究优秀运动员身体机能评定的理论基础、生理生化指标体系的基础上，结合各运动项目的专项特点，分别研究并建立了田径田赛项目、田径短距离项目、中长跑、马拉松、竞走、跳水、游泳、花样游泳、赛艇、皮划艇、举重、柔道、摔跤、跆拳道、拳击、体操、艺术体操、射击、射箭、排球、篮球、乒乓球、羽毛球、棒球与垒球、手球、足球、网球、自行车、击剑、速度滑冰和短道速度滑冰等 30 余项奥运项目优秀运动员身体机能的评定方法，以及优秀运动员高原训练、控体重期间的机能评定方法和运动员营养的生化监控方法[2]。

进入 21 世纪以后，随着科研与训练结合程度的逐渐加深，我国运动生理生化科研工作者开始运用运动生理学、运动生物化学和训练学等学科原理方法，对训练的监控理论与方法，以及专项训练监控的方法开展深入、细致的研究。他们系统地研究了优秀运动员运动训练的生理生化监控含义和内容、运动训练的生理生化监控原理，建立了运动训练（负荷强度、负荷量度、训练方法）的生理生化监控常用指标体系及方法、一堂训练课和一个训练周期的生理生化监控的方法及原则，以及实施训练监控的注意事项等。同时，结合专项特点，分别研究了中长跑、马拉松、竞走、游泳、举重、赛艇、摔跤、自行车、足球、曲棍球等项目训练的生理生化监控内容和指标体系、专项训练负荷（包括专项强度、训练课强度和训练量、专项训练方法的强度）的监控方法、训练方法的科学性及有效性（训练方法的效果和是否能达到训练目的）的监控方法、阶段性训练效果和恢复性训练效果的监控方法等，并提出了专项训练监控中存在的问题与建议，成功建立了运动训练的生理生化监控理论与方法[3]。

40 多年来，我国训练监控的生理生化研究，从监控的理论、方法到专项评定模式和应用等方面，已系统构建了一个较完整的体系[3]。

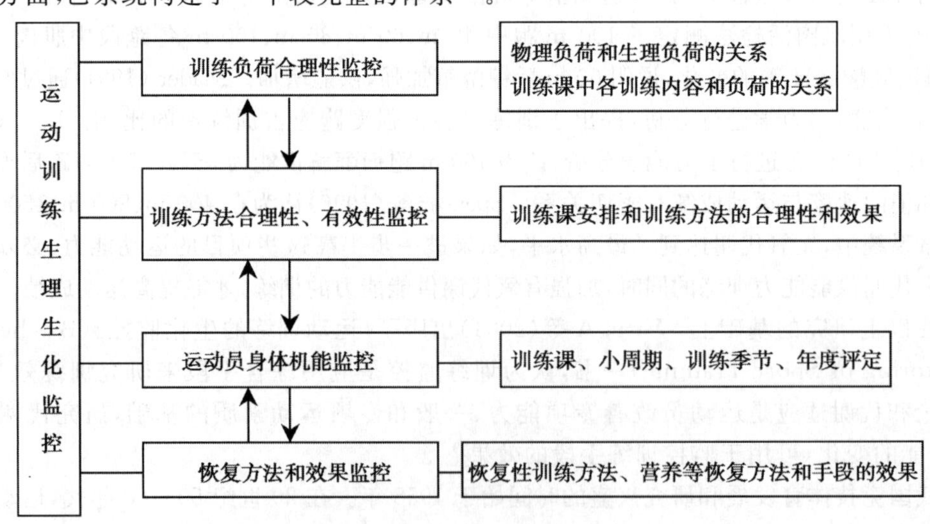

图 1　运动训练的生理生化监控基本内容及其关系

（引自冯连世等，2006）

表 1　优秀运动员运动训练的生理生化监控指标与方法

指　标	监控目的	功　能	来　源
心率（HR）	一次/组动作的运动强度	可作为最大摄氧量强度以下强度训练的强度定量指标，对最大摄氧量强度以上的训练只能定性分析	由心肌窦房结发出冲动，受交感神经、迷走神经调控，受呼吸等因素影响
	阶段性训练效果评估	系统耐力训练后安静心率下降，或同样负荷的亚极限以下强度运动后即刻心率下降，或心率恢复速度提高，均说明心功能提高，有氧能力提高	
	阶段性机能状况评估	短期内基础心率突然明显加快，提示运动员不能适应当前训练负荷，机能状态下降，如心率突然显著减慢，提示可能有疾病的存在	
血压（BP）	阶段性机能状况评估	安静时血压升高 20%左右，并持续 2 天以上时，可能是机能下降或过度疲劳的表现。运动时脉压差增加的程度比平时减少或出现梯形反应、无休止音及运动过程中收缩压突然下降达 20 mmHg 时，提示运动员机能状况较差	血液对动脉壁的压力，受植物神经、肾上腺素、醛固酮、心钠素、NO、CO 等调节
血红蛋白（Hb）	一堂训练课或一个训练日的训练负荷	既能够反映训练负荷强度也可以反映负荷量，连续测定恢复期值可以监测一个小周期训练负荷的变化。一个小周期训练后如果下降明显说明运动员不能适应训练负荷。下降超过 20%为过度训练的表现之一	在骨髓、脾脏等造血器官生成，受蛋白与铁营养及 EPO 激素等影响
	血液携氧能力	男运动员 Hb 低于 120 g/L，女运动员低于 110 g/L 时，可诊断为贫血。男运动员 Hb 达到 160 g/L，女运动员达到 140 g/L 时，最适宜发挥人体最大有氧能力	
红细胞系	血液携氧能力	大负荷训练后数值下降程度与疲劳水平正相关。另外辅助血红蛋白指标对贫血进行诊断与分析	单位血液中红细胞的数量、体积、Hb 含量
血清睾酮（T）	一个训练周期的训练负荷	反映一个小/大训练周期训练负荷大小。如一个周期的训练后明显下降则表明训练负荷过大，运动员不能适应；如不下降或下降幅度不大，表明运动员能够适应	由下丘脑一垂体一性腺轴调控，由性腺和肾上腺分泌
	运动员恢复能力评估	运动后恢复期，血清睾酮高，表明机能状态好，恢复能力强；血清睾酮低，表明机能状态差或恢复能力差	
血清皮质醇（C）	一个训练周期的训练负荷	一个周期训练后，相同负荷运动时，血清皮质醇浓度上升的幅度下降，是适应运动量的表现，表明训练负荷合适；如上升幅度增加，表明训练负荷过大	由下丘脑一垂体一肾上腺轴调控，由肾上腺皮质分泌
	运动员恢复能力评估	运动后恢复期，血清皮质醇持续偏高，恢复到正常水平的时间长，表明机能状态差或对负荷不适应	
T/C	一个训练周期的训练负荷	反映运动员对一个训练小/大周期训练负荷的适应情况，升高表示适应良好，下降超过 25%提示过度疲劳	代表身体合成、恢复状况
血清肌酸激酶（CK）	一堂训练课或一个训练日的训练负荷强度	随着运动强度增大肌酸激酶会升高，反映一堂课/一个训练日训练负荷强度；连续测定恢复期值可以监测一个小周期训练负荷强度的变化；测定次日恢复值可评定肌肉疲劳的恢复情况	大强度运动或运动损伤造成骨骼肌细胞或心肌细胞受损、凋亡，CK 由肌细胞中渗透到血液
	肌肉的损伤及恢复情况	大幅度异常升高时表明有肌肉损伤，连续监测可反映肌肉损伤的早期恢复情况	
血乳酸（BLa）	一次/组动作的运动强度	运动后测定最高血乳酸水平可精确定量分析运动强度	糖酵解代谢终产物
	阶段性训练效果评估	训练一个阶段后，同样负荷运动后血乳酸水平下降说明训练水平与运动能力提高；同样负荷运动后血乳酸清除速率提高说明有氧能力提高	

续表

指　标	监控目的	功　能	来　源
血氨(BNH_3)	一次/组动作的运动强度	评定极限或亚极限强度无氧运动中 ATP-CP 系统供能情况	大强度运动中 AMP 的降解；长时间耐力运动中氨基酸降解
	阶段性训练效果评估	相同负荷运动后，运动员血氨升高的幅度减少表明训练水平提高	
血尿素(BU)	一堂训练课或一个训练日的训练负荷量	课后测定反映耐力训练负荷量，值越高反映训练负荷量越大；次日测定恢复值可评定机体的恢复情况，超过 7mmol/L 表示疲劳未完全恢复，提示训练负荷过大；连续测定恢复期值可以监测一个小周期训练负荷量的变化	蛋白质和氨基酸分解最终代谢产物
尿蛋白	一堂训练课或一个训练日的训练负荷	课后测定，既能够反映训练负荷强度也可以反映负荷量度，需结合训练目的、方法，并结合训练成绩来评价；测定次日恢复值可评定机体的恢复情况，连续测定恢复期值可以监测一个小周期训练负荷的变化	肾小球滤过率升高、肾小管回吸收率下降及分泌增加
尿酮体	一堂训练课或一个训练日的训练负荷量	课后测定，反映耐力训练负荷量，大负荷量训练后升高；属于辅助性指标	脂肪酸分解代谢中间产物
尿潜血、尿胆红素、尿胆原	一堂训练课或一个训练日的训练负荷量	课后测定，反映耐力训练负荷量，大负荷量训练后升高；属于辅助性指标	红细胞及红细胞破坏后血红蛋白代谢产物由肾脏排至尿液
无氧功率	一个训练周期无氧训练效果	评价一个周期无氧训练方法和负荷安排的合理性、有效性	由 ATP-CP 及糖无氧酵解系统做功能力决定
最大摄氧量(VO_{2max})	一个训练周期有氧训练效果	评价一个周期有氧训练方法和负荷安排的合理性、有效性	由心肺氧转运、肌肉有氧代谢做功能力等决定
无氧阈	一个训练周期有氧训练效果	评价一个周期有氧训练方法与负荷安排是否合理和有效	由肌肉有氧做功能力决定
白细胞，CD4/CD8，NK 细胞，IgG，IgM，IgA 等	一个阶段训练负荷量；运动员免疫机能状态	一个阶段连续大负荷训练后，白细胞、CD4/CD8 比值、NK 细胞及 IgG、IgM、IgA 表现为非常显著下降，表明运动员疲劳程度较高，免疫功能发生紊乱；如果白细胞高于正常参考范围，机体有感染的可能	由免疫器官生成，受神经、内分泌、血清谷氨酰胺浓度等影响
反应时、两点辨别阈、闪光融合频率、主体力感觉等级等	一个训练日、一个阶段/周期运动员神经中枢疲劳状况	数值随中枢神经疲劳程度升高而升高	运动后血糖水平下降、兴奋性神经递质减少、抑制性神经递质增加等造成神经疲劳

注：部分引自冯连世等，2003，2006

二、国内外相关研究的比较

在运动训练的生理生化监控研究方面，国内外的研究各有不同侧重。国外主要侧重在提高不同运动素质的生物学适应特点的研究、训练方法的效果研究及运动训练对身体机能影响的实验研究和理论研究。而我国则是以优秀运动员为主要研究对象，对训练过程中运动员的身体机能状态、运动性疲劳与恢复、训练负荷和方法的监测与评价等，在理论、方法上开展系统研究。总结我国在该领域研究的主要特点，表现为：

(1)以优秀运动员为研究对象，结合运动训练的实践，系统研究了运动训练的生理生化监控理论、方法、手段和应用，通过大量的实证性研究，建立了优秀运动员运动训练的生理生化监控系统。

(2)分别系统地研究并总结了包括田径、游泳、赛艇等30余个奥运项目优秀运动员身体机能评定的指标和方法，同时还研究了优秀运动员高原训练、控体重期间的机能评定方法和运动员营养的生化监控方法，以及中长跑、马拉松、竞走、游泳、举重、赛艇、摔跤、自行车、足球、曲棍球等项目优秀运动员训练监控的生理生化指标、方法和具有专项特点的训练监控系统。

(3)对用于运动员身体机能评定的生理生化指标及其实验测试方法进行了规范和标准化[5]，能够快速、准确地对运动训练进行监测、诊断和反馈评价意见。

(4)根据人体的生理功能系统，研究了优秀运动员身体机能评定的生理生化指标体系和评定标准，并提出了一些新的评定指标。

(5)理论与方法相结合、研究与应用相结合，科研成果的应用性强。

当前我国的训练监控研究工作虽然趋于系统化和规范化，但尚存在以下问题。

(1)由于长期以来我们对各项目优秀运动员的训练和机能评定的检测数据和资料，缺乏统一的管理和利用，到目前为止，尚未能建立一套我国优秀运动员训练监控数据库。

(2)基础理论研究不足，训练监控的技术、手段的创新性研究不足。

三、研究展望

训练监控理论是随着研究与实践的积累而不断地发展和完善，目前研究和实践中仍然存在许多待解决的问题。训练监控最大的特点就是其理论和方法之根本都是来自于实践，完善于基础研究中，最后仍然需要完成于实践应用中。因此，实践中的细致观察与发现、基础研究的水平提高、应用研究的系统与发展，都是训练监控水平提高的必然需要，其中应用基础理论研究的水平仍然是制约整个训练监控水平的最大瓶颈。随着应用基础理论研究的发展和进步，也许不远的未来我们就能够用非常简便的、无创或创伤细微的测试方法对训练方法进行精确的监控。当前在训练监控中需要重点关注的主要问题包括：

(1)运动性疲劳发生和恢复的机理尚需要进一步研究。探讨精确评价运动性疲劳的指标和方法，特别是评定中枢神经疲劳的生理生化指标、运动指标，以及评定方法和标准的研究，将是训练监控研究工作的一个难点和重点。

(2)利用现代实验技术，探明运动性低睾酮、运动性贫血和运动性免疫能力下降的机理，并开展早期诊断指标和评定方法与标准的研究仍需进一步加强。当前，国际运动医学界对运动性低睾酮、运动性贫血、运动性免疫机能下降的发生机理及其早期的诊断方法尚不十分清楚，并在运动实践中明显存在诊断的滞后性。

(3)通过改进实验方法、利用新技术、新仪器，探索精确度高、反馈速度快、方便易行、微量化或无损性的生理生化指标测定方法和手段，以进一步提高训练监控的水平和应用效果。

(4)在分子水平上，特别是应用基因芯片技术探讨优秀运动员训练监控的方法，将成为该研究领域的重点和发展趋势。

参考文献

[1] Atko Viru, Mehis Viru. Biochemical Monitoring of Sport Training [M]. Human Kinetics Publishers,2001.

[2] 冯连世，冯美云，冯炜权. 优秀运动员身体机能评定方法[M]. 北京：人民体育出版社，2003.

[3] 冯连世，冯美云，冯炜权主编. 运动训练的生理生化监控方法[M]. 北京：人民体育出版社，2006.

[4] Jack H. Wilmore, David L. Costill. Physiology of Sport and Exercise[M](3rd Edition). Human Kinetics Publishers,2004.

[5] 冯连世，李开刚主编. 运动员身体机能评定常用生理生化指标测试方法与应用[M]. 北京：人民体育出版社，2002.

撰稿人：冯连世

2005～2006年间兴奋剂检测技术发展报告

一、引言

2004年雅典奥运会结束后，2008年北京奥运会进入倒计时。2005年联合国教科文组织通过《反对体育中使用兴奋剂国际公约》。2006年我国政府正式签约认可该国际公约。2007年2月该国际公约将实施。2007年将再次举行世界反兴奋剂大会。2008年北京奥运会正是在这样一种背景下的奥运会，兴奋剂控制任务艰巨。

更有效地进行兴奋剂检查和进一步提高兴奋剂检测水平是兴奋剂控制的两个关键，是相互关联不可或缺的有机组成。兴奋剂赛外或赛前检查的对象或时机选择不合适，则样品并没有反映其服用兴奋剂的实际情况，兴奋剂检测水平再高，也查不出阳性；而兴奋剂检测水平欠缺，则样品检测有可能假阴性结果。对使用兴奋剂的运动员，兴奋剂检查不能产生足够的威慑作用，将极大地降低兴奋剂控制效果。

只有通过不断科技创新，加强研究，提升兴奋剂控制的综合能力，才能比较好地完成2008年北京奥运会兴奋剂控制的任务。

由于笔者学识所限，因此这里仅讨论兴奋剂检测方面的相关情况。

二、发展简史

回顾近几届夏季奥运会，每届奥运会在兴奋剂检测方面都有新的突破。1996年美国亚特兰大奥运会，高分辨质谱开始在兴奋剂检测领域中高灵敏度地检测常规小分子化合物发挥作用；2000年悉尼奥运会，国际奥委会第一次检测尿样中的重组人促红细胞生成素(rhEPO)，并引入血检；2004年雅典奥运会检测重组人生长激素(rhGH)，这意味着兴奋剂检测在检测基因重组产物方面又有重大突破，同时雅典兴奋剂检测实验室第一次采用液质联用技术检测糖皮质类固醇。

和悉尼奥运会进行rhEPO尿检的情况不同的是，尽管在雅典奥运会后世界反兴奋剂机构曾几次宣布将要向其认可实验室提供rhGH检测试剂盒，但由于技术方面的原因，在雅典奥运会后的几年间，都没能将检测rhGH的方法广泛应用在兴奋剂检测的常规检测中。

三、国内研究现状

客观地回顾、总结和科学评价近两年国内本专题的发展现状与动态，本专题研究中有相当的新进展，取得了一定的新成果，但主要集中在基础研究或基础应用研究，这些成果要在2008年北京奥运会期间实际使用，还有一定的距离。

以南京大学、清华大学等高校为主的研究小组在芯片检测兴奋剂方面，特别是在微流控芯片和基于免疫反应的蛋白芯片，以及中国医学科学院药物研究所的研究小组在基于受体原理的芯片研究中取得了长足的进步，研究成果在国内外一些比较有影响的杂志发表，并引起很有影响的编者评论。但是由于仅能检测非常有限种类的兴奋剂或还不能应用到生物检材（如尿样或血样）或受其他的一些因素的制约，目前这些研究成果还不能在实际兴奋剂检测中使用。

国家体育总局运动医学研究所兴奋剂检测中心在与国内一些高校、院所的合作下，对常规检测中的一些实际问题进行研究，特别是建立一些新的禁用物质的检测方法；对现有检测方法的一些改进；对复杂基质样品检测的研究等，在科技部奥运专项和自然科学基金的资助下，取得一定研究结果并部分应用在常规兴奋剂检测中。几年前，国家体育总局运动医学研究所兴奋剂检测中心第一次在德国科隆兴奋剂检测年会上提出同位素比质谱在兴奋剂检测中应用的注意事项至今，不断报告相关研究结果，这一新观点已经逐渐被接受和推广。

目前，通过近 3 年的研究，国家体育总局运动医学研究所兴奋剂检测中心在和军事医学科学院等单位合作研究中（科技部奥运专项和自然科学基金委课题）成功地用自主基因重组技术制备的 20KD 生长激素抗原获得了比较好的 20KD 生长激素的单克隆抗体。据我们了解，目前世界上仅四株这样的抗体（我们是第四株）。经去国外相关实验室进行比较，我们这株单抗是目前世界上较好的一株。这为检测兴奋剂重组人生长激素奠定了基础。

还有一些院校和研究所在改进质谱检测技术、样品制备（包括免疫亲和色谱）以及制备检测试剂盒等方面均有建树，成果都在 SCI 收录杂志上发表。

四、与国际研究进展的比较

从笔者了解的情况来看，我们的研究比较偏重于应用一些全新的新技术、新方法，比如国内的一些研究集中在芯片检测技术上。由于兴奋剂检测是一个应用性特别强，主要是需要解决一个常规检测中能实际广泛应用的技术问题；如果要替代现有的检测方法，必须有其显著的优越性，而不是仅仅应用了一种新技术。再者，因为兴奋剂阳性检测结果的严重性，使新方法的验证和认可又成为非常重要的一环。笔者认为至今所有兴奋剂检测技术比较大的突破都是建立在一些非常成熟的技术平台上。

从文献的情况来看，国际上发表的一些研究比较偏重于应用，对一些问世几十年的兴奋剂，如大力补和司坦唑醇等，不断进行研究。2006 年有研究发现大力补的一个长效代谢产物，在其他代谢产物消失后仍然可以在尿液中检测到该代谢产物，该代谢产物不一定有生物活性，很少有人研究，但却能显著延长检测大力补的时限，具有相当重要的实际意义。据说，在该代谢产物发表前后不长的一段时间内，全世界共 40 余例因仅检出该代谢产物而报告大力补阳性，远远高于同期相比值。

五、本专题的研究展望

从发展趋势来看，检测基因重组技术产物，如生长激素、胰岛素等是兴奋剂检测的重要领域。基因兴奋剂有可能是一个新的挑战。

建议不仅是从应用全新的新技术或新方法方面进行研究，而且从应用现有成熟技术对一些实际问题进行更深入的研究，并加强对课题立项、科研团队的组成、课题进程的管理以及课题验收评估的改革。

参考文献

[1] Hongwu Du, Moutian Wu, Weiping Yang, Gu Yuan, Yimin Sun, Yuan Lu, Shan Zhao, Qingyun Du, Jun Wang, Sheng Yang, Mangen Pan, Ying Lu, Shan Wang, and Jing Cheng. Development of Miniaturized Competitive Immunoassays on a Protein Chip as a Screening Tool for Drugs, Clinical Chemistry 2005, 51:2, 368-375.

[2] 张祥民，杨秀晗，王小川．一种基于集成化微流控芯片的分析系统和分析方法．中国专利申请号：CN200510029876.X，专利申请日：2005-09-22.

[3] 杜冠华，周勇．兴奋剂检测芯片的设计原理与技术研究．高技术通讯，2005，15:3，77-82.

[4] Research Highlights, Olympic for Chips, Nature Methods, 2005, 2:3, 162.

[5] Wu Moutian, Wang Jingzhu, Wang Shan, Lu Jianghai, Zhang Yinong, Liu Xin, and Zhang Huyue. Identifying N-Nitrosofenfluramine in a Nutrition Supplement, Journal of Chromatographic Science, 2005, 43:1, 1-4.

[6] Zhang J, Xu Y, Di X and Wu M. Quantitation of salbutamol in human urine by liquid chromatography-electrospray ionization mass spectrometry, J Chromatogr 2005 B 831(1-2):328-332.

[7] 王杉，宓捷波，常文保，邓静，陆江海，崔凯荣，张长久，吴侔天．减肥保健品中芬氟拉明等8种合成食欲抑制剂的分析测定．分析化学，2004 Vol. 32 No. 3. 320-324.

[8] 王静竹，吴侔天，张亦农，刘欣，杨志勇．气相色谱/燃烧炉/同位素比值质谱方法对尿中去氢表雄酮及其代谢物的检测．药学学报，2005 Vol. 40 No. 2. 159-163.

[9] Guangyu CHEN. Characterization of a Specific Monoclonal Antibody Against 20 KD GH, Workshop on Anti-Doping Analysis, Beijing, 2006.

[10] Jiebo Mi, Shan Wang, Xiaojie Ding, Zhenquan Guo, Meiping Zhao and Wenbao Chang. Efficient purification and preconcentration of erythropoietin in human urine by reusable immunoaffinity column, Journal of Chromatography B, 843 125-130(2006).

[11] Yu B, Cong H, Liu H, Li Y, Liu F. Ionene-dynamically coated capillary for analysis of urinary and recombinant human erythropoietin by capillary electrophoresis and online electrospray ionization mass spectrometry, J Sep Sci. 2005, 28(17):2390-400.

[12] Schanzer W, Geyer H, Fussholler G, Halatcheva N, Kohler M, Parr MK, Guddat S, Thomas A, Thevis M. Mass spectrometric identification and characterization of a new long-term metabolite of metandienone in human urine, Rapid Commun Mass Spectrom. Jun 28. 2006, 20(15):2252-2258.

撰稿人：吴侔天

中医药在运动医学领域中的研究热点

如何建立具有中国特色的运动医学科技与服务体系，充分发挥中医药为2008年北京奥运会的服务作用，做出更大贡献，是摆在我们面前的重要任务和工作。现就近年来中医药在我国运动医学领域中热点、难点问题的研究现状做一些回顾性总结建议和展望，以供上级领导决策参考。

一、近年来的回顾总结与评估

近年来，中医药在运动医学领域中的热点、难点问题主要体现在如何消除运动性疲劳或抗疲劳能力提高运动能力和运动创伤防治两大方面的研究和应用上。

近年来在中国运动医学杂志和体育科学大会上发表的中医药应用与研究的论文约132篇。有关运动创伤(含非运动的创伤)44篇，其临床经验总结36篇，基础研究7篇，综述1篇；有关运动性疲劳方面81篇，其中人体实验26篇，动物实验51篇，综述4篇；其他与中医药有关的论文7篇。从大量论文分析看出：①有关运动性疲劳、提高运动能力方面的研究处于一个较良好发展时期，但多处于动物实验基础研究阶段，研究层次较高，但动物实验结果的科学性和动物模型的规范化很有待提高，特别是在运动员中的应用研究很少，亟待深入开展。②有关运动创伤的论文多处于临床经验总结状态，伤病预防的文章几乎没有，基础研究偏少，高层次的论文很少，其科学性不太强。这与长期以来对运动创伤医生的重视培养不够，处于低水平状态有关。

二、中医药在运动创伤方面的应用

由国家体育总局科教司组织的《优秀运动员的运动创伤流行病学研究》课题[1]对中国47支运动队6810名运动员进行运动创伤流行病学调查，其结果对我国运动创伤的发病原因和防治具有一定指导意义。调研结果表明，在65种治疗方法上，其中使用多、疗效好的前3种方法全是中医药治法，手法治疗占34%，针刺占11.24%，中药外敷占9.77%。以上研究结果充分证明了中医药在我国运动创伤治疗上发挥了极重要作用，且是一种疗效好，深受运动员欢迎的治疗方法。遗憾的是，战斗在第一线的队医们在经验总结和研究上，论文太少，且论文质量不太高，特别缺乏中医伤科辨证和治则、治法。36篇临床经验总结性论文多以手法和中医为主，针灸及针刀很少，其代表性论文有韩瑞等[2]采用推拿、牵引、功能锻炼等治疗腰椎间盘突出症503例，取得了优良率79.5%，蔡普旺等[3]自制雄姜散透皮剂配按摩治疗运动性腰背肌肉筋膜炎80例，其总有效率达92.5%，明显优于西医对照组(73.33%)。毛雨生等(2000)[4]采用按摩和功能锻炼治疗腰椎小关节退行性骨关节炎32例，取得优良率达68.7%，有效率达100%的满意效果。杨鸿[5]采用手法按摩配合温针、封闭、功能锻炼等方法治疗男排髌骨张腱末端病18例取得100%有效率。汪永利等[6]采用止痛透骨膏治疗急慢性软组织损伤71例，取得了有效率96%的疗效。贾春生等[7]运用耳部沿皮透穴配合患部围刺或齐刺法治疗软组织损伤117例，对急性损伤取得了显效率100%，对陈旧性损伤显效率高达90%的优良效果。

由此可见，中医药在运动创伤的应用是十分广泛的，主要是战斗在第一线队医治疗运动创伤的主要方法，并发挥了重要作用。

三、中医在消除运动性疲劳方面的应用

(一)中医关于运动性疲劳机理与本质的认识

关于疲劳发生的机理与本质的科学认识与研究是中医药消除运动性疲劳研究极为关键的问题。由于对中医文献的理解不同，长期以来出现了不同的学术观点和治法就不足为奇了。

中医对疲劳的认识已有两千多年历史，在“整体观念”和“阴阳、藏象、经络、卫气营血学说”等中医基础理论指导下，较深刻地揭示了“运动性疲劳”的机理和本质，并提出了不少治疗方法。当前，运动医学界引经据典最多的是“劳则气耗”等句，理解为是单纯的“气虚”或“肾气不足”等，主归于“阳气不足之证”，故大量使用温补肾阳或补气药之类的治法，种类甚多。然而，我们认真研析了《内经》关于“劳则气耗”的整段整句论述，则发现与各位学者的论点大相径庭。请容我引述经文谈谈自己的认识体会。《素问·举痛论篇》说：“劳则气耗。劳则喘息汗出，内外皆越，故气耗矣。”经文中的“劳”，明显的是指劳力、劳役、强力负重、涉水等，经文解释了这种“劳”必“喘息汗出”，这与运动特点极为相似。喘为内，与肺、肾有关；汗为外，则与腠理、脾肾有关。“内外皆越”，则应理解为疲劳或过度，故为气耗矣。因此，经文中说的“劳则气耗”应理解为是指“津液和精气的耗损”，与肺、脾、肾有关，而不是只指气虚或肾阳虚损。

内经对疲劳的机理、本质还做了进一步论述。《素问·调经篇》说：“阴虚生内热，奈何？岐伯曰：有所劳倦，形气衰少，谷气不盛，上焦不行，下脘不通，而胃气热，热气熏胸中，故内热。”经文中的形气、谷气是指精血、水谷之精气；上焦指肺心、下脘指脾胃。

这些论述，阐明了运动性疲劳或劳倦等证是精气津液耗损、内外皆越，脏腑功能失调，以致阴虚生内热的本质与发生机理，也揭示了运动性疲劳与形体，与肺、脾、肾等脏腑功能的密切关系，充分体现了中医的整体辨证观念，这种理论对后世产生了重要影响，具有重要指导意义。

我们研究认为，虽然《内经》说“肝者，罢极之本”，这是指筋力而言，是说筋的疲劳与肝脏密切相关。而《内经》和后世医著中更多的是强调与脾、肾、肺的关系。我们的研究课题结果[10,11]也证明运动性疲劳与脾、肾、肺脏腑机能关系十分密切。

通过文献和大样本运动性疲劳症状的研究分析，我们认为“运动性疲劳”是运动员在大中强度训练后出现的一系列疲劳证候群，与单纯的脑力劳动或情志(精神)因素引起的疲劳证候截然不同，其发生机理是机体运动系统的强烈运动和脏腑机能的参与，过度喘息汗出是主因，故其运动必劳其形体(肌肉、筋、骨、关节)、劳其脏腑和神志，必耗其大量

精血、津、液。其本质是形体、脏腑功能的下降或失调和津液精血不足，属生理性，为内伤不足之证，早期多以阴虚证候为主，后期多为阴阳气血两虚证并见，主要涉及肺、脾、肾脏腑机能的改变。不同项目的运动在不同训练时期、训练内容而发生的疲劳证候则不同，故在抗疲、消疲时，应整体与局部辨证结合并分期论治之。由于运动员的饮食多为精肉米面油腻厚味饮食，加之不注意体育与饮食卫生，故运动性疲劳证候，常复加饮食有余劳伤或外感风冷、水湿，出现虚中夹实证候，使运动性疲劳证候更为复杂，因此，具体治疗时医者必须认真辨证论治。

(二)关于运动性疲劳中医分型与诊治的应用研究

近年来，不少学者对运动性疲劳进行了较深入的研究和讨论，并取得了一定成果。最令人费解和需要研究讨论的是，采用同样的小鼠或大鼠动物电动跑台训练或游泳训练力竭性运动方式模型，虽然有的作者对训练方法做了一些改良，但采用的是不同治疗原则和不同的中药，其结果都取得了较好的效果。我想只有一种解释，说明了运动性疲劳是一个较复杂的证候群，本质是内伤不足虚证。所以绝大部分作者采用的不同治则的补益类中药都取得不同疗效。反之，关于运动性疲劳的中医分型和诊断标准和运动性疲劳中医证类标准化动物模型的确立，亟待我们去深入研究解决。关于消疲、抗疲、提高运动能力则治法颇多，主要有疏肝理气扶正[12、13]、补脾益肾[14]、益气温阳[15]、益气助阳、补肾养血、清热养阴、活血利水[16、17、18]，补气活血[19]、健脾增免[20]、补助阳气兼养阴清热[18]、补肾助阳、益气养血[21]、补肾益气[22]、补肾壮阳[23]、益气升阳、活血安神[24]和补肾益元[25]等。其药物组成主要是益气健脾、补肾壮阳类中药，其显著特点多从补助阳气着手来消除运动性疲劳。

在人体试验研究方面，冯枫等人应用补肾益气类中药对40名重竞技运动员免疫功能影响进行了观察，服药1月后证明，对运动员免疫球蛋白水平影响不大，但能提高血液中IL-2(白介素Ⅱ)的浓度和维持免疫机能的稳定[22]。周志宏等应用补肾益元中药对80名水上运动项目运动员运动性疲劳肾气不足证及低血睾酮的研究观察，结果证明补肾益元方能有效防止运动性肾气不足证的发生，并能缓解低血睾酮的下降的作用[25]。张世明等主持的《中医消除运动性疲劳及恢复方法的研究》大课题[10、11]对运动性疲劳证候进行了系统性研究，通过8个单位15个子课题两年多的研究，取得了不少创新的成果，充分肯定了中医药在消疲、抗疲、提高运动能力等方面具有重要作用。整个课题研究，确立了中医对运动性疲劳机理本质的认识和基本理论体系，并创造性运用中医治疗理论由“平衡－不平衡－平衡”不断取得平衡的认识观，充分认识中医药平衡阴阳和双向调节作用，使中医药在消疲、提高运动能力上具有重要的不断增强机能的功效。在中医整体辨证观思想指导下，将运动性疲劳分为形体、脏腑和神志三个类型和十二种常见的疲劳证候，并确立了诊断标准，其依据可靠，故具有很强的科学性。该课题紧密结合了运动训练实际，并积极运用了生理、生化指标等先进技术诊断运动性疲劳的基本方法和标准进行检测，针对不同的运动性疲劳主证组方、针灸和手法等治疗，取得了较为满意的效果，使中医消除运动性疲劳的方法更加规范化、系统化，为中医药的临床推广应用和开展深层次的研究打下了坚实基础。

四、建议与展望

(1)坚持中西医并重的方针,推动中医、西医两种医学体系的有机结合,遵循继承与创新相结合的原则,保持和发扬中医药特色和优势,积极利用现代科学技术,使中医药在我国运动医学领域中发挥更大的作用,为2008年北京奥运会作出更大贡献。

(2)坚持中医药学整体辨证论治的精髓和原则。无论是在运动创伤防治,还是消除运动性疲劳、提高运动能力等方面,都应坚持整体辨证观和辨证论治的思想,要在中医基础理论指导下应用,重点抓好中医药的标准化、规范化研究,以促进中医药理论和实践的发展,增强中医药的科学性,为真正建立具有中国特色的运动医学体系而努力。

(3)在消疲、抗疲和提高运动能力方面的应用研究,重点应放在人体试验观察研究上,使研究结果更符合实际,更能发挥作用和推广应用。因为中医药的应用基础研究难度很大,特别是动物的中医证型造模难度更大,且实验结果往往与运动员训练实际有较大差异,又耗费了大量资金和人力。需做必要的动物实验时,应注意动物实验模型规范化、标准化的研究,应尽量做到与运动性疲劳中医证型的动物模型基本一致,以增强其科学性。

(4)加强中医药人才队伍的建设和培养。有关部门应高度重视,加大对中医药事业的支持力度,坚持中西医并重的方针,否则中医药的应用和发展前景不容乐观建立具有中国特色的运动医学体系任重而道远。

参考文献

[1] 国家体育总局科教司.优秀运动员运动创伤流行病学研究.2000,1.

[2] 韩瑞,等.503例腰椎间盘突出症的非手术治疗.中国运动医学杂志,1999,18(2):179.

[3] 蔡普旺,等.雄姜散透皮制剂治疗运动损伤性腰背肌肉筋膜炎80例临床观察.中国运动医学杂志,1999,18(2):183.

[4] 毛雨生,等.腰椎小关节退行性骨关节的康复治疗.中国运动医学杂志,2000,19(4):439.

[5] 杨鸿.男子排球运动员髌骨张腱末端病的防治体会.中国运动医学杂志,2001,20(4):441.

[6] 汪永利,等.外用止痛透骨膏治疗运动损伤的临床疗法观察.中国运动医学杂志,2002,21(5):522.

[7] 贾春生,等.耳针沿皮透穴刺法配合患部围刺、齐刺法治疗软组织损伤117例.中国运动医学杂志,2004,23(2):190.

[8] 陈家旭,等.中医药抗运动性疲劳研究概况与展望.中国运动医学杂志,1997,16(1):50.

[9] 杨维益,等.健脾理气法对骨骼肌能量代谢影响的研究.中国运动医学杂志,1994,13(1):28.

[10] 张世明,等.运动性疲劳的中医分型和诊断标准的研究.中国运动医学杂志,2003,22(1):47.

[11] 国家体育总局成都运动创伤研究所.中医消除运动性疲劳与恢复方法的研究.研究报告,2002;2-19.

[12] 郭建军,等.中药复方"体复康"对剧烈运动后大鼠巨噬细胞功能恢复的影响.中国运动医学杂志,1999,18(3):231.

[13] 王启荣,等.理气扶正类中药"体复康"消除大鼠运动性疲劳的骨骼肌肉组织化学研究.中国运动医学杂志,1999,18(3):305.

[14] 郭建军,等.补脾益肾中药有助于长期大运动量训练大鼠免疫功能的恢复.中国运动医学杂志,2000,19(4):362.
[15] 庄剑青,等.运动不同阶段中医辨证论治提高运动能力的实验研究.中国运动医学杂志,1999,18(4):297.
[16] 余谦,等.中药复方补剂和清剂抗体力性疲劳作用的研究.中国运动医学杂志,1999,18(4):300.
[17] 余谦,等.中药复方补剂和清剂抗体力性疲劳作用的研究.中国运动医学杂志,2000,19(3):285.
[18] 余谦,等.中医药抗体力性疲劳的整体思辨与应用前景.中国运动医学杂志,2001,20(1):3.
[19] 李良鸣,等.补气活血中药和力竭运动对大鼠不同类型肌纤维自由基代谢的影响.中国运动医学杂志,1999,18(4):309.
[20] 樊晋华,等.健脾增免中药对小鼠免疫机能及力竭性游泳运动能力的影响.中国运动医学杂志,2002,22(4):371.
[21] 吴纪饶,等.复方白蚁制剂抗运动性疲劳作用的实验研究.中国运动医学杂志,2003,22(1):85.
[22] 冯枫,等.补肾益气类中药对重竞技项目运动员免疫功能影响的观察.中国运动医学杂志,2003,22(2):180.
[23] 吕国枫,等.冬虫夏草制剂的补肾壮阳作用研究.中国运动医学杂志,2004,23(2):193.
[24] 宋亚军,等.益气升阳、活血安神中药复方对急性耐力运动后大鼠不同脑区单胺类神经递质的影响.中国运动医学杂志,2004,23(1):39.
[25] 周志宏,等.补肾益元中药对运动性疲劳肾气不足证及运动性低血睾酮的影响.中国运动医学杂志,2004,23(1):98.

撰稿人:张世明　马建

运动营养的研究、实践和展望

一、引言

运动营养学就是一门用营养学、运动训练学和生物化学等手段来研究和评估运动人体的代谢和体能状况，并提供营养学强身和恢复手段的科学。它是一门多学科综合应用科学，在我国，经过50多年的发展，已经成为一个相对独立的学科。它在竞技体育中发挥增强体能和保证健康的积极作用。本文拟就我国两年来运动营养研究和实践方面的发展进行重点介绍，并有所侧重地与国际前沿做简要的比较。这些内容包括：营养素代谢与运动竞技能力，运动员营养素及食物摄入量和营养推荐标准的研究和颁布，运动性疲劳的机理及营养消除措施，运动员营养状况监控及膳食科学化，运动营养品功效评价程序和方法及运动员食品安全体系的建立、"运动营养生化恢复监控系统"在竞技体育实践中的应用等方面。最后，将就运动营养未来的研究方向进行探讨。

二、营养素代谢与运动竞技能力

（一）糖代谢与补充

研究发现，耐力训练可使人骨骼肌糖原合成能力增加[1]。少量研究涉及运动员糖补充的研究发现，运动中规律的糖补充有利于运动员血糖维持、水电解质补充和乳酸清除[2]。近几年，国内运动营养学工作者对糖原合成的机理结合中草药有效成分对糖原合成的影响做了较深入的研究。李良鸣等对运动后前糖原、大糖原合成糖原的恢复规律及其机理进行了探讨，同时，也观察了某些中药有效成分对运动后糖原合成的效应。研究还表明，刺五加皂苷和水飞蓟素可促进肌糖原合成[3,4]。国外对运动后骨骼肌PG和MG的合成及饮食碳水化合物摄入的影响做了探讨，发现：运动后48 h恢复的前期PG的合成快于MG，后期MG快于PG，两者合成的速率明显受运动后膳食碳水化合物量的影响[5]。

（二）蛋白质及肽和氨基酸及其补充

国际上蛋白质的研究尤其是蛋白质补充及其与糖配伍的补充研究已取得了突破，如建议运动后蛋白质和糖按一定比例（1∶4）混合补充的效果比单纯补糖要好得多，这可以促进肌肉摄取更多的糖[6]。虽然蛋白质的基础研究在我国进展不多，但在活性肽对运动机体的有益作用方面的研究很活跃。近几年的研究显示：大豆肽具有减少肌肉损伤、促进肌肉蛋白重建及修复细胞、缓解运动性疲劳、促进运动后体能恢复、改善免疫和内分泌机能等[7-11]。

肌酸对运动员的有益作用是比较肯定的。在补充方面的新见解是：肌酸与糖一起补充时效果更好，更有利于糖原的合成，机理是肌酸能增加安静状态下骨骼肌对胰岛素刺激的葡萄糖转运[12]。

（三）多糖

有关多糖及其补充对免疫的有益作用研究得比较多，另外研究比较多的就是有关多糖对运动机体运动能力等的影响。一些研究表明，香菇多糖、黄芪多糖、黑木耳多糖、枸杞多糖、银杏外种皮多糖、灵芝多糖等具有抗疲劳、抗氧化、减轻损伤、提高运动能力的作用[13-15]。

（四）运动员营养素及食物推荐摄入量、适宜摄入量、营养推荐标准的研究和颁布

1991 年陈吉棣发表了“推荐的运动员膳食营养素日供给量建议和说明”[16]。这是我国第一个运动员营养素供给量的推荐值，成为评定运动员膳食质量和指导运动员平衡膳食的参考依据。2001 对 1991 年版的“推荐的运动员膳食营养素日供给量建议和说明”进行更新和完善[17]。

为了便于实施和操作，2005 年，国家体育总局颁布了“中国优秀运动员每日食物供给标准”[18]。另外，标准中还增加评价运动员膳食营养及机能状态所测定的某些生化指标的“理想值”，如果超出了理想值（范围），则需要实行膳食和运动营养品补充的干预措施。

以上三个文件，尤其是最后一个文件，几乎成了监控和评价运动员膳食状态、指导合理膳食及营养品应用的重要文件。国外还未见专门为运动员制定的膳食营养素推荐标准。

三、运动性疲劳的机理及营养消除措施

有关运动性疲劳的研究是历来的体育科研的热点。下面就运动性疲劳的机理及其营养学消除措施方面近年来所做的工作进行简要介绍。

（一）运动性骨骼肌疲劳及损伤的机理和预防消除方法的研究

运动性骨骼肌疲劳与骨骼肌微损伤有关。骨骼肌损伤的基础研究包括肌肉损伤时的形态组织、血清酶活性、自由基代谢、蛋白质代谢改变及营养物质对肌肉损伤的保护作用等[19-20]。有关骨骼肌疲劳和损伤的细胞、亚细胞及分子机制的研究主要集中在细胞钙离子稳态[21]，线粒体、肌浆网的结构和功能[22-25]、肌浆网钙离子转运[26]等方面的改变及其可能的营养性恢复措施[27]。

近两年在大豆肽对肌肉损伤的保护作用方面的研究逐步开展了起来。研究发现，服用大豆肽可减轻自由基对运动机体骨骼肌的损伤作用[8-10]。服用大豆蛋白可诱导骨骼肌脂肪酸代谢酶活性增加和表达，并与训练产生协同效应[11]。中药及其有效成分消除运动性疲劳的研究举不胜举，学科报告中将有专题讨论。

(二)运动性免疫机能抑制的机理研究和营养补充调理

运动员训练、比赛或高原训练时,会形成运动性免疫机能低下。我们对反映免疫功能低下的指标进行了不同层面的研究,并形成了完整的测试系统[28,29]。有关运动性免疫功能低下的机制和营养调理(包括营养素、中药方剂和单味中药及其有效成分)的研究近两年来取得了一些进展。周丽丽等研究发现补充牛膝多糖和黄芪多糖可有效防止免疫功能的抑制[30,31]。另外,壳聚糖、补气中药、健脾增免中药;红景天、淫羊藿在中医中药预防运动性免疫低下方面有着广阔的发展前景。

(三)高原训练的营养恢复措施

我国关于高原训练对运动员营养素及其代谢水平的基础研究较少,现有的研究主要是高原运动员膳食营养状况和机体营养素水平的研究报道。

四、运动营养品功效评价程序和方法及运动员食品安全体系的建立

当运动员身体机能由于训练出现某种平衡失调时,通过补充具有调节功能的营养品达到调节内环境、促进恢复、提高对大运动量及高强度训练的耐受程度从而提高竞技能力。但是,运动营养品的应用中存在很多问题,如运动员使用的盲目性和依赖性,运动营养品的质量良莠不齐,缺少功效评价等。

(一)运动营养品功效评价程序和方法

针对上述存在的问题,国家体育总局组织相关科研单位经过几年的努力已研究制定出《运动营养品功效评价程序和方法》。同时,体育总局的运动营养研究与管理部门也正为筛选市场上质量好、效果好的营养品并为运动员研究出优化的项目化和个体化的补充方案做着更深入的工作。

(二)运动营养品质量监控

为了使运动员能用到安全高效的运动营养品,确保运动员的违禁药检测及营养素服用的安全、有效,体育总局的运动营养研究与管理部门正在进行运动营养品质量监控方法的研究。质量监控包括功效监控和功效成分监控两个方面,拟采用先进的气相或液相—质谱—质谱仪对营养品中的有效成分及其含量进行测定,监控所含有效成分的含量。同时,结合运动人体食用后的功效观察判断该种营养品是否具有一定的功效。

(三)运动员食品安全体系的研究和建立

由于食物原料的种植、运输、储藏过程中常使用抗生素、农药和激素等,国内食品中受控物质的含量有的超出国家的检测限标准,其中有些还可能造成食源性违禁药检测阳性。另外,在食物制作过程中,也常常会受到微生物和有害物质的污染甚至可能存在故意投毒

的可能性。因此，及时研究出监控检测上述物质的可靠方法、确保运动员食品安全的安全体系有效运行，是保证运动员的食品安全的一个重要方面。目前，由科技部支持的《运动员食品安全体系的建立》课题已完成了初步研究工作，通过运行上述系统，可初步保证运动员食品安全。

五、运动营养在竞技体育中实践

"运动营养生化恢复监控系统"是我国科学家独创的一个理论和应用系统。国外运动营养界也有大量的类似的研究，而且就某些单一的营养素或机能状态的研究达到了很高的水平。但是，其整体性和应用性都达不到我国这一系统的同等水平。运动营养生化监控恢复系统由营养生化监控、营养干预和机能状态调整三部分构成一个有机的整体[32,33]。

(一)营养生化监控

营养生化监控主要检测血样和尿样。根据检测指标所反映的机体的物质代谢和机能状况的不同，一般将检测分为以下几类[34]。

1. 运动员体能状态和能力的评定指标

定量运动负荷后不同恢复时间的血乳酸值的测定或定量的逐级递增负荷时的乳酸变化曲线都是判断运动员训练后有氧和无氧能力增长水平的最为准确的方法[35,36]。

2. 血液学指标

血色素(HB)、血球压积容量(HCT)、红血球(RBC)、铁蛋白等多项反映红细胞代谢状况和铁储备的指标，用以判断运动员血液的携氧能力和蛋白质的营养状况等[37]。

3. 反映肌肉状态及蛋白质代谢的相关指标

血尿素氮(BUN)、肌酸激酶(CK)、乳酸脱氢酶(LDH)、尿蛋白、尿潜血、尿胆原、尿3-甲基组氨酸(3-MH)等，均可用以从不同的角度反映肌肉蛋白质的分解和合成代谢状况，肌肉细胞大强度训练后的损伤及恢复状况[38,39]。

4. 内分泌学指标

血睾酮(T)、皮质醇(Cor)反映下丘脑—垂体—性腺和肾上腺轴的功能，同时也反映机体的合成与分解代谢的平衡状况[40,41]。

5. 免疫学指标

淋巴细胞亚群 CD4/CD8 是反映运动性免疫机能低下的最早期出现的灵敏指标。血清免疫球蛋白 IgG、IgA、IgM 和唾液 IgA 测试的难度较小，费用低，能从体液免疫的角度粗略地反映免疫状况[42]。近几年来，研究者发现，大运动量训练的后期，会出现血浆谷氨酰胺浓度的明显下降，所以他们认为血浆谷氨酰胺浓度可以反映机体的免疫状态[43]。

6. 自由基生成及抗过氧化能力的评定指标

血液丙二醛(MDA)作为组织的脂质过氧化降解产物能够在一定程度上反映自由基

对组织的损伤情况，所以被用以了解运动员的蛋白质氧化，肌肉疲劳和损伤的间接指标[44]。血液超氧化物歧化酶(SOD)、谷胱苷肽过氧化物酶(GPx)等是人体酶类抗氧化物质，可用以判断机体清除自由基的能力[45]。

表 1 列举了常用营养生化监控参考值。这是目前我国用以评价运动员身体代谢状况的参考标准。

表 1 常用营养生化监控参考值[34]

选用指标或参照指标＊	性别	理想参考值	达不到理想参考值时的机体代谢改变
血红蛋白 Hb(g/dl)	男	>15	低血红蛋白或贫血
	女	>13	
肌酸激酶 CK(U/l)	男	<300	肌肉损伤或训练后肌肉恢复不良
	女	<200	
乳酸脱氢酶 LDH(U/l)	男	<250	
	女	<250	
血尿素 BU (mmol/l)	男	<7	运动负荷过量或蛋白质摄入过多
	女	<6	
睾酮 T (ng/dl)	男	>558	合成激素分泌抑制
	女	>37	
白细胞、IgG\IgM\IgA、CD4/CD8 等＊	个体纵向的系统观察		免疫机能低下
丙二醛(MDA)、超氧化物歧化酶(SOD)和谷胱苷肽过氧化物酶(GSH-Px)等＊	个体纵向的系统观察		抗自由基能力下降

(二)合理膳食营养和营养学强力手段在训练和比赛中的应用

1. 运动员膳食营养研究的重要进展

膳食营养是保证运动员营养素的需要和维持体能的最重要的物质基础。国内运动员膳食营养调查 1 000 多人次，这是世界上任何一个国家都不可能进行的超大样本的研究。研究发现在运动员的膳食的失衡主要涉及六个方面：①碳水化合物(糖)摄入严重不足；②脂肪或蛋白质摄入过多；③部分维生素摄入不足；④三餐摄食量分配不合理；⑤钙摄入不足；⑥运动中忽视了水和无机盐的及时补充[46]。

我们用"推荐的运动员膳食营养素日供给量(RDA)"和"运动员膳食各种食物供给标准"来解决运动员膳食不合理的问题[18]。

运动员膳食的营养配餐和营养评价要进行复杂的计算，东方食品比西餐要复杂很多，计算的难度也就更大。随着计算机软件的不断更新换代，各种功能更齐全，运算速度更快捷的膳食调查软件应运而生。目前，周丽丽等开发的"运动员及大众膳食分析与管理系统软件"[47]可以使营养调查的工作量和复杂性减低，并有可能将非营养学专业人员定期监测运动员的膳食摄入形成一种常规管理制度。该软件更重要的特点是引入了中国运动员的膳食推荐量对运动员的膳食状况进行评价和指导，这是国外的同类软件还达不到的水平。

2. 运动员强力营养素补充

运动员使用强力营养素的现象十分普遍。Sobal 和 Marquart 对 51 篇发表文章分析调查 10 274 名男女运动员系统使用营养品者为 46%。1993 年澳大利亚报道，运动员使用的营养品达 6～15 种。我国运动员正常使用的营养品也在 6 种左右。我们调查到使用得最多的可达 20 种以上，这类运动员存在滥用情况[48]。

根据强力营养素的作用目标，我们通常将它们分成四类：①增加肌肉合成代谢和肌力的强力营养素；②促进能量代谢的强力营养素；③促进疲劳消除和体能恢复的强力营养素；④减轻和控制体重的膳食安排和特殊营养素补充[49]。我国运动营养界在以下几方面的研究有突破性的进展.

随着工艺水平的提高，各种肽受到高度的关注。我国在这一领域的研究，特别是运动人体的应用处于国际的领先地位。关于肽在肠道的转运特点、强的保氮能力、促进肌肉快速修复、增长和运动疲劳的恢复将产生良好作用等都有深入的研究[7-10]。

我国在中药维持和提高自身睾酮水平，促肌肉合成的研究取得了不少的高科技成果。在反对使用类固醇类的兴奋剂上起到了积极的作用。在这一领域的研究我们远远超过了国外的同行[50,51]。

国外减肥方面的研究很多，但是对运动员减、控体重的研究不多。在这一领域我国有不少最新的研究。他们不仅深入地研究了不同速度减体重对运动员代谢的不良影响，并在此研究的基础上形成了一个基本完整的营养控制系统。这一系统通过个体化的膳食干预，同时配合减重系列食品使用，来科学地减、控体重[52-54]。

3. 运动员机体对运动训练的不适应及其相应的干预措施

训练要求运动员在超生理极限的强度下进行，这将带来疲劳并打破运动员的机体内环境原有的平衡。随之，可能带来一些与代谢失衡伴随发生的医学问题。这些医学问题可能涉及以下的几个方面：①中枢神经系统疲劳；②内分泌功能抑制；③免疫机能下降；④造血系统功能抑制；⑤机体抗过氧化能力的下降等。我们可对症下药，给出符合中医的辨证论治的运动营养品和保健品处方，帮助运动员的机体尽快回到正常的状态。这一方面我国的研究也有不少突破性的进展。

我国对运动员低睾酮的形成机理的研究很活跃，涉及运动对下丘脑、垂体性腺轴的不同部位，所采用的方法有分子生物学的机制探讨，也有纠正低睾酮方法的应用性研究，并取得了很多理论和应用性成果[50,51]。

运动员的免疫状态与营养密切相关。蛋白质能量不足会使胸腺、淋巴细胞数、淋巴细胞增殖、白细胞介素 2(IL-2)和 γ-干扰素(IFN-γ)的生成下降，并使 NK 细胞的活性降低。研究表明，运动中和运动后补糖，可以抵御运动引起的淋巴细胞增殖抑制。谷氨酰胺是很好的免疫增强剂，因为它是多种免疫细胞复制的原料。同时又是淋巴细胞增殖的必需营养素。某些中成药也是很好的免疫调节剂，只要使用得及时和对症，可以有明显的效果[55-58]。

运动训练过程中确实存在着与运动训练有关的血色素下降问题，这仍然是运动医学界甚为关注，尚未完全解决的一个难题。当运动员的血红蛋白不达标或出现铁储存下降时，需要采用综合的营养学措施。这一措施包括：①促进红细胞生成的中药生血和铁剂补充；②减少氧化应激造成的红细胞老化，维持红细胞寿命的抗氧化剂和红细胞保护剂，如番茄红素和1.6-二磷酸果糖等的使用[59,60]。

六、研究展望

纵观上述我们这几年所做的工作和存在的及需要解决的问题，与世界水平比我们存在的差距。联系到运动员的实际需求，本着促进学科发展、提高学术水平、实现奥运战略、开拓全民健身市场的原则，以增强服务意识、解决实际问题、提高竞技水平为宗旨，做到两条腿走路，学术、服务两不误，基础研究成果全面支撑科技服务。这样既可以促进学科发展，立足本国，走向世界，也可服务于竞技体育，瞄准全民健身市场，造福一方。今后的研究需要围绕合理膳食和科学营养品补充两方面开展。

在搞好运动员膳食和营养品合理补充的同时，搞好基础科研，加强从细胞、亚细胞水平，特别是从分子水平的深入研究，从而了解运动性疲劳的分子机制、信号机制，以实现缓解和消除疲劳及促进体能恢复、防止和防治运动性贫血和免疫机能失调、提高运动竞技能力做好理论和方法的深入研究。另外，在研究中应创新研究方法、指标并密切结合竞技体育的需求，进行针对性地应用研究，特别是营养品作用的信号机制研究。

参考文献

[1] Greiwe J S, Hickner R C, Hansen P A, et al. Effects of endurance exercise training on muscle glycogen accumulation in humans [J]. J Appl Physiol., 1999, 87: 222-226.

[2] 伊木清，等. 自行车运动员补糖的研究[J]. 中国运动医学杂志，1999，18(1)：76-78.

[3] 李良鸣，等. 刺五加皂苷和水飞蓟素提高小鼠运动后即刻肌糖原含量[J]. 中国临床康复，2005，9(28)：202-205.

[4] 李良鸣，等. 刺五加皂苷、水飞蓟素和红景天皂苷对大鼠运动能力和糖原合成的影响[J]. 中国运动医学杂志，2005，24(5)：562-566.

[5] Adamo K B, Tarnopolsky M A, Graham T E. Dietary Carbohydrate and Postexercise Synthesis of Proglycogen and Macroglycogen in Human Skeletal Muscle [J]. Am J Physiol, 1998, 275 (Endocrinol Metab, 38): E229-E234.

[6] Burke E R. Optimal Muscle Performance and Recovery: Using the revolutionary R4 system® to repair and replenish muscles for peak performance [M]. New York. Avery (A member of Penguin Putnam Inc.). 2003.

[7] 李世成，等. 活性肽及其在运动中的应用[J]. 中国运动医学杂志，2003，22(2)：74-76.

[8] 王启荣，等. 补充大豆多肽对中长跑运动员训练期生化指标的影响[J]. 中国运动医学杂志，2004，23(1)：33-37.

[9] 周丽丽.大豆多肽对大强度训练举重运动员肌肉代谢的影响[J].中国食品学报,2006,6(1):40-43.

[10] 李世成,等.补充活性肽对大鼠运动后骨骼肌中间丝蛋白免疫染色的影响[J].天津体育学院学报,2006,21(2):135-138.

[11] Morifuji M,Sanbongi C,Sugiura K. Dietary soya protein intake and exercise training have an additive effect on skeletal muscle fatty acid oxidation enzyme activities and mRNA levels in rats[J]. Br J Nutr. 2006,96(3):469-75.

[12] 朱蔚莉,等.肌酸补充与骨骼肌糖代谢[J].体育科学,2006,26(1):71-73.

[13] 史亚丽,等.香菇多糖对力竭小鼠抗疲劳及保肝作用研究[J].吉林农业大学学报,2004,26(3):301-304.

[14] 史亚丽,等.黑木耳多糖对生物机体运动能力的影响[J].中国临床康复,2006,10(35):106-108.

[15] 张小平,等.黄芪多糖对力竭小鼠保护作用及运动能力的影响[J].临床和实验医学杂志,2006,5(7):853-854.

[16] 陈吉棣,等.推荐的运动员膳食营养素日供给量建议和说明[J].营养学报,1991,13(3):286-290.

[17] 陈吉棣,等.推荐的中国运动员膳食营养素和食物适宜摄入量[J].中国运动医学杂志,2001,20(4):240.

[18] 国家体育总局.优秀运动员营养推荐标准[M].北京:国家体育总局科教司.2005.

[19] 崔玉鹏.大鼠不同方式运动后骨骼肌损伤与血浆CK及其同工酶变化的关系[J].中国运动医学杂志,2003,22(6):561-565.

[20] 伊木清.大鼠游泳训练及其力竭后血总睾酮、肌酸激酶及RBC ATP酶活力的改变——用于其机能状态评价的回归模型构建[J].西安体育学院学报,2006,23(1):62-66.

[21] 周锦琳.酸性刺激对大鼠骨骼肌细胞胞浆 Ca^{2+} 的影响[J].北京体育大学学报,2005,28(9):1201-1203.

[22] 时庆德.运动性疲劳的线粒体膜分子机制研究.Ⅱ.运动性氧自由基代谢途径再探讨[J].中国运动医学杂志,2000,19(1):43-44.

[23] 田野.急性运动后大鼠骨骼肌线粒体 $45Ca^{2+}$ 摄取的动力学观察[J].中国运动医学杂志,2001,20(2):132-133.

[24] 周锦琳.急性运动对大鼠骨骼肌线粒体 $Ca^{2+}-ATP$ 酶和 $H^{+}-ATP$ 酶活性的影响[J].中国运动医学杂志,2001,24(3):320-322.

[25] 王长青.游泳训练后大鼠骨骼肌细胞自由基代谢、线粒体膜电位变化与细胞凋亡的关系[J].中国运动医学杂志,2002,21(3):256-260.

[26] 伊木清.过度游泳训练及力竭降低大鼠骨骼肌肌浆网 Ca^{2+} 相对释放能力[J].中国运动医学杂志,2005,24(6):681-688.

[27] 李世成.运动后骨骼肌微结构的损伤及修复与蛋白质补充[J].中国运动医学杂志,2004,23(2):216-219.

[28] 金其贯.运动、营养与免疫功能研究进展[J].中国运动医学杂志,2003,22(1):63-67.

[29] 金其贯.运动训练与免疫功能的研究进展[J].西安体育学院学报,2004,20(4):43-49.

[30] 周丽丽,等.补充中药多糖对耐力训练大鼠淋巴细胞免疫功能低下的预防作用[J].天津体育学院学报,2005,20(6):18-21.

[31] 周丽丽,等.中药多糖对耐力训练大鼠外周血T淋巴细胞亚群及活化T细胞数量的影响[J].西安体育学院学报,2006,23(4):63-67.

[32] 杨则宜.运动营养生物化学研究进展.中国运动医学杂志,2004,23(2):158-166.

[33] Maughan R J,L M Burke and E F Coyle,Food,nutrition and sports performance Ⅱ The Internation-

al Olympic Committee Conseensus on Sports Nutrition Routledge, 2004, London and New York.

[34] 周丽丽，伊木清，杨则宜. 中国优秀运动员血液生化指标恢复值研究. 体育科学，2002，22(3)：96-102.

[35] Wiswell R A, Jaque S V, Marcell T J, Hawkins S A, Tarpenning K M, Constantino N, Hyslop D M. Maximal aerobic power, lactate threshold, and running performance in master athletes. Med Sci Sports Exerc 2000 Jun, 32(6): 1165-1170.

[36] Moreau K L, Whaley M H, Ross J H, Kaminsky L A. The effects of blood lactate concentration on perception of effort during graded and steady state treadmill exercise. Int J Sports Med 1999 Jul, 20 (5): 269-274.

[37] Gledhill N, Warburton D, Jamnik V, Haemoglobin, blood volume, cardiac function, and aerobic power. Can J Appl Physiol 1999 Feb, 24(1): 54-65.

[38] Janssen G M, Degenaar C P, Menheere P P, Habets H M, Geurten P. Plasma urea, creatinine, uric acid, albumin, and total protein concentrations before and after 15-, 25-, and 42-km contests. Int J Sports Med 1989 Oct, 10 Suppl 3: S132-138.

[39] Hartmann U, Mester J. Training and overtraining markers in selected sport events. Med Sci Sports Exerc 2000 Jan, 32(1): 209-215.

[40] Vuorimaa T, Vasankari T, Mattila K, Heinonen O, Hakkinen K, Rusko H. Serum hormone and myocellular protein recovery after intermittent runs at the velocity associated with VO(2max). Eur J Appl Physiol Occup hysiol 1999 , Nov-Dec, 80(6): 575-581.

[41] Hoogeveen A R, Zonderland M L. Relationships between testosterone, cortisol and performance in professional cyclists. Int J Sports Med 1996 Aug, 17(6): 423-428.

[42] McKenzie D C. Markers of excessive exercise. Can J Appl Physiol. 1999 Feb, 24 (1): 66-73.

[43] Rohde T, MacLean D A, Hartkopp A, Pedersen B K. The immune system and serum glutamine during a triathlon. Eur J Appl Physiol Occup Physiol. 1996; 74(5): 428-434.

[44] O'Neill C A, Stebbins C L, Bonigut S, Halliwell B, and Longhurst J C. Production of hydroxyl radicals in contracting skeletal muscle of cats. Journal of Applied Physiology, 1996, 81: 1197-1206.

[45] Yu B P. Cellular defenses against damage from reactive oxygen species. Physiological Reviews, 1994, 74: 139-162.

[46] 周丽丽，杨则宜，伊木清. 中国运动员膳食营养状况调查分析与改进建议. 中国运动医学杂志，2002，21(3)：278-283.

[47] 周丽丽，等. 运动员与大众膳食营养分析与管理系统软件的研制. 中国公共卫生，2002，18(增刊)：62-64.

[48] 杨则宜. 国际运动营养食品的功能与市场发展. 中外食品，2004(8)：46-49.

[49] 杨则宜. 国内外运动营养食品发展现状和趋势. 食品工业科技，2004(5)：10-13.

[50] 王启荣，周丽丽，李世成，高红，许葆华，杨则宜. 耐力训练和益气补肾中药对睾酮合成的调节因素——StAR 蛋白和 P450SCC 酶 mRNA 表达的影响. 中国运动医学杂志，2005，24(2)：137-142.

[51] 王启荣，周丽丽，高红，许葆华，方子龙，杨则宜. 运动性低血睾酮与血清皮质醇(酮)睾丸 11β-HSD-mRNA 水平及其中药干预的影响. 天津体育学院学报，2005，20(4)：1-4.

[52] 郑念军. 摔跤运动员减控体重系统模型的构建与实施方案. 山东体育学院学报，2005，21(1)：58-61.

[53] 刘勇，周正宏. 摔跤运动员赛前慢速减重结合快速减重训练期间身体机能变化的研究. 体育科学，2006，26(7)：40-46.

[54] 归予恒，杨则宜，王爱兰. 优秀轻级别拳击运动员减控体重与营养补充方法探讨. 中国运动医学杂

志,2004,23(4):430-422.

[55] 封文平,冯连世,洪平,王莱芮.我国优秀游泳运动员免疫系统机能及其相关分析研究.体育科学,2005,25(4):32-34.

[56] 陈佩杰,王茹,董强刚.生理状态下外周血白细胞、干扰素、白细胞介素 2、白细胞介素 4 和白细胞介素 10 基因表达的荧光定量 PCR 检测.体育科学,2006,26(1):74-76.

[57] 李红燕.中药对免疫系统的作用与在运动免疫中的应用前景.科技信息,2006(4):143.

[58] 李梅,姜欣.中医药对运动免疫功能影响的研究进展.中医药学刊,2006,24(2):318-319.

[59] 马建,虞亚明,张世明,刘波,涂禾,邹明,刘卫东.服用健脾生血补肾中药对划船运动员大运动量训练后血红蛋白及免疫球蛋白等指标的变化.中国临床康复,2006,10(27):16-18.

[60] 黄园,等.运动对红细胞老化与生成的影响.中国运动医学杂志,2002,21(5):458-461.

撰稿人:伊木清　杨则宜

运动免疫学研究的现状及展望

运动免疫学的研究开始于19世纪初。近几十年来，该领域雨后春笋般的文献报道充分反映了人们对运动免疫学研究的重视。随着对运动免疫学的探索与认识不断向深度和广度拓展，运动免疫学已在运动免疫与人体健康的关系、科学指导体育锻炼和运动训练等方面取得了显著的成就。世界高新技术的迅猛发展，全民健身战略的实施，使运动免疫学面临着新的机遇与挑战。因此，分析运动免疫学目前研究现状，探讨运动免疫学研究的难点和热点，思考未来运动免疫学的发展战略，对促进运动免疫学学科发展、提升运动免疫学学科水平是十分必要的。

一、国内运动免疫学研究现状

(一)低氧环境训练的免疫研究

低氧是一种能引起机体自主神经系统和内分泌功能产生明显变化的环境应激原，在低氧环境下运动，会使机体产生更为明显的应激反应。运动员在低氧环境中居住或训练，必然会引起一系列生理变化和适应，同时对免疫系统也将产生一定的影响。过去人们较多地研究了低氧运动对循环、呼吸、血液等方面的影响，对低氧运动与免疫的研究尚不深入。近年来，随着运动免疫研究的不断展开，不同低氧训练模式在运动实践中的不断应用，研究者已开始把更多的目光投入到低氧环境运动对免疫机能影响的研究中。

低氧与运动是能够影响免疫功能的两种独立的应激原，免疫系统的功能受运动和低氧的双重影响。轻度运动活跃免疫机能，力竭运动抑制免疫反应，低氧与运动同时存在加重免疫抑制。目前急性和慢性高原暴露、高原训练、模拟低氧训练等对免疫功能的影响已有一些零星报道，主要集中在对淋巴细胞、中性粒细胞、T淋巴细胞、NK细胞的数量或活性的研究上，且研究结果不完全一致。虽然低氧运动使免疫系统的许多环节都可能受影响，但T细胞产生的免疫变化被认为与急性低氧运动引发的免疫抑制有关，是高原暴露的初期机体感染增加的关键原因[1]。已有的研究结果可以为低氧训练提供一定的理论基础和实践依据，但由于传统高原训练方法的改进，有关高住低练(living high-training low，HiLo)、高住高练低训(living high，exercise high-training low，HiHiLo)和低住高练(living low-training high，LoHi)等低氧训练方法究竟会对免疫系统产生何种影响，其过程和影响程度如何，都是现阶段研究的主要内容[2]。进一步的研究还应该聚焦在低氧运动引起免疫功能改变的确切机制上。对于确定那些与低氧相关的免疫功能变化的临床意义及是否增加感染风险的评估也是非常必要的。

(二)运动免疫与营养

运动免疫学研究表明，营养缺乏会降低机体的免疫力，增加感染的风险，从而影响运动员的运动能力。运动员免疫功能降低通常与运动所引起的血糖浓度降低、蛋白质摄入不足、谷氨酰胺浓度降低、氧自由基升高等密切相关。在训练实践中，可以通过营养补充保护运动员的免疫功能，或加速运动后免疫功能的恢复速率。合理而科学地补充营养已受到国内外广大教练员、运动员和体育科研工作者的日益关注。有关碳水化合物、蛋白质、脂肪、微量元素、维生素代谢与免疫相互关系的研究一直非常活跃。目前已有更多的研究集中在免疫营养剂上。免疫营养剂是指一些营养物质不仅能防治营养缺乏，而且能以特定方式刺激免疫细胞，增强免疫功能。主要的免疫营养剂包括谷氨酰胺、精氨酸、ω-3不饱和脂肪酸、核苷和核苷酸等，这些营养剂已成为当今运动免疫与营养的研究热点[3]。

谷氨酰胺和精氨酸作为机体的条件必需氨基酸，是近年来较为引人注目的免疫营养剂。谷氨酰胺是多种免疫细胞生成的原料，具有维持体内酸碱平衡、保持小肠黏膜上皮的结构和功能、维持组织中抗氧化剂的储备、增强免疫反应等作用。补充外源性谷氨酰胺能改善细胞免疫功能和肠道免疫功能，为运动过程中或运动后的免疫调节和营养摄取提供了一定的保障，有利于运动能力的提高。也有研究发现血浆谷氨酰胺浓度的改变只对免疫系统的一部分指标有影响对另一部分指标影响不大或没有影响。精氨酸除具有一般氨基酸的营养功能外，还具有促进蛋白质合成和免疫调节等多种功能，精氨酸在运动过程免疫机能的维持中起到了重要作用。

目前，谷氨酰胺、精氨酸与运动过程中免疫机能的关系还有待进一步澄清，其中既有作用机理也有实际应用的问题，如谷氨酰胺、精氨酸补充的量和时间，它们与其他免疫营养剂的相互关系。是否基本的谷氨酰胺、精氨酸饮食摄入即可维持健康人的免疫功能，运动应激时应补充多少剂量才能满足运动机体代谢的需要等，都是值得研究的问题。

(三)运动免疫的机制研究

近年来，运动员超量运动后频频出现感染性疾病(如上呼吸道感染、病毒性肝炎等)，高发的“运动性免疫抑制”(exercise-related immunosuppression)现象，引起了人们的广泛重视，运动与免疫功能改变的关系也因此成了国内外众多学者的关注焦点，且进行了一系列研究，学者们提出“J形(J-shaped)理论”、“开窗(open window)理论”，对运动与感染的关系进行了描述，并从“神经内分泌调节”、“免疫抑制因子调节”和“营养调节”等角度对“运动性免疫抑制”的机理进行探讨。随着对上述研究的不断深入，最新的研究成果即 Th 细胞 (help T cell ，Th)在运动免疫应答中的调节作用令人瞩目。这一新的认识和发现，从一个全新的视角诠释了“运动性免疫抑制”现象的发生机理[4]。

传统观点对 Th 细胞的认识，仅局限于 Th 细胞在细胞免疫中的作用，而最新研究结果则重新确立了 Th 细胞同时在细胞免疫以及体液免疫诱导中的重要地位。Th1 和 Th2 细胞为一对重要的调节细胞，同时又互为抑制细胞，Th1 细胞分泌的 IFN-γ 等可抑制 Th2 细胞的分化和功能，Th2 细胞分泌的 IL-10 等可抑制 Th2 细胞的分化和功能。因此，它们之间的相互平衡与否直接影响机体的免疫功能，且与身体机能状态密切相关。正常人体体内，Th1 和 Th2 发挥各自重要的免疫效应，使细胞免疫和体液免疫保持着动态平衡，一旦这一平衡遭到破坏，将可能导致各种疾患的发生。广义 Th1/Th2 可以代表机体复杂的细胞因子网络，从整体上对机体免疫状况进行评价。

Th1/Th2 细胞二歧性的理论有助于对过度运动后的免疫抑制和感染的机会增加做出较为全面合理的解释：在某些状况下（如过度运动后），随着 Th1/Th2 平衡向 Th2 漂移，对于正常情况下由 Th1 有关的细胞免疫反应所抵御的某些感染（例如呼吸道合胞病毒感染等），其发生的可能性就会增加。通过这一理论，既往大量的关于运动后内分泌激素改变的研究，和略显孤立的对运动后某种或某几种细胞因子变化的研究结果得到了有机的结合，从而对运动后免疫抑制现象的本质做出理论上更为合理的解释[5-8]。

虽然 Th1/Th2 淋巴细胞失衡学说成为近年来研究运动性免疫抑制的新视点，但是以往对该学说的研究尚停留在运动后 Th1/Th2 淋巴细胞的变化特征以及一些可能相关的影响因素，如糖皮质激素，儿茶酚胺，以及营养物质的作用等。要充分理解运动训练与 Th1/Th2 淋巴细胞亚群之间的关系，就必须对运动训练过程中 Th1/Th2 细胞的分化机制进行深入的研究。随着科研工作者对这一领域的日益关注，已有学者展开了此方面的研究，如运动训练中调控 Th1 分化的关键性细胞因子 IL-12 受体（IL-12 p40 和 p70）的改变[9]，诱导性共信号分子（ICOS）的表达等。这些研究部分揭示了运动后免疫抑制的机制。随着对 Th1/ Th2 调控分化机制研究的不断深入和拓展，发现除部分细胞因子及其受体参与了 Th 类细胞的分化外，另外还有一些免疫分子在其分化调控、效应中也起着重要作用。如趋化因子受体，转录调控因子，信号传导分子，参与炎症反应、与细胞黏附和迁移有关的基因，以及和细胞凋亡相关的基因等。了解不同环节、不同侧面调控 Th1、Th2 淋巴细胞功能基因的改变，一方面可以从分子水平研究运动训练对 Th 细胞分化调控通路的影响；另一方面也将有助于人们深入理解运动性免疫抑制的机制。

随着人们对运动性 Th 淋巴细胞二歧性理论的关注，另一特殊的细胞群也引起了科研工作者兴趣——树突状细胞。树突状细胞（dendritic cell，DC）是体内功能最强的抗原呈递细胞（antigen presenting cell，APC）。有学者认为 Th 的分化由体内这种最强的抗原呈递细胞所控制，这一观点近年来越来越受到重视。21 世纪初，运动免疫界已有学者对此细胞进行了研究报道，但是相关的文献报道仅有零星的几篇。深入研究不同运动项目运动员训练过程中树突状细胞的分布、含量与形态的改变等，为深入系统地展开运动性免疫抑制机制的研究提供了新的方向。

（四）免疫检测的方法学研究

在深入研究运动性免疫机能改变机制的同时，运用高新技术与方法探讨运动性免疫机能的改变，仍然是 21 世纪运动免疫学的热点研究领域。工欲善其事，必先利其器。著名学者 Pickering BMJ 早在 1964 年就提出："The essence of science is method（科学的本质是方法）。"随着人们对 Th1/Th2 淋巴细胞失衡学说的关注，如何利用特异有效的手段检测 Th1 和 Th2 细胞成为科研工作者亟待解决的问题。由于 Th1 和 Th2 细胞尚无可区分的表面标志物，目前只能根据细胞亚群分泌特征性细胞因子的不同，间接检测 Th1 和 Th2 细胞的数目和功能[10]。

细胞因子标记的流式细胞仪技术是从单细胞水平检测细胞因子产生的标准分析方法，应用较广泛。固相酶联免疫斑点技术（ ELISPOT ）是 20 世纪 80 年代建立的，也是一种用于计量单个细胞悬浮液中的细胞因子生成量的先进方法，具有较高的特异性和敏感性。它们均是研究单细胞水平免疫功能改变的理想手段,这些技术在运动免疫学中的应用,可以弥补以往对运动后淋巴细胞组成变化评价中轻单细胞免疫功能改变的研究缺陷。但是,尽管细胞因子标记流式细胞技术或者固相酶联免疫斑点技术具有其他方法无可比拟的优越性,但是在操作过程中,需要对细胞进行刺激、阻断、固定、穿透和标记,其中任何一个环节都会影响实验的结果,同时要求操作人员技术熟练,并能对实验结果进行分析,才能减少实验偏差。此外,由于未活化的淋巴细胞所分泌的细胞因子极少,很难检测出来,因此流式细胞仪技术或者固相酶联免疫斑点技术在检测细胞因子前,需要通过使用致分裂原先对免疫细胞进行刺激活化再检测细胞因子生成的过程,这样的检测结果反映的是免疫细胞对致分裂原的反应能力,并不能真实反映当时状态下机体的免疫机能。是否有其他方法可以简便特异地检测生理状态下自发性细胞因子的表达?

根据 Taqman 技术对靶基因 mRNA 表达进行定量分析的实时荧光定量 PCR 是近年来发展起来的一项新技术[11]。荧光定量 PCR 技术集 PCR 和 DNA 探针杂交技术的优点为一体,实现了 PCR 从定性到定量的飞跃。所以,目前实时荧光定量 PCR 的方法被认为是检测基因表达量的最适合方法。为了便于对 Th1/Th2 淋巴细胞亚群的深入研究,近年我们探索了绝对实时定量 PCR 细胞因子 mRNA 检测方法,获得成功,并被授权发明专利。该方法可用于检测生理状态下外周血白细胞中 IFN-γ、IL-4 等细胞因子 mRNA 的表达量,不仅具有高度敏感性、特异性、重复性以及简单快速的优点,而且克服了以往通过用致分裂原对免疫细胞进行刺激才能进行检测的缺点,真实反映当时状态下机体的免疫机能[12]。从 mRNA 水平检测外周血细胞自发性细胞因子表达可能会先于其蛋白水平的改变,一定程度上具有前瞻性。该技术未来的应用前景是令人鼓舞的。

(五)运动免疫的指标学研究

使用先进技术方法研究免疫机能改变的同时,评定身体免疫机能状态的指标应更趋向简单实用,并要具有前瞻性,传统的免疫学指标(CD4+/CD8+,唾液免疫球蛋白等)出现异常与机体运动能力的下降往往是同步的,缺乏前瞻性。开发新的有价值的实用的前瞻性指标将受到重视。

从 T 淋巴细胞失衡的视角出发,激活的 T 淋巴细胞识别特异性抗原是免疫反应的早期关键环节,而 T 淋巴细胞在没有受到抗原呈递细胞的作用时不可能对抗原产生反应。DC 是功能最强的抗原呈递细胞,具有独特的刺激处女型 T 淋巴细胞的功能。那么,是否可以设想通过检测运动过程中外周血中 DC1/DC2 的改变来预示运动性 Th1/Th2 淋巴细胞失衡的发生?这为寻找运动性免疫改变的早期指标提供了新思路。

此外,NKT 细胞是一群特殊的 T 淋巴细胞,在抗原的刺激下,NKT 细胞可迅速分泌大量具有免疫调节作用的细胞因子,如 IL-4、IFN-γ、IL-10 等,影响免疫反应的类型,使免疫反应向 Th1 型或 Th2 型转换。目前已知 NKT 细胞在免疫防御机制中发挥相当重要的作用,是评价机体防御机制的一个重要细胞,当机体免疫机能发生改变时它在循环池中的改变会先于其他免疫细胞[13],但运动免疫学界对该细胞的相关研究较少。我们在模拟低氧训练的研究中观察到 NKT 细胞能够较好地反映机体的免疫变化状况,可考虑作为首选免疫指标进行人体免疫机能的监测[2]。

二、运动免疫学研究国内外比较

我国运动免疫学的研究在20世纪80年代初开始得到人们的重视，但主要局限于运动对免疫球蛋白的影响。直至90年代，有关运动与免疫关系的研究才逐渐深入，陆续开展了对T淋巴细胞及其亚群、NK细胞、细胞因子、补体等方面的研究。与国外相比，我国的运动免疫学研究起步较晚。国外在80年代初就有较多的文献报道了运动对免疫系统的影响，涉及的面更广，研究的内容更为丰富。有关运动免疫方面的论文，国外论文数呈现逐步增加的趋势，而国内在近五年呈现出明显的放大，表明国内近年来运动免疫学的研究发展很快，大有赶上国外研究步伐的趋势。国内外研究角度的侧重点既有相似之处，也有差异性，相对于国内相关研究，国外动物实验的研究明显偏多，反映了国外对实验研究和模型理论研究的重视，同时也看到很多国外研究工作，理论研究能较快地实施应用，反映了理论与应用研究的并重[14]。从研究的方法与手段来看，从早期的玫瑰花环试验检测运动过程中细胞免疫功能，到20世纪90年代利用流式细胞仪技术研究运动训练对T淋巴细胞的影响，此后，我国运动免疫学工作者不断创新研究方法和手段，流式细胞仪技术、固相酶联免疫斑点技术、实时荧光定量PCR细胞因子mRNA检测技术等已应用于运动免疫的各项研究中，研究水平已与国际研究水平相当，尤其是运动过程中Th1/Th2淋巴细胞失衡的研究以及模拟低氧训练过程中的免疫机能研究已走在国际研究的前列。

三、运动免疫学研究难点和学科发展思考

由于病原体与宿主防御机制间相互影响的复杂性、运动性质的多变性、环境应激的变化以及运动员心理因素和营养因素等的影响，运动后人体免疫机能变化的根本原因和机制，目前尚未完全清楚，成为制约运动免疫学进一步发展的难点。此外，如何寻求更有效的实验方法和敏感的免疫学指标来判断和辨别运动性免疫抑制现象，至今仍是一个复杂而有争议的问题。运动性免疫机能抑制、感染性疾病易感性增加，常导致运动员运动成绩下降或停滞，成为制约运动员运动能力正常发挥的关键所在。如何减轻运动性免疫抑制，加速身体机能的恢复也就成为运动免疫学工作者所面临的瓶颈问题。

随着科学技术的进步，运动免疫学的研究将日益深入，研究方法、技术也将日趋先进。尤其是分子生物学技术在运动免疫学研究中的拓展，相信可以在今后工作中逐步解决目前面临的研究难点，并从更深层次上理解运动对免疫系统的影响以及运动导致免疫功能变化的机制。然而免疫系统是复杂的有机整体，免疫功能是诸多调节机制在免疫系统中的综合反映，运动免疫学的研究任务任重而道远，今后运动免疫学的研究应着重在运动免疫平衡体系的研究，聚焦在运动后免疫功能的恢复与平衡上来。通过免疫增强或免疫补充的恢复和复衡效果，改善运动训练后运动员的免疫功能，这在理论上和实践上都将有重大意义，并将会有助于运动员训练效果和运动成绩的提高。

参考文献

[1] Mazzeo R S. Altitude, exercise and immune function[J]. Exerc Immunol Rev. 2005, 11: 6-16.

[2] 王恬,陈佩杰,高炳宏. 模拟低氧训练对女子赛艇运动员淋巴细胞亚群等指标变化的影响[J]. 体育科学,2006,26(6):59-61.

[3] Nieman D C and Pedersen B K. Nutrition and Exercise Immunology. Boca Raton: CRC Press, 2000.

[4] 吴明方. 运动与 Th 细胞和 ICOS 分子研究新进展[J]. 北京体育大学学报,2005,28(12):1663-1665.

[5] Peijie C, Hongwu L, Fengpeng X, et al. Heavy load exercise induced dysfunction of immunity and neuroendocrine responses in rats [J]. Life Sci, 2003, 72 (20): 2255-2262.

[6] 陶占泉,陈佩杰,王茹,等. 五周递增定量运动负荷训练过程中 T-helper1 和 T-helper2 相关细胞因子基因表达的变化[J]. 中国运动医学杂志 2006;25(3):271-275.

[7] Elenkov I J, Chrousos G P, Wilder R L. Neuroendocrine Regulation of IL-12 and TNF-α/IL-10 Balance: Clinical Implications[J]. Ann N Y Acad of Sci. 2000, 917: 94-105.

[8] Smith L L. Overtraining, excessive exercise, and altered immunity: is this a T helper-1 versus T helper-2 lymphocyte response[J]? Sports Med 2003, 33 (5): 347-364.

[9] Suzuki K, Nakaji S, Kurakake S, et al. Exhaustive exercise and type-1/type-2 cytokine balance with special focus on interleukin-12 p40/p70[J]. Exerc Immunol Rev, 2003, 9: 48-57.

[10] 吴志洪. Th1 和 Th2 细胞的检测方法探讨[J]. 数理医药学杂志,2003,16(2):174-176.

[11] Bustin S A. Absolute quantification of mRNA using real-time reverse transcription polymerase chain reaction assays[J]. J Mol Endocrinol 2000, 25(2): 169-193.

[12] 陈佩杰,董强刚,王茹. 生理状态下外周血白细胞 γ-干扰素、白细胞介素-2、白细胞介素-4 和白细胞介素-10 基因表达的荧光定量 PCR 检测[J]. 体育科学,2006,26(1):74-76.

[13] Crowe N Y, Smyth M J, Godfrey D I. A Critical Role for Natural Killer T Cells in Immunosurveillance of Methylcholanthrene-induced Sarcomas [J]. J Exp Med. 2002, 196 (1): 119-127.

[14] Nieman D C. Current perspective on exercise immunology [J]. Curr Sports Med Rep. 2003, 2(5): 239-242.

撰稿人:陈佩杰　王恬　王茹

低氧训练——HiLo的最新研究进展

HiLo是英文living high-training low的缩写，即让运动员居住在高原或人工低氧环境，训练在平原或较低高度的地方。目前，美国、芬兰、日本、澳大利亚等国家在这方面大量投资，做了很多基础研究，并转向实际应用。最近，在HiLo基础上发展起来的HiHiLo(living high-exercise high-training low)被认为对运动员运动能力的提高有更加显著的效果。

一、HiLo的兴起

运动员在高原训练中很难保持与平地相同的物理强度进行训练，加上高原缺氧引起的肌肉血流量及蛋白质合成的降低，可以认为高原训练是不利于肌肉工作能力的发展的。因此，如何保持高原训练中的运动强度，在发展机体运输氧气和利用氧气能力的同时，又能维持肌肉的运动能力是一个非常重要的课题。

为了解决运动员在高原训练中运动量和强度无法保证，骨骼肌工作能力下降等问题，美国学者Levine于1991年提出了HiLo。这种训练法一经提出，立即引起有关专家、学者们的注意，并做了许多实验来证明其有效性。

最先将HiLo用于运动训练的是芬兰奥林匹克运动研究所的Rusko博士。他于1992年设计并建成了著名的"Alps Room"。之后，瑞典、挪威、日本、美国、澳大利亚、德国、新西兰、韩国、中国等国家也建立了HiLo实验室或训练中心，进行HiLo的研究和应用。

情报表明，世界上已有许多著名运动员用HiLo提高比赛成绩，如美国著名女子中长跑运动员，世界1 500 m、3 000 m、5 000 m跑纪录创造者Suzy Favor Hamilton；美国优秀男子长跑运动员(10 000 m跑成绩27′40″)，2004年奥运会选手For Salazar；世界游泳纪录创造者，美国著名男子游泳运动员Ed Moses；世界著名铁人三项运动员Michellie Jones等。

我国已有许多省市的体育科研单位，如上海、江苏、山东、北京、河北、黑龙江、哈尔滨、湖南、广西、广州、辽宁、深圳等，都拥有低氧设备用于HiLo。北京体育大学建成一个拥有21间低氧卧室、1间低氧训练室、1间高氧恢复室的大型低氧训练中心，为2008年奥运会服务。

二、我国HiLo的研究现状

据统计，从2005年至今仅在中国运动医学杂志上发表的23篇有关低氧训练的论文中就有14篇是关于HiLo的。可见，HiLo仍是目前国内在运动生命科学中的一个研究热点。近两年有关HiLo的研究主要集中在如下几个方面。

(一)HiLo训练理论的研究

高原缺氧造成的VO_2max降低，从训练角度看对运动员保持与平原相同的运动量和训练强度是不利的,但从生理负荷角度看其积极意义在于,进行高原训练时只需较小的运动强度即可达到平地锻炼心肺功能的效果。若以平地同样负荷运动时,则能进一步增加体内缺氧程度,刺激人体产生更大的抗缺氧反应。加上在高原缺氧环境下滞在时呼吸循环系统的机能亢进,抗缺氧能力的增进,从理论上讲运动员是可以通过高原缺氧时的安静滞在和运动这两方面的合成作用来提高耐力的。

与传统的高原训练相比较,HiLo 明显缺乏低氧运动对心肺功能的强烈刺激。因此,HiLo 结合部分低氧运动,训练效果应该更好。在前人研究的基础上,国内学者胡扬明确提出了高住高练低训(HiHiLo)的模式,即让运动员居住在人工低氧环境,训练以常氧训练为主,低氧运动为辅助的一种训练方式。

(二)HiLo 提高运动能力机理的研究

李晓霞等(2005)报道,在 HiLo 初期 RBC、Hb、Hct 即有所升高,第 19 天后达到最高峰。EPO 在 HiLo 初期就有升高变化,11 天后出现高峰。这一高峰与间断性低氧暴露 19 天后 RBC、Hb、Hct 的高峰有关。表明 HiLo 对 EPO 形成存在着慢性积累的过程,而红细胞的生成与释放对 EPO 存在量的依赖效应。

李俊涛等(2006)探讨了 HiHiLo 对优秀女子中长跑运动员心功能的影响,发现低氧训练对心脏功能无不良影响,低氧居住在某种程度上有利于心脏功能的恢复[1]。

张缨等(2005)通过不同氧浓度的 HiHiLo 观察足球运动员红细胞等血象指标的变化。结果表明,氧浓度为 14.2%的 HiHiLo 与 15.4%相比,能更快更有效地提高红细胞和血红蛋白的生成[2]。

(三)HiLo 应用效果预测指标的研究

刘媛媛等(2006)观察了 HiHiLo 中优秀女子中长跑运动员网织红细胞参数及血红蛋白的变化规律。结果表明,网织红细胞参数在不同时段显著增加,未成熟网织红细胞和网织红细胞成熟指数是低氧训练的敏感指标,并与血红蛋白变化存在一定关联性。提示未成熟网织红细胞和网织红细胞成熟指数可作为低氧训练效果的预测指标。

雷雨晨等(2005)观察了 HiLo 过程中脉搏血氧饱和度(SpO_2)和 Hb 的变化规律。结果表明,急性低氧运动时,SpO_2 一直处于低水平,至恢复期 10 分钟仍未恢复到运动前水平,且 SpO_2 与 Hb 的变化存在较大个体差异和一定的关联性。提示可以将 SpO_2 作为低氧训练效果的预测指标[3]。

(四)HiLo 对免疫机能影响的研究

罗琳等(2006)观察了 4 周模拟海拔 3 000 mHiHiLo 过程中红细胞 CD35 数量及红细胞 C3bRR、ICR 的变化[4]。发现 4 周后实验组和对照组 CD35 数量较实验前分别下降了 4.9%和 10.5%($P<0.05$),红细胞 C3b 受体花环率较实验前分别下降了 16.7%和 24.9%($P<0.01$),红细胞 IC 花环率较实验前分别升高了 29.9%($P<0.05$)和 32.4%。表明 HiHiLo 对人体红细胞 CD35 数量的影响不如对红细胞 CD35 活性的影响明显;且 HiHiLo影响 RBC-C3b RR 和 RBC-ICR 较低住低训更明显;HiHiLo 3 周后实验组运动员

出现临床上的继发性免疫低下现象，4 周末有所好转。

朱荣等(2006)报道，4 周 HiHiLo 后实验组和对照组 CD58 表达分别较实验前下降了 33.14%和 30.29%，两组间有显著性差异($P<0.05$)；CD59 表达分别下降了 10.38%和 9.68%，两组间无显著性差异。提示 HiHiLo 和 LoLo 均可影响，HiHiLo 对人体红细胞 CD58、CD59 表达的影响更为明显。

王恬等(2006)对 12 名女子赛艇运动员 HiHiLo 和 LoHi 过程中 CD3＋、CD4＋、CD8＋、NK 细胞及 NKT 细胞的变化进行了观察[5]。结果表明，模拟低氧训练过程中不同训练时期对免疫指标产生的影响不同，主要表现为低氧训练后期部分免疫指标出现显著性差异。同时，不同模拟低氧训练方式对人体免疫功能产生的影响也有差异，HiHiLo 组比 LoHi 组免疫抑制现象更为明显。NKT 细胞对低氧训练表现出较为明显的反应，可考虑作为首选指标监测机体的免疫状况。

三、与国外研究进展的比较

以“living high training low”为关键词组在 Medline 上搜寻，可以发现国外学者 2005 年以来共发表 11 篇 HiLo 的相关论文。在这 11 篇论文中，有 9 篇是以优秀运动员为实验对象对 HiLo 的应用性进行的研究[8,11-15,17]。与国外的研究相比较，国内目前的研究主要还是以机理为主。从所发表的论文看，虽然国内在机理方面的研究质量优于国外同类研究，但 HiLo 是一项应用性特别强的研究，显然我们与国外的研究相比是缺乏应用性研究的。

由于高原气候的影响，世居平原的运动员到高原进行训练时血液会发生浓缩。因此，国外学者对高原训练的效果提出质疑：高原训练使血红蛋白(Hb)提高是由于血液浓缩，血浆容量减少所致，还是确实因为缺氧使体内造血功能提高，Hb 真正得到了提高[10]。目前，国外学者们较为推崇的评价高原和低氧训练效果的新指标为血容量、血浆容量和红细胞容量(RBCmass，ml 或 ml/kg 体重)之间的关系，用 RBCmass(red blood cell mass)进行评价，以确切反映高原训练后运动员的携氧功能是否得到真正的提高。

RBCmass 的测定方法有多种，如伊文思蓝染色测试法、CO 重呼吸测试法、131I 或 135I 和 51Cr 同位素标记法等等。51Cr 标记是国际上公认的测试红细胞容量最规范且最可靠的方法。但这些方法均有其不足之处，如同位素标记法会对人体健康造成不利影响；CO 重呼吸法会过高估算血容量值，不易检测出 Hbmass(hemoglobin mass)的微小升高；伊文思蓝染色法会过高估算 Hbmass 和 RBCmass 等等。近年来，又提出用 53Cr 标记测试红细胞容量来估算 RBCmass 和 Hbmass。

四、本专题的研究展望

HiLo 从提出到现在仅十多年的历史，但已引起广泛的关注、研究与应用。根据目前的研究来看，今后有关 HiLo 的研究可能有如下两个热点问题。

(一)HiLo应用中免疫机能下降问题

低氧刺激、训练、环境气候、HiLo持续时间均可能是导致继发性红细胞免疫活性低下的原因之一。运动员免疫能力的低下,将不利于运动员进行大运动量训练,易感染疾病。从所发表的论文看,无论是国内还是国外,学者们均开始重视这方面的研究[18]。可以认为,HiLo实施过程运动员正常免疫功能的维持将是今后的一个研究热点。

(二)HiLo效果的个体差异问题

研究表明,运动员对低氧训练的适应存在着较大的个体差异,如何针对运动员的个体差异制定出具有个性特征的低氧暴露计划,是取得更好训练效果的保证。基因多态性与低氧训练适应的个体差异的相关性研究正在被人们所重视。刘海平等(2006)的初步研究发现,HIF-1α基因SNP/C1772T和eNOS基因VNTR/4ba与低氧训练效果的个体差异性相关联。具有CT基因型,CT/ba复合基因型的受试者能更好地适应低氧环境[7]。

参考文献

[1] 李俊涛,曾凡星,胡扬,田野,刘媛媛,鲍九枝,胡荣.低氧训练中优秀女子中长跑运动员CKMB和心电图∑T/R的变化[J].中国运动医学杂志,2006(25):314-316.

[2] 张缨,胡扬.不同氧浓度的高住高练低训对红细胞等血象指标的影响[J].体育科学,2005(11):29-32.

[3] 雷雨晨,胡扬,田野,孔兆伟,陈效科.高住低训过程中血氧饱和度变化及其与血红蛋白变化的关系[J].中国运动医学杂志,2005(2):203-206.

[4] 罗琳,张缨.高住高练低训对足球运动员红细胞CD35数量及活性变化的影响[J].中国运动医学杂志,2006(4):395-398.

[5] 王恬,陈佩杰,高炳宏.模拟低氧训练对女子赛艇运动员淋巴细胞亚群等指标变化的影响[J].体育科学,2006(6):59-61.

[6] 朱荣,张缨,蔡爱洁.高住高练低训对足球运动员红细胞CD58、CD59和T淋巴细胞CD2表达的影响[J].中国运动医学杂志.2006(3):320-340.

[7] 刘海平,胡扬.低氧诱导因子-1α和一氧化氮合酶基因多态性与低氧训练效果关联性研究[J].华人运动生理与体适能学者学会,2006.

[8] Julien V Brugniaux,Laurent Schmitt,et al. Living high-training low:tolerance and acclimatization in elite endurance athletes. Eur J Appl Physiol. 2006,96:66-77.

[9] Levine,Stray-Gundersen. Positive effects of intermittent hypoxia (live high-train low)on exercise. performance are mediated primarily by augmented red cell volume. J Appl Physiol . 2005,99:2053-2058.

[10] Christopher JGore,Will G Hopkins,et al. Errors of measurement for blood volume parameters:a meta-analysis. J Appl Physiol. 2005,99:1745-1758.

[11] Robach P,Schmitt L,Brugniaux J V. Living high-training low:effect on erythropoiesis and maximal aerobic performance in elite Nordic skiers. Eur J Appl Physiol. 2006,Jun 20.

[12] Schmitt L,Millet G,Robach P,et al. Influence of "living high-training low" on aerobic performance and economy of work in elite athletes. Eur J Appl Physiol. 2006,97(5):627-636.

[13] Robach P,Schmitt L,Brugniaux J V,et al. Living high-training low:effect on erythropoiesis and aerobic performance in highly-trained swimmers. Eur J Appl Physiol. 2006,96(4):423-433.

[14] Brugniaux J V,Schmitt L,Robach P,et al. Eighteen days of "living high,training low" stimulate erythropoiesis and enhance aerobic performance in elite middle-distance runners. J Appl Physiol. 2006,100(4):1435.

[15] Wehrlin J P,Zuest P,Hallen J,et al. Live high-train low for 24 days increases hemoglobin mass and red cell volume in elite endurance athletes. J Appl Physiol. 2006,100(6):1938-1945.

[16] Zoll J,Ponsot E,Dufour S. Exercise training in normobaric hypoxia in endurance runners. Ⅲ. Muscular adjustments of selected gene transcripts. J Appl Physiol. 2006,100(4):1258-1266.

[17] Wehrlin J P,Marti B. Live high-train low associated with increased haemoglobin mass as preparation for the 2003 World Championships in two native European world class runners. Br J Sports Med. 2006,40(2):e3.

[18] Tiollier E,Schmitt L,et al. Living high-training low altitude training:effects on mucosal immunity. Eur J Appl Physiol. 2005,94(3):298-304.

撰稿人:胡扬

运动创伤学学科发展报告—临床部分

运动创伤学的发展离不开其他学科的发展和进步。近 20 年来，微创外科学、影像医学、移植生物学、分子生物学、生物力学和康复医学等方面的发展极大促进了运动创伤学的发展。其中，关节镜微创外科技术是最关键的因素。关节镜微创外科技术的应用，使得运动创伤的诊断和治疗产生了根本性的飞跃。此项技术在我国开始应用至今不过 20 余年，真正应用于临床诊断和治疗的不过 10 年左右时间。运用关节镜微创技术治疗全身大关节运动损伤是国内外运动创伤领域研究的重点和热点，近年来得到飞速发展，新的理论与技术不断涌现。

一、膝关节运动创伤学的发展与现状

膝关节常见的运动创伤主要有交叉韧带损伤（包括前、后交叉韧带）、半月板损伤和关节软骨损伤。根据病史、体格检查和核磁共振检查可以判断交叉韧带、半月板和关节软骨损伤的程度和部位。在诊断明确后，这类损伤通常需要进行手术治疗。在关节镜下重建交叉韧带，切除或修复半月板损伤，修复软骨损伤已成为首选的手术方法。

国内对运动员、青少年前交叉韧带断裂进行了详细的流行病学调查和临床流行病学研究，总结了运动员中膝关节前交叉韧带损伤的发生率。发现技术失误是首位致伤因素，女运动员前交叉韧带损伤发生率比男运动员高，在柔道、摔跤项目中更明显；致伤因素在运动员中以技术失误为主，非运动员以误伤为主；根据流行病学研究结果，提出了预防损伤的方法和措施。有关前、后交叉韧带损伤对关节软骨、半月板的影响的研究，提出前交叉韧带断裂后应尽早手术重建，后交叉韧带断裂合并明显后向不稳者也应早期重建，以恢复关节的稳定性，有效预防和延缓继发损害的观点。前交叉韧带急性损伤时早期进行关节镜手术具有手术创伤小，诊断明确，可同时处理合并损伤，能够促进膝关节稳定性和运动功能的早期恢复等优点，因此国内提出了急性前交叉韧带损伤早期应在关节镜下进行重建手术的观点。交叉韧带重建后移植物会经历坏死、细胞长入、胶原形成和重新塑形四个阶段，骨道内的移植物最终会和骨壁牢固结合（末端形成），移植物的塑形改建和末端形成过程是决定手术是否成功的重要影响因素之一。北京大学第三医院运动医学研究所进行了前、后交叉韧带重建后移植物塑形改建和末端形成过程方面的系列研究，包括组织学、免疫组织化学和生物力学研究。这些研究丰富了对正常前、后交叉韧带组织学方面的认识，阐明了韧带移植物塑形改建和止点形成的过程及其规律，用于指导移植物的选择和固定以及术后的康复。

国内交叉韧带重建常用的移植物有自体腘绳肌腱、自体骨髌腱骨、自体股四头肌腱、异体肌腱（包括跟腱、腘绳肌腱、骨髌腱骨、股四头肌腱、胫前肌腱等）以及人工韧带等。韧带止点固定方法有 Endo-Button、挤压螺钉、横向穿钉、打结嵌压法、螺栓、U 形钉以及骨桥固定法等。最新的 Intrafix 下止点固定方法能够将多股肌腱均匀的固定在骨道的四壁，不仅能够增大肌腱和骨壁的接触面积，同时能够使多股肌腱保持相同的张力。现阶段，关节镜下单束重建是国内外治疗交叉韧带断裂最常用的技术，取得了较好的效果。但是，单束重建不是解剖重建，对于抵抗关节旋转不稳定的作用较弱，在特定的患者群中（例如专业运动员）不能完全满足患者的需要。而双束重建的韧带在结构和功能上更接近天然的韧带，理论上具有更好地抵抗关节旋转不稳定的作用。北京大学第三医院运动医学研究所已经对前交叉韧带的分束情况进行了相关的解剖学研究，并采用双束解剖重建技术治疗前、后交叉韧带断裂，取得了初步的成果。对于膝关节联合损伤或交叉韧带损伤进行翻修手术的患者，选用异体肌腱是目前最佳的选择，国内已开展了此类手术，并建立了相应异体肌腱组织库。双束解剖重建技术是交叉韧带重建术未来的发展方向之一。此外，通过调控生长因子的表达或应用组织工程韧带来促进重建韧带的成熟，以促进膝关节功能的早期恢复，也具有良好的应用前景。

国内在应用关节镜技术治疗半月板损伤的早期阶段，以半月板完全切除术为主。随着半月板能够增加关节稳定性、保护关节软骨的作用得到越来越多的重视，医生们尽量避免实施半月板完全切除术，而实施部分切除、修复手术所占比例越来越大。经余家阔等的临床研究证实，利用可吸收性材料（可吸收性半月板箭、螺钉以及缝线等）修复半月板损伤，成功率在90%左右，与国际上的结果一致。修复半月板损伤所用的可吸收性材料均为国外生产，国内应加大在此类产品研发方面的投入，并进一步改进设计，提高材料的固定强度，提高半月板修复的成功率。国内已开展了少量半月板移植手术，由于适应证范围较小，手术操作复杂，涉及组织移植等问题，目前没有得到大范围开展。胶原半月板移植技术由美国最先提出，已在澳洲、亚洲的一些国家进行了临床应用，国内尚无相关的经验。

关节软骨损伤的治疗方法主要有关节镜下软骨损伤病灶清理术、钻孔术、微骨折术。国内的临床研究表明钻孔术与微骨折术治疗小面积软骨损伤的效果相近，北京大学第三医院运动医学研究所运用硅橡胶移植治疗关节软骨损伤也具有良好的疗效。自体骨软骨块移植术、软骨细胞移植术等适用于大面积软骨损伤的治疗，目前国内应用较少。国内少数研究机构具有体外培养关节软骨细胞的能力和条件，并进行了相关的软骨修复研究，但尚未进入临床应用阶段。国际上自体软骨细胞移植发展较快，已用于临床治疗，虽然存在费用昂贵、手术周期长等问题，但具有良好的广泛应用前景。

二、肩关节运动创伤学的发展与现状

肩关节常见的运动损伤有肩袖断裂、肩关节不稳、撞击综合征等。切开手术损伤大，恢复缓慢。国内可在关节镜下完成肩袖缝合、盂唇修复和肩峰减压术等，但技术尚未普及。肩关节不稳定的关节镜下治疗失败时可用切开手术，例如Bristow术、Bankart术等。双排固定技术是国际上修复肩袖断裂的一项新技术，由于手术费用高、操作较复杂，国内尚未应用。

三、踝关节运动创伤学的发展与现状

踝关节软组织撞击综合征、距骨骨软骨损伤、骨性关节病以及距后三角骨损伤等的治疗都可在关节镜下完成。国内已开始应用小直径的关节镜进行距下关节损伤的诊断和治疗。国际上对小面积距骨骨软骨损伤的治疗方法有关节镜下病灶清理、钻孔术、微骨折术，对于大面积的损伤则采用自体骨软骨块移植、软骨细胞移植等方法；而国内目前仅局限于关节镜下小面积软骨损伤的治疗。

四、其他关节运动创伤学的发展与现状

肘关节、腕关节、髋关节的关节镜手术只能够在国内少数大医院进行，包括肘关节、髋关节游离体取出术、软骨病灶修整/微骨折术、滑膜切除术，腕关节三角软骨盘切除术等。国际上对肘关节大面积软骨剥脱的治疗有骨软骨块移植、自体软骨细胞移植等。

五、运动创伤学的发展趋势与建议

运动创伤的治疗将进一步向微创方向发展，将以各大关节为中心，逐渐扩展到全身小关节。关节镜微创技术将与组织工程技术、现代康复技术结合，提高疗效，加快术后的康复。其中膝关节交叉韧带损伤以及各关节大面积软骨损伤将继续是运动创伤治疗领域研究的重点和热点，而交叉韧带的双束解剖重建术与自体软骨细胞移植术是最具前景的技术。

关节镜微创外科技术在国内已得到一定程度的广泛应用，取得了良好的效果。但主要局限在大型城市和东部经济发达地区，而在广大的中小型城市和中西部地区发展较慢。由于关节镜微创技术不同于传统的切开手术，具有一定的特殊性，技术操作难度高，达到熟练掌握所需时间较长。国内应建立统一的关节镜技术培训基地、规范培训内容和方法，促进关节镜微创技术的普及和应用。同时对实施关节镜手术的医生进行相关的技术认证，提高关节镜微创外科医生的素质。实施关节镜手术需要具备精细的关节镜、摄像系统、电动刨削系统和手术专用器械。目前，国内生产工艺和水平与国际上的差距较大，应加强此方面的研究和开发，提高国产关节镜器械的品种和质量。

参考文献

[1] 曲绵域，于长隆主编.实用运动医学(第四版)[M].北京：北京大学医学出版社，2003.

[2] 敖英芳主编.膝关节镜手术学[M].北京：北京大学医学出版社，2004.

[3] 于长隆主编.现代运动创伤学进展[M].北京：北京大学医学出版社，2003.

[4] 敖英芳，田得祥，崔国庆，等.运动员前交叉韧带损伤的流行病学研究[J].体育科学，2000，20(4)：47-48，88.

[5] 敖英芳，于长隆，田得祥，等.女运动员前交叉韧带损伤调查分析[J].中国运动医学杂志，2000，19(4)：387-388.

[6] 王建，敖英芳.前交叉韧带损伤的临床流行病学研究[J].中国运动医学杂志，2001，20(4)：380-382.

[7] 王健，敖英芳.青少年前交叉韧带损伤流行病学研究[J].中国运动医学杂志，2002，21(5)：471-474，483.

[8] 敖英芳，田得祥，王健全，等．膝关节前交叉韧带急性损伤早期关节镜下检查和手术治疗[J]．中华外科杂志，1999，37(11)：671-673．

[9] 薛海滨，敖英芳，于长隆．应用半腱肌腱重建前交叉韧带末端形成的特点[J]．中国运动医学杂志，2002，21(2)：127-130．

[10] 王永健，敖英芳．自体半腱肌腱移植重建前交叉韧带移植物组织学变化的实验研究[J]．中国运动医学杂志，2004，23(6)：609-612．

[11] 徐雁，敖英芳，于长隆，等．四股半腱肌腱重建兔前交叉韧带后束间结构转归过程的实验研究[J]．中国运动医学杂志，2005，24(5)：517-520．

[12] 王健，敖英芳．自体重建兔后交叉韧带移植物止点转归的实验研究[J]．中国运动医学杂志，2006，25(3)：283-289．

[13] 徐雁，敖英芳，于长隆，等．兔四股半腱肌腱编织重建前交叉韧带组织学研究[J]．中国运动医学杂志，2006，25(4)：381-383．

[14] 刘平，敖英芳．兔交叉韧带解剖学及生物力学特性研究[J]．中国运动医学杂志，2005，24(3)：326-328．

[15] 刘平，敖英芳，于长隆．异体前十字韧带移植重建兔后十字韧带的生物力学研究[J]．中华骨科杂志，2005，25(11)：662-666．

[16] 刘平，敖英芳，胡跃林，等．兔异体前交叉韧带移植重建后交叉韧带的组织学研究[J]．中国运动医学杂志，2006，25(1)：9-11，16．

[17] 敖英芳，王健全，余家阔，等．急性膝关节损伤早期关节镜检查的临床作用[J]．中国运动医学杂志，1998，17(1)：38-40．

[18] 敖英芳，胡跃林，王健全，等．膝关节镜下后交叉韧带重建术[J]．中国运动医学杂志，2000，19：231-232．

[19] 敖英芳，王健全，余家阔，等．膝关节镜下前交叉韧带重建术[J]．中国运动医学杂志，2000，19：13-14．

[20] 敖英芳，王健全，余家阔，等．急性完全性前交叉韧带损伤的膝关节镜下早期重建治疗[J]．中华外科杂志，2000，38(7)：523-525．

[21] 敖英芳，王健全，余家阔，等．膝关节镜下采用挤压螺钉固定骨—髌腱—骨自体移植重建前交叉韧带[J]．中华外科杂志，2000，38(4)：250-252．

[22] 敖英芳，王健全，余家阔，等．膝关节镜下微创重建前交叉韧带[J]．中国微创外科杂志，2001，1(1)：14-17．

[23] 余家阔，于长隆，敖英芳，等．关节镜下可吸收半月板箭修复膝关节半月板损伤106例疗效观察[J]．中国运动医学杂志，2006，25(2)：141-145．

[24] 崔国庆等．肘关节镜手术初步疗效报告[J]．中华骨科杂志，2000，20(9)：548-551．

[25] 王立德，张羽飞，王福生，等．关节镜下治疗踝关节软组织撞击综合征[J]．中华骨科杂志，2000，20(4)：230-233．

[26] 焦晨，胡跃林，等．踝关节软组织撞击综合征的临床研究[J]．中国运动医学杂志，2006，2：147-150．

[27] 胡跃林，敖英芳，田得祥，等．关节镜在踝关节运动损伤中的作用[J]，中国微创外科杂志，2003，3：44-47．

撰稿人：敖英芳

人类运动能力相关的线粒体基因标记

众所周知，人类骨骼肌 ATP 的再生能力是维持高水平运动能力的一个重要的限制因素，而线粒体是氧化磷酸化生成 ATP 的重要场所。线粒体作为核外唯一具有遗传效用物质(mtDNA)的细胞器，具有自我复制功能，并控制相当的遗传性状。目前研究表明，mtDNA是人类基因组中唯一不遵循孟德尔遗传规则的基因序列，具有严格的母系遗传特征，其基因组可进行自身 DNA 的复制、转录和翻译，可以编码自身的 rRNA、tRNA 以及部分蛋白质，并以一定方式影响核基因的表达[2]。线粒体基因组作为人类基因的重要组成部分，其全序列和基本结构已由剑桥分子生物学研究所 F. Sanger 实验室阐明，通过分子遗传学信息学来分析评估群体多样性也较容易，成为目前群体和个体遗传学研究的热点。

研究表明，杰出的运动能力很大程度上受控于基因，在人类存有对运动训练敏感的高反应群体(high responder，HR)和对训练不敏感的低反应群体(low responder，LR)，其遗传特征存有母系遗传。近年来，国内外学者尝试着探讨与运动能力相关的基因标记，并定位这些基因，以解决优秀运动员的早期选材和运动能力诊断问题，并从分子水平揭示人类运动能力的遗传生物学机制。目前，这一领域已取得了一些令人鼓舞的研究成果[1]，仅将有关mtDNA与运动能力的最新研究进展作一概述。

一、mtDNA 与运动能力研究现状

(一)运动员 mtDNA 多样性

mtDNA 作为良好的遗传标记进行基因分型和个体识别有其独特的优势，人类单一细胞中含有 1 000～10 000 个 mtDNA 拷贝，进化速率快、多态性高，相对核 DNA 而言，其检验灵敏性更高，加上特有的母系遗传方式，重组几率低，存在于单倍体中，避免了核 DNA 一条染色体为杂合子时的相互干扰；进行 DNA 分型简单，无须进行 Hardy-Weinberg 平衡分析，使统计分析和个体识别标记更容易。在一个群体中，应用基因多态性进行 mtDNA 分型和个体识别，首先要评估该群体的基因多样性，还要对群体中无关个体 mtDNA 单倍型的耦合概率进行分析。研究发现，人类 mtDNA 的多样性很高，一个群体中个体间 mtDNA 单倍型的差异很大，尤其欧亚大陆人群 mtDNA 单倍型频率分布较高[3-6](详见表 1)。

表 1　不同人群 mtDNA 高变区 Ⅰ 单倍型的情况

人群	测试个体	单倍型数
中国汉族人	111	103
中国汉族运动员	61	60
日本人	18	14
印度人	48	37
沙特阿拉伯人	42	37

续表

波斯瓦那人	28	7
瓜地马拉人	30	16
巴拿马人	63	5
意大利人	69	46
芬兰人	50	33
冰岛人	39	26
俄罗斯人	33	22
西班牙人	46	26
瑞士人	74	41
英国人	100	62

最近,常芸等研究发现[7],我国汉族耐力运动员 mtDNA 多样性(P)高达 99.95%,两无关个体间耦合概率(h)很小。与顾明波等对我国汉族人的研究结果非常一致[8],说明无论汉族人还是汉族运动员 mtDNA 基因多样性都非常高。与日本、中国台湾、俄罗斯及西班牙人群进行对比分析,也说明 mtDNA 多样性的差异主要分布在群体内的个体间,而群体间的差异较小(详见表 2)。

表 2　不同群体 mtDNA 基因多样性

人群	D-loop		HVⅠ		HVⅡ	
	h(%)	P(%)	h(%)	P(%)	h(%)	P(%)
中国汉族运动员			99.95	1.69	98.00	2.2
中国北方汉族人	99.97	0.92	98.98	1.01	97.74	3.14
日本人		1.1		2.3		3.9
中国台湾人			99.9		99.3	
德国高加索人	99	0.6				
俄罗斯人			96			
西班牙人			99	1.3		

(二)运动员 mtDNA 多态性特征

研究表明,人类 mtDNA 在无关个体间存有大量变异[9,10],其中,一些 mtDNA 突变对机体选择作用不明显的,也被称为"中性突变",逐渐建立起同质体(homoplasmic),即同一个体细胞内存在同一种结构的 mtDNA,即或为野生型,或为突变型,并以一定频率保留于人群中,形成 mtDNA 某些区段的多态性,比如 mtDNA D-loop 的高变区(HV)就存在大量多态位点。最近,常芸等对 187 名我国汉族人及其耐力运动员 mtDNA 高变区特异性片段进行测序及其多态性分析,并与剑桥序列对比,结果发现[11],我国汉族运动员的多态位点有84 个,包括碱基替换多态位点 68 个,其中有单点碱基替换和多点碱基替换,单点碱基替换以 T-C 和 C-T 最为常见,多点碱基替换以 CC-TT 和 TT-CC 最为常见;缺失多态位点5个；位点 16228 碱基缺失为运动员独有；插入多态位点 11 个，位点 16113—16114 和 16335—16336 碱基插入为运动员独有，但上述 3 个独特的缺失和插入位点在运动员群体中的频率分布均不高，未超过 mtDNA 高变区Ⅰ总体多态的 10%，能否作为人类运动能力相关的基因标记，还需要与运动能力表型进行关联分析研究来证实。在同质性碱基变异类型和频率变化方面，我国汉族耐力运动员 mtDNA 高变区Ⅰ主要表现为碱基转换、颠换、缺失及插入四种类型，其中，碱基转换发生率最高，碱基颠换发生率其次，碱基缺失及插入频率最低，进一步证实碱基转换高于颠换是人类 mtDNA 的特征之一。此外，研究还发现，我国汉族耐力运动员 mtDNA 高变区Ⅰ异质性多态位点总共有 20 个，耐力运动员独有的位点 8 个(A16132C，A16135C，C16085G，T16144A，C16111T，C16107T，C16108T，T16189C)。上述 8 个独特的异质性多态位点在运动员群体中的频率分布均不高，也未超过 mtDNA 高变区Ⅰ总体多态的 10%，目前还不能作为人类运动能力相关的基因标记，有待进一步研究探讨。此外，我国汉族耐力运动员 mtDNA 高变区观察到的异质性位点均属点异质型多态，未见长度异质型改变，而且，异质性多态是以碱基颠换高于转换为特征的[12]。所谓异质体(heteroplasmic)是指同一个线粒体，同一细胞或同一个体内存在 2 个或 2 个以上 mtDNA 亚群，即野生型与突变型 mtDNA 共存，异质性多态通常包括点异质和长度异质两种类型[27,33,34]。

我国汉族人 mtDNA 高变区 C16223T 和 T16362C 两个位点的多态类型和频率分布与剑桥序列有明显区别，其中，np16223 以 C-T 转换为主，np16362 以 T-C 转换为主，在位点 C16223T，汉族运动员多态频率达 80.30%，在位点 T16362C，汉族运动员达 47.62%，说明中国人此二位点为高频 SNPs 位点。与不同地区人群进行比较也发现，mtDNA 高变区Ⅰ SNPs在不同地域人群间存在明显差异。其中，位点 C16223T 多态频率韩国人为 80%，日本人为 75.7%，位点 T16362C 多态频率韩国人为 39.9%，日本人为 50%，与中国汉族人群的资料十分相近，提示亚洲人群 mtDNA 高变区多态性位点及其频率差异不大。而德国高加索人在 C16223T 和 T16362C 的多态频率分别为 44.2%和 15.3%[19,20]，与中国、日本、韩国等亚洲人群 SNPs 频率差异较大，提示在不同地域人群间 mtDNA 高变区Ⅰ多态性存在明显差异。有人认为地域与人群间差异产生的原因可能与 mtDNA 的高进化率有关，但至今还没有确切的实验依据支持。总之，mtDNA 独特的高频率多态性及其群体内个体间的明显差异，使其成为良好的种族遗传标记，尤其通过对第三代遗传标记 SNPs 的分析及其与运动能力表型的关联研究，对于运动能力相关遗传标记的筛选有重要的意义。但应当注意的是单核苷酸多态性标记的产生有赖于基因测序的正确率，不仅测序要达到 99.99%的正确率，还要经过后期细微的人工修正过程。

(三)运动能力相关的 mtDNA 标记

目前研究认为，mtDNA 多态性可能造成群体中有氧代谢能力的个体差异，成为决定有氧能力和训练敏感性的分子机制之一。Dionne 等曾对 46 名普通受试者进行耐力训练，观察训练前后 mtDNA 限制性片段多态(RFLPs)与最大摄氧量变化的关系[13]，结果发现带型 Bam HⅠ-MTND5，Nci Ⅰ-MTND5 及 Msp Ⅰ-tRNAthrMTTT 携带者的最大摄氧量初始值显著高于非携带者初始值的平均值。携带 HincⅡ-MTND5 者训练后

VO_2max 的变化值低于其他基因型携带者($P<0.05$)。认为人类线粒体 DNA 序列差异可能为最大有氧能力初始水平以及运动训练适应性的基因标记。我国陈青等也报道 mtDNA D-loop(MspⅠ,KpnⅠ,HinfⅠ,HaeⅢ)RFLPs 在耐力运动员和对照组的分布频率有显著性差异,MorphⅦ,Ⅷ,Ⅸ基因型为耐力运动员特有[14]。但 Rivera 等人的研究未能证实上述结果,也没有发现 BamHI,NciI,KpnI RFLPs 在优秀耐力运动员与常人在分布频率的差异。Bouchard 等分析了耐力运动员与对照组 PFK 和 COXVaDNA 的等位基因与基因型频率的差异,结果发现,多数运动员与高反应人群的 COXVa 等位基因为杂合子,提示表明 PFK 和 COXVa 的 DNA 变异可能与运动员耐力水平有关[15]。Murakami 等观察了 8 周耐力训练前后日本男性 mtDNA D-loop 序列多态性,结果发现 D-loop 区 np16298、np16325 及 np199 三个多态位点,与最大摄氧量有关,训练后最大摄氧量变化值与 np16223 和 np16362 二位点有关,提示 mtDNA 多态性与个体在耐力素质及其训练敏感性的差异有关[16]。常芸等对于我国汉族人及其耐力运动员 mtDNA 高变区-Ⅰ多态频率大于 10%的 19 个 SNPs 位点与有氧耐力参数进行关联分析发现[17],有 3 个位点(np16362,np16085,np16297)在剑桥序列组与非剑桥序列组VO_2max/kg存在差异,其中,位点 16297 仅男性运动员具有显著高的 VO_2max/kg 值,在位点 16362 和 16085 中,女性运动员具有较高的 VO_2max/kg 值。研究发现,我国汉族人及其耐力运动员与日本人在有氧耐力的关联性上存在共同位点,即 np 16298 和 np 16362。这一结果提示,mtDNA 对人类有氧耐力的影响,除了与环境因素和生活方式无关的人群的平均影响有关外;基因与环境的相互作用,即个体运动训练敏感性也是重要的影响因素。SNP 位点 16298 与有氧耐力的关联性仅出现在中国汉族人对照和未经训练的日本人中,该 SNP 位点可能作为一种人类与生俱来的遗传标记,不受环境和生活方式影响。而 SNP 位点 16362 则作为对运动训练高敏感的遗传标记,出现在中国汉族耐力运动员和日本运动员中。此外,中国汉族耐力运动员对训练高敏感的 SNPs 位点还有 16085 和 16297,而位点 16085 是汉族运动员特有的一个异质性稀有 SNP 位点,作为运动训练高敏感性的基因标记也是十分重要的。

迄今,有关 mtDNA 多态性与运动能力之间关系的研究还不多,现有的研究结果还存在不少争议,仍需进一步深入研究。但 mtDNA 作为良好的遗传标记,已发现有大量的单核苷酸多态(SNP)位点[21]。由于 SNPs 标记物的产生要求群体中有相当高的频率分布。在筛选 mtDNA SNPs 标记时应选择群体中分布频率高于 10%的位点进行分析。常芸等研究发现,我国汉族耐力运动员 mtDNA 高变区Ⅰ同质性多态频率大于 10%的位点有 13 个,多态频率大于 20%的位点有 5 个(G16129A,T16189C,T16311C,C16223T 和 T16362C),均为常见 SNPs。中国汉族人及其耐力运动员在 C16223T 和 T16362C 两个位点均发生明显的同质性多态,其多态性频率明显高于其他位点。研究还发现,我国汉族耐力运动员 mtDNA 高变区Ⅰ异质性 SNPs 频率大于 10%的位点有 4 个,均表现为点异质性改变,其多态频率均小于 20%,均属稀有 SNPs。异质性多态位点 T16124A 在汉族耐力运动员中的频率分布显著高于汉族人对照。目前有关运动员 mtDNA 异质性 SNPs 的研究还不多见,如能展开不同人群间的对比研究,对于运动能力相关基因标记的种族差异和新近变异的研究很有意义。还值得关注的是 mtDNA 高变区Ⅰ稀有 SNP 位点 C16167A 为运动员所特有。从现有的研究结果分析,我们有理由认为 mtDNA 高变区Ⅰ

SNPs 位点 C16167A 和 T16124A 也是人类运动能力相关的基因标记[18]。

二、国内外 mtDNA 与运动能力研究的比较

遗传流行病学研究表明，遗传因素主要通过两个方面对人体运动能力产生影响：一是与环境因素和生活方式无关的基因对人群的平均影响，即遗传度；二是基因与环境的相互作用，即存在对运动训练敏感的高反应群体和对训练不敏感的低反应群体。但以往有关运动能力的研究无论是双生子分析、家族分析还是种族差异比较，所估算出的遗传度仅仅表明在某一群体中，某一性状由亲代向子代可传递的平均程度，仅描述群体趋势，而不能作为预测个体遗传潜力的量化指标。近年来，随着分子遗传学的进展及其对运动医学领域的渗透，国内外学者们通过全基因组或候选基因的关联与连锁分析展开了杰出运动能力的分子遗传学研究，探讨与运动能力相关的基因标记，并定位这些基因，目前不论是在染色体上的粗略定位还是基因具体多态位点和单体型区域定位方面都获得了一些令人鼓舞的研究结果和启迪，为运动能力的遗传学研究注入了新的活力。

回顾国内外同类研究，目前有关运动能力相关的 mtDNA 遗传标记研究中共同存有以下问题：①样本量方面，目前多数研究的样本量不够大，影响到关联分析中基因型或多态性频率的大小和准确度，无法检出高效的单核苷酸多态性标记（SNPs）。②在运动能力表型的确定方面，目前研究中还存在多种运动项目混合研究的情况，指标数据的标准差异较大，对于确定不同运动能力的表型十分困难，也影响到关联分析准确度[22]。③在方法学的选择方面，相当多的研究还在用第一代遗传标记—限制性酶切片段多态性（RFLP），每项研究只涉及单一基因或单一位点，致使研究进展缓慢。这样，研究成果距离揭示人类体质及运动能力的遗传学机制以及应用于优秀运动员早期选材的目标还为期甚远。此外，假阳性也是一个不可忽视的问题，随着分子生物学研究方法的不断进展，多基因或多位点与运动能力表型的关联分析也越来越多，由于多层分析和多次检验又带来运动能力表型与相关基因的假阳性问题，得出假性遗传标记。为了规避上述问题，筛选出确切的运动能力遗传标记，大样本、单一运动项目、特定运动能力表型以及贯序的遗传统计分析方法的应用势在必行。目前我国在运动能力相关的基因标记的筛选和研究方面与国际同行并驾齐驱，如果我国运动科学工作者能够灵活准确应用现代运动生理学、分子生物学、基因组学及生物信息学等技术，精细识别、筛选与人类运动能力有关的基因标记，深刻了解运动素质相关基因的结构和功能，对于运动员运动能力的预测、评定以及科学选材将有十分重要的理论和实践意义。

三、mtDNA 与运动能力研究展望

近年来，一系列全新概念的基因克隆策略与遗传学基因定位和克隆技术已纷纷面世，一是通过基因多态分析，微卫星 DNA 等遗传标记的反向遗传学定位克隆策略，先获得某一表型在染色体上的定位，再在候选区域内选择已知基因，进行相关突变基因的筛选，以获得 cDNA 及全基因；二是从蛋白质功能入手的功能克隆策略，采用以削减杂交为思路

的多种分子生物学手段，先通过削减获得特异性表达或缺失的基因片段，然后进行染色体定位乃至获得全基因。此外，尚有介于两者之间的候选克隆策略，包括定位候选克隆和功能候选克隆，前者是在将有关基因以连锁分析和染色体分析基本定位的基础上，再在候选区域内选择所有已知基因进行相关突变基因的筛选。后者则根据相关基因的目标功能，检测基因库中的基因功能区域，将含有类似功能的基因用于相关基因的突变检测，从而衍生出下列十类功能基因组研究的主要技术，比如，家系连锁分析法；等位基因共享法；人群关联分析法；cDNA 筛选法；削减杂交法和抑制性杂交法；差示反转录 PCR 法和差异削减显示法；代表性差异分析法和 S1 核酸酶介导的缺失基因探针富集法；基因组错配扫描法；比较基因组杂交法；DNA 芯片法等，必将促进运动能力相关基因研究的快速进展。

值得一提的是，单核苷酸多态性标记(SNPs)，SNPs 作为遗传信息最大的基因标记物，得益于人类全基因测序工作的完成和遗传信息平台的建立。人类群体基因多态性在遗传信息上的本质表现有 90%以上以 SNPs 为标记。SNPs 作为新兴的第三代遗传标记，有着前两代遗传标记—限制性酶切片段多态性(RFLP)和串联重复序列(STR)无可比拟的优点，目前已越来越引起学者的关注。其主要优势在于：①在基因组中分布广泛，多态频率高。在 nDNA 中随机选择两条染色体平均每 1000 个碱基就会发现一个 SNP，而 mtDNA 的 SNPs 频率更高；②部分 SNPs 会直接影响到结构蛋白的表达水平，有助于了解不同人群不同结构与功能表型的分子遗传学机制；③由于重复序列中微卫星的稳定性较差，偶发的突变也会改变位点的大小，使遗传学分析复杂化，而 SNPs 在进化史上仅发生一次，具有更为稳定的遗传性特征；④随着高效率 SNPs 分析方法的发展及其成本的降低，高通量 SNPs 的筛选将为遗传学分析提供强有力的技术支持，比如基因芯片。SNPs 标记的确立，不仅有利于多基因特性问题和疾病的研究，而且能真实的反映人种、人群及个体之间的遗传差异。中国作为一个幅员广大的多民族国家，其群体代表性是一个很大的问题，因此，获得中国人特有的基因多态性标记势在必行，这将对人类运动能力的分子遗传学探讨有重要价值。相信，SNPs 的研究作为人类基因组计划走向应用的重要步骤和强有力的工具，不仅用于高危人群的发现、疾病相关基因的鉴定、药物的设计和筛选，也将是人类体质和运动能力相关基因诊断、运动员选材及运动性猝死等问题研究的必由之路。而线粒体网站(http://www.mitomap.org)和人类基因组单体型图谱网站(http://www.hapmap.org)的相继建立也为我们提供了大量有关 mtDNA 研究的信息，其中包括最新研究进展、分析应用软件、相关数据库等宝贵的资源。

参考文献

[1] Wolarth B, Bray M S, Hagberg J M, et al. The human gene map for performance and health-related fitness phenotypes, 2004 update. Med Sci Sports Exerc[J]. 2005, 37(6): 881-903.

[2] Martinou J C. Key to the mitochrondrial gate [J]. Nature, 1999, 399: 411-412.

[3] Lutz S, Weisser H-J, Heizmann J, et al. Location and frequency of polymorphic positions in the mtDNA control region of individuals from Gemany[J]. Int J Legal Med, 1998, 111: 67-77.

[4] Orekhov V, Poltoraus A, Zhivotovsky L A, et al. Mitochondrial DNA sequence diversity in Russians [J]. FEBS Lett, 1999, 445(1): 197-201.

[5] Crespillo M, Luque J A, Parades M., et al. Mitochondrial DNA sequence for 118 individual from northeastern Spain[J]. Int J Legal Med 2000. 14(1): 130-132.

[6] Finnila S, Lehtonen M S, Majamaa K. Phylogenetic network for European mtDNA[J]. Am Hum Genet, 2001, 68(6): 1475-1484.

[7] 常芸，于长隆，刘爱杰，等. 我国耐力运动员线粒体 DNA 高变区Ⅰ多样性及其与其他人群的比较性研究[J]. 中国运动医学杂志，2004，23(4)：405-410.

[8] 顾明波，柳杰，杜庆新，等. 中国汉族人群的线粒体 DNA 控制区多态性的研究[J]. 中国法医学杂志，2001，16(1)：6-9.

[9] Tully L A, Parsons T J, Steighner R J, et al. A sensitive denaturing gradient-Gel electrophoresis assay reveals a high frequency of heteroplasmy in hypervariable region 1 of the human mtDNA control region[J]. Am J Hum Genet, 2000, 67(2): 432-443.

[10] Wong L-J C, Liang M H, Kwon H Y, et al. Compaprehesive scaning of he entire mitochondrial genome for the mutations[J]. Clin. Chem., 2002, 48(11): 1901-1912.

[11] 常芸，于长隆，刘爱杰，等. 我国耐力运动员线粒体 DNA 高变区Ⅰ序列多态性分析[J]. 中国运动医学杂志，2004，23(1)：4-11.

[12] 常芸，于长隆，刘爱杰，等. 我国耐力运动员线粒体 DNA 高变区Ⅰ异质性多态性特征[J]. 中国运动医学杂志，2004，23(2)：124-129.

[13] Dionne F T, Turcotte L, Thibault M C, et al. Mitochondrial DNA sequence polymorphism, VO_2 max, and response to endurance training [J]. Med Sci Sports Exerc, 1991, 23(2): 177-185.

[14] 陈青，马力宏，陈家琦. 耐力运动员与普通人群线粒体 DNA 调控区遗传多态性分析[J]. 中国应用生理学杂志，2000，6(4)：7-30.

[15] Bouchard C, Rankinen T, Changon T C, et al. Genomic scan for maximal oxygen uptake and its response to training in the Heritage family study [J]. J Appl Physiol, 2000, 88: 551-559.

[16] Murakami H, Ota A, Simojo H, et al. Polymorphisms in Control Region of mtDNA Relates to Individual Differences in Endurance Capacity or Trainability [J]. Jpn J Physiol, 2002, 52(3): 247-256.

[17] 常芸，于长隆，刘爱杰，等. 我国耐力运动员线粒体 DNA 单核苷酸多态性与最大摄氧量的关联分析[J]. 体育科学，2005，25(5)：35-39.

[18] 常芸，于长隆. 我国耐力运动员线粒体 DNA 高变区Ⅰ单核苷酸多态性分析[J]. 中国运动医学杂志，2004，23(3)：252-255.

[19] Seo Y, Stradmann-Bellinghausen B, Rittner C, et al. Sequence polymorphism of mitochondrial DNA control region in Japanese [J]. Forensic Sci Int, 1998, 97(2-3): 155-164.

[20] Chen M H, Lee H M, Tzen C Y. Polymorphism and heteroplasmy of mitochondrial DNA in the D-loop region in Taiwanese [J]. J Formos Med Assoc, 2002, 101(4): 268-276.

[21] 常芸. 线粒体 DNA 多态性与人类运动能力的研究[J]. 体育科学，2004，24(11)：26-29.

[22] Hattersley A T, McCarthy M I. What makes a good genetics association study [J]. Lancet, 2005, 366 (9493): 1315-1323.

撰稿人：常芸

运动与内分泌

20 世纪 60 年代,放射免疫方法的建立带动了运动与内分泌系统变化关系的研究。20 世纪 70～80 年代,国外学者对运动与血激素变化关系的研究出现了一个高潮;20 世纪 80 年代中叶,我国学者对这一领域问题开始研究,至今,运动与内分泌系统变化关系的研究仍然是体育科学中的热点问题之一。

研究发现,在内分泌系统功能正常的机体,血激素对一次运动应激的反应可表现为升高、降低与不确定。大多数激素对运动的反应表现为升高,如生长激素,促甲状腺激素,促肾上腺皮质激素,催乳素,内啡肽,抗利尿激素,皮质醇,醛固酮,儿茶酚胺(肾上腺素、去甲肾上腺素),甲状腺素,三碘甲腺原氨酸,甲状旁腺素,雌激素,孕激素,睾酮,心钠素等。在各种形式的运动中,胰岛素几乎都呈现为下降。黄体生成素、卵泡刺激素等激素的变化不确定。而过度训练会导致内分泌功能的下降。

运动引起血中不同激素出现波动的时间不尽相同,主要有以下三种类型:①快速应答型。在运动开始后几分钟内血激素就出现升高变化,并在短时间内达到高峰。这些激素出现变化反应快,负荷强度对它们的影响大。如儿茶酚胺,皮质醇,促肾上腺皮质激素,睾酮等。②缓慢应答型。运动开始后,血激素会出现变化,但变化缓慢、持续时间长,血激素水平随运动时间的延长而逐步升高,这种变化能持续到运动结束后。这些激素出现变化反应慢,它们的变化受运动持续时间影响大。这种应答的代表有肾素—血管紧张素—醛固酮系统激素,甲状腺素,抗利尿激素。③滞后应答型。运动开始阶段,血激素并不立即出现明显变化,似有一停滞反应阶段,运动持续十几分钟或几十分钟后血激素才会缓慢出现变化。会出现这种反应的激素有生长激素,胰高血糖素,胰岛素。由于这种血激素反应只在部分人中出现,因此,还不能肯定这类反应是否就是一种激素反应的普遍现象,比如,生长激素和胰高血糖素在许多受试者表现为快速应答型反应。

随着竞技运动水平的不断提高和体育锻炼活动的广泛普及,以下"运动与内分泌"领域的问题受到人们更多的关注。

一、运动对下丘脑—垂体—睾丸轴的影响及其机制

运动对下丘脑—垂体—睾丸轴的影响及其机制的研究是目前研究的热点之一。已有研究提示,一次运动应激引起的血睾酮变化与下丘脑—垂体—睾丸轴的调节关系不密切,可能与交感—肾上腺系统的调节、乳酸堆积等因素有关,但其间的许多环节还不清楚。过度训练引起血睾酮基础水平低下,此时,常伴有下丘脑—垂体—睾丸轴功能的下降。有研究观察到:下丘脑、垂体细胞激素的染色颗粒减少,垂体释放 LH、FSH 频率下降,Leydig 细胞的 LH/CG 受体减少,内源性胆固醇的合成、转运减弱等,但是,运动训练是怎样导致这些变化的并不清楚。

二、运动性月经失调的机制

运动性月经失调(AMI)是女运动员参加专业训练后发生的一种特殊疾病。已有研究表明,大负荷训练、不恰当地节食、精神过度紧张等都会导致月经失调。月经失调往往伴有下丘脑—垂体—卵巢轴功能的紊乱(降低),即血激素的较低水平。目前认为引起运动性月经失调的可能机制有:①中枢神经系统功能紊乱;②下丘脑—垂体轴功能紊乱;③卵巢功能紊乱;④肾上腺轴活化学说;⑤能耗学说。然而,支持上述各种假说的实验证据均不十分充分,有必要进一步沿着各个方向开展研究。

三、运动与下丘脑—垂体—肾上腺皮质轴

急性运动可激活自主神经系统,进而激活下丘脑—垂体—肾上腺皮质轴(HPA 轴),促使血浆皮质醇水平升高。

已证实,运动肌的传入神经传入的神经冲动对 HPA 轴的激活是必要的。

有关运动对 HPA 轴影响的机制研究涉及:体力活动对 ACTH 和皮质醇分泌的影响要大于下丘脑分泌的 CRH 单独作用的影响;运动中 HPA 轴被激活的机制还可能与血乳酸增高、血液中增加了的血管紧张素Ⅱ和白细胞介素等因素有关

HPA 轴的异常与月经失调有关。有研究发现,闭经运动员清晨或午后血液中以及 24 h 尿液中的基础皮质醇水平较高,也有证据表明基础 CRH 刺激增加,而肾上腺对 ACTH 的敏感性下降。

总体看,剧烈的体力活动导致 HPA 轴活性增高的机制不完全清楚。

四、运动与中枢神经递质变化的研究

目前,关于运动与中枢神经递质的研究多集中于单胺类神经递质、氨基酸类神经递质、胆碱类神经递质、神经肽类神经递质及其他神经递质。各类神经递质均有其合成与代谢的途径和独特的生物功能。

急性运动中中枢神经递质的变化因神经递质类型、实验运动方案、检测脑区及检测方法的不同而表现出不同的变化趋势。研究证实,长时间或超长时间运动可改变脑内单胺类和氨基酸类神经递质的水平。中枢神经递质对于急性运动的反应具有明显的区域特异性特征。

长期运动训练对基础状态中枢神经递质的影响具有区域特异性和递质依赖性的特点,并与长期运动训练的负荷状况密切相关。中枢神经递质对长期的运动训练表现出适应性变化的特点,可降低中枢抑制性神经递质对急性耐力运动反应的敏感性,其机制可能与长期运动训练引起递质受体的敏感性发生变化等因素有关。

研究发现,运动过程中 5-HT、DA、Glu、GABA 等中枢神经递质的变化是影响中枢疲劳的重要神经生物学因素。同时,在运用营养战略推迟超长运动中枢疲劳的研究中,所补

充的营养物质多为支链氨基酸、糖和胆碱等。

大脑生物电信息的传递依赖于脑内神经化学传递物质，通过脑生物电信息的检测对人体中枢神经递质的变化特征进行分析，可反映运动员训练过程中脑内神经网络间的信息加工和存贮的过程。这是一个极具发展前途的研究领域。

五、运动与生物节律的内分泌问题

机体生物节律与褪黑素相关。白天正常光照情况下运动能够增加血浆褪黑素的水平。有研究表明，这种增加出现在体育活动期间和运动后即刻；亦有研究认为，这种血液褪黑素浓度的升高在运动后 0.5～1 h 可恢复到正常水平；还有研究认为，白天运动会推迟后夜间褪黑素的升高。并且，这些变化具有运动强度、运动持续时间及运动类型的依赖性。

择时运动可以明显加速运动员生物节律的峰相位移速度；并发现择时运动既给予被调整的机体以新的时间信息，又同时在特定的时间内引起了机体的生理振荡，从而加速了峰相位向既定的方向迁移。如运动员的机能状态一般在下午较好，若为了调至上午，教练员就应该多在上午安排较大的运动量训练，而在下午安排较小运动量，从而使运动员的机体逐渐适应上午的大强度、大运动量训练。

长期运动训练使机体抗氧化能力增加，交感神经兴奋性升高刺激松果腺内褪黑素的合成与释放，如果运动负荷不当，会对松果腺机能产生抑制，对机体抗氧化能力产生负面影响。

运动训练与褪黑素变化规律关系的研究还有待深入。

六、非内分泌器官的内分泌问题

随着方法学的创新、一些新的激素/因子被发现，如心脏分泌的心血管调节肽、脂肪细胞分泌的脂因子、肌纤维分泌的白细胞激素-6 等。近年来，运动与这些非内分泌细胞分泌的激素/因子的关系备受人们的关注。相关研究主要集中在运动与血中这些激素/因子水平变化的关系，运动引起它们分泌的机制及其对下游的调节的机制和意义。这方面的研究起步时间不长，许多问题都有待深入研究。

七、中药对运动性内分泌功能失调的调整

近年来，基于中医理论对内分泌系统的研究有了长足的进展。结合中医理论对运动内分泌问题的研究表明，一些运动性的内分泌功能失调与传统中医中的证有相似之处，这为中药防止运动性内分泌功能失调提供了依据。比如，运动性血睾酮低下与中医的肾阳虚有相似之处，且用补肾阳的方法可以在一定程度上防止运动性低血睾酮。另外，采用疏肝理气的方法可以调治某些运动性月经失调。

采用中药调整运动性内分泌失调的研究目前还不够深入，有必要从研究中药单体、研

究中药的作用靶点等角度着手。另外,采用符合中药成分、多重作用环境等特点的数学模式进行研究将更有意义。

八、某些疾病的运动干预与内分泌

已知,糖尿病与胰岛素异常有关,骨代谢受到甲状旁腺激素、雌激素等调节。研究表明,运动干预可以通过增加胰岛素的敏感性等机制改善糖尿病患者的血糖水平;运动干预可以调节下丘脑—垂体—性腺轴等机制防止骨质疏松。然而,运动是如何引起内分泌系统的良性调节变化尚不十分清楚。

九、运动内分泌学方法研究

检测体液的激素水平是研究内分泌的重要方法。目前,体育科学界对激素的检测多引用生物医学中检测方法,然而,在运动实践中,简单地引用,有时并不能解决问题。比如,临床上检测血睾酮的方法通常是采集静脉血,而对运动员,如果在一堂课上多采血检测血睾酮将更具实用价值,这就需要检测方法微量、快速。目前中国科学院大连化学物理研究所已尝试采用微流控芯片技术检测血睾酮的方法。不仅如此,如果要提高为运动员检测激素水平的实效性,研究微量化的激素检测方法是非常必要的。

临床上检测促红细胞生成素、生长激素、胰岛素等蛋白类的方法早已是常规,但引用这些常规方法不能满足检测促红细胞生成素、生长激素等内源性蛋白激素兴奋剂检测的要求,需要建立专门的检测方法或体系。目前,许多蛋白类的激素兴奋剂的检测方法还有待于建立与完善。

十、运动员内分泌功能失调的诊断标准

运动训练本身对血激素水平会有很大的影响,运动员激素水平的波动要比普通人频繁而明显。如果当我们检测到的血激素变化是由于运动引起的激素水平一时的波动所致,并非是血激素持续保持的水平,这未必能反映出身体机能状态,因此,深入研究运动与血激素变化的规律,建立运动员血激素水平的参考是非常必要的。

参考文献

[1] Crewther B, Keogh J, Cronin J, Cook C. Possible stimuli for strength and power adaptation: acute hormonal responses. Sports Med. 2006, 36(3): 215-238.

[2] De Feo P, Di Loreto C, Ranchelli A, Fatone C, Gambelunghe G, Lucidi P, Santeusanio F. Exercise and diabetes. Acta Biomed Ateneo Parmense. 2006, 77 Suppl 1: 14-17.

[3] Hackney A C. Exercise as a stressor to the human neuroendocrine system. Medicina (Kaunas).

2006,42(10):788-797.

[4] Hackney A C,Moore A W,Brownlee K K. Testosterone and endurance exercise:development of the "exercise-hypogonadal male condition". Acta Physiol Hung. 2005,92(2):121-137.

[5] Kraemer W J,Ratamess N A. Hormonal responses and adaptations to resistance exercise and training. Sports Med. 2005,35(4):339-361.

[6] Mastorakos G,Pavlatou M. Exercise as a stress model and the interplay between the hypothalamus-pituitary-adrenal and the hypothalamus-pituitary-thyroid axes. Horm. Metab. Res. 2005,Sep;37(9):577-584.

[7] Mastorakos G,Pavlatou M,Diamanti-Kandarakis E,Chrousos GP. Exercise and the stress system. Hormones (Athens). 2005,Apr-Jun;4(2):73-89.

[8] McMurray R G, Hackney A C. Interactions of metabolic hormones, adipose tissue and exercise. Sports Med. 2005,35(5):393-412.

[9] Pedersen B K, Steensberg A, Fischer C, Keller C, Keller P, Plomgaard P, Wolsk-Petersen E, Febbraio M. The metabolic role of IL-6 produced during exercise:is IL-6 an exercise factor? Proc Nutr Soc. 2004,May;63(2):263-267.

[10] Popovic V,Duntas L H. Leptin TRH and ghrelin:influence on energy homeostasis at rest and during exercise. Horm. Metab. Res. 2005,Sep;37(9):533-537.

[11] Viru A, Viru M. Cortisol-essential adaptation hormone in exercise. Int J Sports Med. 2004, Aug;25(6):461-464.

[12] 冯炜权,谢敏豪,王香生,冯连世,吴侔天,林文弢主编.运动生物化学研究进展.第一版.北京:北京体育大学出版社,2006,267-388.

撰稿人:谢敏豪

ABSTRACTS IN ENGLISH

Comprehensive Report

Development of Sports Science in China

Ⅰ. Overview of Sports Science

With the fast development of science and technology as well as the ever-increasing popularity of various kinds of sports, sports science, a comprehensive discipline, has already developed into a relatively independent disciplinary system. It plays a more and more important role not only in promoting the development of sports and in the improvement in competitive sports, but also in enriching people's lives and enhancing their health conditions. As a systematic disciplinary group of the studies on sports phenomena and discovering the internal and external laws, the subject of sports science is human motion. Therefore, the notion of sports science covers such fields as natural sciences, social sciences and the humanities. In the following report on the disciplinary development, we mainly focus on the introduction of sports medicine, sports biomechanics and sports psychology, which take human motion as their theme.

Ⅱ. Hot research fields in sports science

(1) Functional Diagnosis of Elite Athletes

(2) Scientific Selection of Elite Athletes

(3) Sports Nutrition and Recovery of Physical Function of Athletes

(4) Mechanism of Sports Anemia and and Its Prevention and Treatment

(5) National Physique Monitoring and Health Promotion

(6) Sports and Immunity

(7) Research and Application on Minimally Invasive Treatment

(8) Researches on Technology and Methods of Doping Detection

(9) Plateau Training

(10) Mechanism of Exercise-induced Fatigue and Rehabilitation of Physical Functions

(11) Psychological Training of Elite Athletes

(12)Cognitive Characteristics of Athletes

(13)Sport Techniques Diagnosis

(14)Measurement and Analysis of Dynamics

Ⅲ. Key Research Achievements in the Field of Sport Science and Technology in Recent years

(1)Research on Athletes' Physical Function, Psychology and Techniques Diagnosis

(2) Research and Application of National Scientific Guiding System on Sports and Fitness

(3)Nutrition Recommendation for Elite Athletes

(4)Research on Scientific Selection of Elite Athletes for the Olympics

(5) Research on Physical and Psychological Constants and Nutritional Assessment of Chinese Elite Athletes

(6)Methods and Applied Research of Plateau Training

Ⅳ. Comparative Research on Sports Science at home and abroad

The long-term work in sports science contributes to a research system with Chinese characteristics and its achievements have been playing a leading role in the international arena. The most impressive ones include:

(1)Scientific Research and Service for Elite Athletes

(2) Establishment and Application of Monitoring System of National Physique in China

(3)Anti-doping Researches has reached an internationally advanced level

(4)Some basic research achievements are in line with international standards

(5)Laboratory construction has achieved remarkable improvements

The primary gaps between Chinese sports science and its overseas counterparts are:

——Lacking in innovative research. In resent years, despite of a great number of high-level research achievements, advanced innovative research achievements in Chinese sports science are still insufficient as a whole.

——low transformation rate in the application of research achievements. Sports science is disjointed from sports training; scientific and technological achievements exert less influential guidance on sports training.

Ⅴ. Research Prospects in Chinese Sports Science

1. To emphasize the focus while strengthening innovative research

The applied basic research on Chinese sports should be strengthened. Based on the current research conditions, we should practically and realistically emphasize our focus and characteristics, identify the key research domains and make every effort to catch up with the latest development in the world.

2. To emphasize the characteristics of application and provide services for the practice of sports

We should work out the main issues in sports training with a special focus on the preparation for the Olympic Games, make a comprehensive arrangement of the applied scientific researches on sports, thus to guarantee sports science serve sports training.

3. To adopt new technologies and enhance the research level of sports science

We should take full advantages of modern science and technology, combine them with the practical needs of sports science and choose new techniques and methods derived from basic science to serve sports science.

4. To strengthen sports science researches with Chinese characteristics

The traditional Chinese medicine and pharmacology and ways of keeping health have a unique effect on enhancing competitive competence of athletes and the health level of the masses in China. Therefore, we should conduct our research on sports science with Chinese characteristics through modern scientific and technological means and make our own high-level research achievements.

Written by Tian Ye, Wang Qing, Zhang Liwei

Reports on Special Topics

Development of Sports Biomechanics

This paper made a research on the progress of sports biomechanics in China. It consists of three sections. In the first section, the paper summarized the formation and development of sports biomechanics, and its application in China as well. In addition, it also touched on its research focuses and prospect. In the second section, the paper briefly described sports technique diagnosis as well as the progress, research status and prospect of the computer simulation applied in sports technique diagnosis. In the third section, the paper discussed the research status and progress of dynamics measurement and analysis on equipment, basic theory and application.

Written by Wang Qing, Xin Dingliang,
Yan Botao, Zhang Yue, Qu Feng

Recent Advances in Sports Psychology Research

Major research areas of sport psychology include competitive sports, exercise and physical education. This paper introduced the research findings in these areas and predicted the future research directions.

In the competitive sports area, mental training might be attracted most attention. Liu (2001) proposed an integrated mental construction model while Si (2006) proposed an adversity coping model for athletes' mental training. Both models were different from traditional mental training models and programs in theoretical and practical orientations and got very promising results when they were used to help Chinese elite athletes do mental training. In his experiments on athletes' problem solving and decision making in very short time, Liang (2006) found the evidence of sport intuition and four characteristics of movement thinking including narrow intellectual resources, unable for logic inference, unable for imagery processing and fast decision making. In term of psycho-physiological studies, techniques such as electro-encephalogram (EEG), event-related potentials (ERP), (encephal of luctnogram technology) ET, and electro-encephalon quadrant graph (EEQG) were applied to explore the mental profile during movement operations or evaluate athletes' training effect. Sport psychologists also showed much interest in self-concept related to sports. Self efficacy, body image or physical self, self control and self-handicapping were major topics in this area. As for athletes' burnout, Zhang, Lin and Zhao (2006) analyzed the differences between mental load and physiological load and mental fatigue and burnout. Based on this analysis they proposed a new definition of mental fatigue in sport training, focusing on its process and adaptation function.

In the exercise area, short-time physical activities were found to be related to improved mood, decreased anxiety, and reduction of stress. Long-term exercise was found to be related to improved well-being, therapeutic effects on anxiety and depression, and longer effects on mood improvement. Physical activities, especially long-term exercise, could induce positive experiences of peak performance, flow as well as runner's high. Regular exercise could also help adults and the elderly to keep the cognitive functioning from deterioration.

In the physical education area, self-concept, achievement motivation, goal orientation, attribution training, cognitive characteristics in motor learning, and cooperative learning attracted much attention and the related studies produced many findings.

At the end of this paper, future research directions were discussed in four areas including mental training, monitoring and evaluation of athletes' mental states, movement cognition and relationship between exercise and mental health.

Written by Mao Zhixiong, Ren Weiduo, Liu Shuhui
Si Gangyan, Zhang Liwei, Zhang Zhongqiu,
Li Jingcheng, Yao Jiaxin, Liang Chengmou

Latest Progress in Sports Medicine Research in China

Great advances of sports medicine research have been achieved in recent years in China and sports medicine research played a more and more important role in athletic practice. The research work showed a tendency to be more specialized; more focus and the coverage of those researches were also expanded. The highlights of the advance of sports medicine research are as follows:

(1) Sports Injury: Mechanism of sports injury; new technique and method used in micro invasive surgery; research and application of Traditional Chinese Medicine; epidemiology study in elite athletes; basic application research.

(2) Sports Rehabilitation: Functional evaluation of sports injuries before and after treatment; exercise prescription; training protocol of rehabilitation and the application of joint braces.

(3) Medical Supervision: Physical examination research, sports cardiology research; exercise and immunological function research, medical issues of overtraining; health care management information system research.

(4) Exercise physiology and sports biochemistry: New methods of training monitoring; hypoxia training and sports performance related gene research.

(5) Sports Nutrition: Rational diet and nutritional supplement; prevention and treatment of CNS fatigue; activation of endocrine function; the prevention and treatment of immune dysfunction; prevention and treatment of low haematin and anaemia; research on the removal of free radical to encourage fatigue recovery.

(6) Anti-doping area: New technique method on the detection of prohibited substance including the detection using Radiocarbon and Isotope Ratio Mass Spectrometry analysis; research on functional gene and biochip; detection using microfluidic technique; mass spectrometric detection of EPO; detection of Recombinant Human Growth Hormone.

Written by Li Guoping

Progress in Research on Sports Psycho-Physiology

The paper summarizes the development in several fields of sport psychophysiology, including biofeedback, electroencephalogram, event-related potentials, psychoneuro-immunology, and evaluation of psychological state with physiological and biochemical index. The paper focuses mainly on the research issue, research method and results, and introduces the application of ET, EEQG developed by Chinese scholars. The paper discusses some important problems in the field and points out that the development of psychophysiology depends on the technology of experiment and analysis. The paper also suggests that all research results should be provided with high ecological validity and can be applied to sport practice.

Written by Ren Weiduo

Development in the Research on Psychological Training of High-level Athletes

Peak performance is the goal of all athletic training and competitions. In sport psychology, traditional theories define peak performance by emphasizing optimal level of anxiety, stress, arousal, or flow state. However, these traditional theories face some difficulties in the practice: ①these concepts have low operational value for the purpose of setting up peak performance in practice; ②even if an optimal level is already formed before competition, it could be easily destroyed during the competition; ③it could possibly lead to misunderstanding: i. e., you should always be optimal if get an optimal, while you would never be optimal if not feel optimal. In order to solve the problems mentioned above, a new definition of peak performance, which is about coping with various adversities rationally and successfully during the competitions, is supposed here. From the theoretical perspective, this new approach tends to be idiographic in nature, emphasizing single-subject design or case-study design and the use of multiple methods of data collection, and systematic evaluation on intervention. It should be more appropriate to elite sports and top athletes.

The new approach emphasizes on adversity coping in a rational way in athletic training and competitions. It implies that the better the ability of coping with adversity, the higher level of performance will be achieved. Pursuit of rationality means to control irrational minds and to utilize the irrational minds of opponents. Adversities are the situations that impede athletes from achieving their competitive goals. Coping strategy is the various categories of coping methods. The mental skills athletes used for coping adversity might be the same as those employed for facilitating technique learning, training, or competition preparation, however, the way in which these skills and strategies are used when coping with adversity is quite different. A training program of adversity coping based on the new definition of peak performance has been set up. It includes four steps: ①to identify typical adversities; ②to find out suitable coping methods and strategies; ③ to implement personal training program; ④ to evaluate the effect of that training. This training program could guide sport psychology intervention in practice more operationally and effectively.

Written by Si Gangyan

Development in the Research on Exercise-induced Psychological Fatigue

Fatigue and its control is one of major concerns in sport training studies. Research on mental fatigue in sport comes from two sources including exercise-induced fatigue in exercise physiology and burnout in health psychology and focuses on athletes and coaches in intensive training and high-pressure competitions. This paper analyzed the difference between mental fatigue and burnout. Based on this analysis the definition of mental fatigue in sport training was proposed as a phenomenon that when coping with internal and external stressors, athletes or coaches continue to consume their mental and physiological resources for coping but these resources could not be renewed on time so that their psychological functioning could not be maintained at the original level. This phenomenon is embodied in changes in 5 dimensions: emotion, cognition, motivation, behavior and physical condition. This paper discussed the internal and external factors leading to the mental fatigue and pointed out that the most important factors were external factors such as training plan, team management, social support and retirement concerns. This paper also addressed the measurement of mental fatigue. Potential indicators of mental fatigue fall into two categories: candidates of psychological indicators might include self-report questionnaires, reaction time test, critical fusion frequency and two-point discrimination while candidates of physiological indicators might include encephalofluctuogram technology (ET) and event-related potentials (ERP). The advantages and disadvantages of these indicators were compared. It was found that the correlation between mental indicators and physiological indicators was quite low. The multiple, longitudinal and individualized methods should be taken to have better monitoring over mental fatigue. In the last section this paper suggested in details that future research directions be on the nature, cause, evaluation and control of mental fatigue.

Written by Zhang Liwei, Lin Ling

Recent Advance in Research on Cognitive Sports Psychology

In this paper, reviews on cognitive sport psychology in recent years were discussed, especially in China. It was emphasized that sport intuitive was confirmed empirically, which was a big break. Now, a series of studies have been completed, involving baseball, handball, badminton, table tennis, fencing and wrestling, and the theoretical and practical values were analyzed. Furthermore, the research of attention, perceptive, temperament and personality were described.

Written by Liang Chengmou

Devlopment of sports Traumatology: A Fundamental Account

With the development of sports medicine, sports traumatology has advanced rapidly——it has been becoming the most flourished subject in sports medicine field. On the basis of the understanding of anatomy, physiology and pathologic physiology, this subject has made further progress in the application of molecular biology, biochemistry and biomechanics on sports traumatology. The techniques of gene therapy, tissue and cell engineering have been applied extensively in the field. These experimental work are focusing at the most difficult cure injuries such as the injuries of cartilage, ligament, meniscus, epiphysis and skeletal muscle.

Besides minimally invasive techniques include arthroscopic lavage, debridement, abrasion chondroplasty, and microfracture, and more invasive surgical approaches, such as meniscal transplantation, osteochondral autograft and allograft transplantation, as well as autologous chondrocytes transplantation to treat injury of cartilage. There are gene therapy by means of genes of interleukin-1 receptor antagonist (IL-1Ra), interleukin-10 (IL-10), soluble tumor necrosis factor receptor (STNFR) and the technique of siRNA to interfere the functions of NF-κBp65 by transfection with viral and nonviral vector that were employed in experimental osteoarthritis on rabbits and rat. Tissue engineering of cartilage was also studied in the repair of articular cartilage. The gene of growth factor, such as transforming growth factor-β (TGF-β), insulin-like growth factor (IGF) and bone morphogenetic protein (BMP) were invested for the treatment of injuries of anterior cruciate ligament and meniscus. Artificial ligament and collagen meniscus implant were also studied in experimental and clinic aspects. Tissue engineering study was applied to the treatment of injury of epiphysis and technique of siRNA was employed to inhibit the formation of heterotopic ossification in a rat model.

Written by Yu Changlong

The Physiologic and Biochemical Monitoring of Elite Athletes in Sports Training

The physiologic and biochemical monitoring of training is an important research field during the last decade. This field uses physiologic and biochemical theories and technologies to study how to monitor the training process by evaluating the training load, methods, effect and the physical function of athletes. The foreign researchers mainly focus on the theoretical and experimental studies of biological adaptation during the progress of body fitness, effects of different training methods and the training effects on physical function. While in China, researchers mainly study the mechanism of physical function alteration during exercise, fatigue and recovery rules during exercise as well as how to monitor and evaluate training load and methods in elite athletes. We have founded several series of theories and technologies in training monitoring, and founded systematic monitoring methods in middle-distance race, long distance race, marathon, walking race, swimming, weight lifting, rowing, wrestling, bicycle and soccer. The utilization of new techniques and instruments, especially to develop molecular training monitoring methods such as special gene-chip, will be the most important studies in the future.

Written by Feng Lianshi

Development of Anti-Doping Analysis in the Years of 2005 and 2006

This report presents the summarized general results of research projects related to anti-doping analysis in China in the years of 2005 and 2006. These results showed that many of these research projects were focused on the implementation of totally new techniques such as chips in the field of anti-doping analysis. Though a lot of papers have been published in the international peer journals as the results of these research projects, there is still a long way for the implementation of the outcomes of these research projects, because they focused on the basic science and anti-doping analysis is a field of the forensic application that needs much more matured and precise methodology. One of research projects supported by National Natural Science Foundation and the Ministry of Science and Technology of China has produced monoclonal antibody against 20 KD GH using their own antigen. This antibody showed a very good properties in the chip surface. With this antibody the immunoassay test kit is been preparing within an ongoing research project recently. This report suggests that well developed techniques be more focused in research projects to solve the problems in anti-doping, and figures out that detection of doping with peptide will be one of the important areas for anti-doping analysis, and gene doping will become a serious challenge for anti-doping analysis in the future.

Written by Wu Moutian

Applied Research on Hot Issues of Herbal Medicine Used in Sports Science

The controversial and difficult point of the sports medicine to the Traditional Chinese Medicine (TCM) is how to eliminate sports fatigue to improve sports ability and prevent sports injury in the application research. It is proved by a large number of literatures that the TCM plays a very important role on the elimination of sports fatigue and the treatment of sports injury. It is suggested that the distinguishing feature and dominant position of the TCM should be brought into full play to establish the science and technology service system of the sports medicine with the Chinese characteristics.

Written by Zhang Shiming, Ma Jian

Research, Practice and Prospect of Sports Nutrition

The sports nutrition, a complex applied science related to studies and evaluation of the metabolic and physically functional status of sportsmen by some methods used in nutrition, sports training and biochemistry training, and introducing dietary supplements/nutritional ergogenics/recovery measures for professional and amateurish sportsmen, has developed over 50 years. In the present report we will focus on domestic progresses of basic researches on sports nutrition as well as practical application of the Evaluation and Support System of Nutrition and Biochemistry for Athletes (ESSNBA) with a brief comparison to international progresses in the past two years. The basic part includes ①nutrients metabolism and athletic performance in which we review carbohydrate, protein/peptide and amino acid metabolism, polysaccharides effect on post-exercise lipid peroxidation and skeletal muscle damage and recovery, daily recommendation of nutrients and food intake, etc. ②mechanisms of exercising skeletal muscle fatigue, immune inhibition and nutritional recovery ways like ergogenic aids and dietary supplements, monitoring of athletes nutritional status and dietary administration, ③functional evaluating methods of dietary supplements, establishment of athletes' food safety system, study on especially key issues and professional nutritional advices to athletes in preparing 2008 Beijing Olympics, etc. In practical progress of sports nutrition, we give a detailed introduction to ESSNBA, which is involved in monitoring of sportsmen's nutritional and biochemical parameters in physical performance (aerobic and anaerobic capacity.), haematology profiles (hemoglobin, HCT, ferritin, et al.), skeletal muscle damage and protein metabolism (CK, LDH, BU), endocrinology (testosterone) and immunology (CD4/CD8 and IgM, IgG, Ig A) changes, free radicals production and antioxidative capacity (MDA and GPx, SOD), at the same time, in application of nutritional ergogenics and dietary supplements and intervention. Lastly, we describe the prospect on sports nutrition research in the future.

Written by Yi Muqing, Yang Zeyi

The Status Quo and Prospect of Exercise Immunology

Researches have shown that long-term exercises can improve human immunity, protect from infectious diseases. However, athletes are likely to decrease immunity as well as to increase the sense of tiredness and the infection rate of breath diseases during the course of intensive training, losing weight training and hypoxic training. So do the athletes attending long and intensive competitions. It is still unknown to us about the exact reasons for the changes, which restrict and hinder the further development of exercise immunology. Present researches on training immunology are mainly about studies of hypoxic training, the index and methods of immunity examination, and the prevention and cure of exercise-induced immunosuppression. We think that further studies should be concerned with the following aspects of exercise immunology: evaluation methods on exercise immune functions, supervision systems and balanced systems of exercise immunization, great importance of the immune factors in the process of exercise-induced fatigue, and means of prevention and cure for exercise-induced immunosuppression as well. With the development of further understanding and exploitation on exercise immunology, we will get much more knowledge about that, setting better evaluation indexes to supervise immune conditions and means to prevent from exercise-induced immunosuppression. We believe that more and more researches are to be done to guide physical exercises and training.

Written by Chen Peijie, Wang Tian, Wang Ru

Latest Development in Hypoxia Training (HT)

There are data from some studies that have explored the effects of "Living high-training low, HiLo" on the aerobic capacity and performance, and demonstrated that HiLo can not only ameliorate the oxygen transport system of the athletes due to the hypoxia-induced increase in hemoglobin, but also avoid the decrease in the training intensity and volume occurred during the high altitude training. HiLo is, therefore, a better approach for increasing in aerobic capacity than that of traditional altitude training. In China, there were many studies concerning HiLo during the recent 3 years. The studies are described in the following sections: ①the mechanisms of HiLo improving performance; ②pre-estimation for individual adaptive ability to hypoxia; ③effects of HiLo on immune function. Compared with the abroad studies, the research is insufficient on the practicing in China. It is now accepted that the two parts as follows will be important: ① maintaining the normal immune function for athletes during Hilo; ②pre-estimation for individual adaptive ability to hypoxia for increasing the effects of hypoxic training.

Written by Hu Yang

Development of Sports Traumatology

The development of sports traumatology has close connection with the development of other subjects. In the last 20 years, development of many subjects, such as mini-invasive surgery, radiology and transplantation biology, has contributed to the great improvement of sports traumatology. Among them, arthroscopic mini-invasive technique is the key point. By applying the technique, the diagnosis and treatment of sports injury has taken a fantastic leap.

Rupture of cruciate ligaments, tear of meniscus and cartilage damage are the most common and serious sports injuries of the knee joint. Arthroscopic surgery has become the first choice to treat these injuries. Arthroscopic reconstruction of cruciate ligament has been widely used in China, and the results are satisfactory. The grafts used in the operation include hamstring tendon, bone-patella tendon-bone, quadriceps, allograft and artificial ligament. Fixation methods include Endo-Button, intrafix, inference screw, transfix, bioabsorbable screw, staples and bone bridge. Single bundle reconstruction is the common method now, anatomic double bundle technique has began to be used in several hospitals, such as Peking University Third Hospital, and it could increase the anti-rotation ability of the graft.

Arthroscopic meniscal excision is the main procedure for meniscus injury. Total meniscectomy is the commonly used one. Since more and more surgeons realize the importance of meniscus, partial meniscectomy and repair become more and more popular.

Because of the poor ability to self-repair, Cartilage damage is the most frustrating sports injury. Now, it can also be treated by arthroscopy, such as debridement, boring, microfracture. Mosaic technique and autologous chondrocyte transplantation should be used in serious cartilage damage.

Arthroscopic mini-invasive technique is not only applied in knee joint, but also in shoulder, elbow, wrist, hip and ankle joint. This makes much difficult surgery become easier and the results are more reliable.

Mini-invasive surgery is the future of the treatment of sports injury. Arthroscopic technique will integrate with tissue engineering and modern rehabilitation method closely, as to achieve better result.

In China, arthroscopic technique has developed in some modern cities, and should be recommended to the whole country. Training centers should be built, and teaching program should be specified. Besides these, we should make more effort to the development of arthroscopic instrument.

Written by Ao Yingfang

Human Athletic Performance-related Mitochondrial DNA Marker

It is well known that trainability of exercise training widely differs from one person to another. This individual difference is evidently determined not only by environmental factors, but also by genetic factors. In other words, some human genotype carriers are more sensitive to aerobic or anaerobic training than others. It is hypothesized that there are genes affecting endurance capacity and their responses to regular exercise. Searching the factors that cause such individual difference is considered meaningful for how to forecast and evaluate the exercise capacity. Because mtDNA codes a mitochondrial respiratory chain and subunits in enzyme complexes of the oxidative phosphorylation system for ATP generation, it is very likely that the polymorphisms in mtDNA relate to human aerobic endurance capacity. Dionne et al. previously reported that the polymorphism in mtDNA related to the individual differences in endurance capacity and trainability by used of RFLPs. Murakami, et al. reported that the Japanese polymorphism of mtDNA regulatory region might relate to individual differences in endurance capacity and trainability. Recently, Chang Yun et al. determined the SNPs of mtDNA and the VO_2max of Chinese elite endurance athletes and analyzed the relationship between VO_2max and SNPs in the Chinese endurance athletes and their controls, and also compared with Revised Cambridge Reference Sequence. The results suggested that several SNPs of mtDNA may relate to aerobic endurance capacity. SNPs at nucleotide positions of 16298, 16129, 16362, 16085 and 16297, as gene markers, determine individual difference of human aerobic endurance and their trainability. As a rare unique heteroplasmic SNP site in Chinese endurance athletes, the SNP at nucleotide position 16085 is a great important gene marker. Those mtDNA markers are significant for forecasting and assessing the athletic capability, and also provide some experimental evidence for further research on molecular genetic mechanism in individual differences of human aerobic capability.

Written by Chang Yun

Physical Training and Endocrine

According to the investigations, when the function of human endocrine system is normal, the response of serum hormone to exercise can increase, decrease or be uncertain. The main response of hormones to exercise will increase, such as growth hormone (GH), endorphin, antidiuretic hormone, cortisol, aldosterone, catecholamine, thyroxin, parathyrin(PTH), estrogen, testosterone, atrial natriuretic factor(ANF), etc. Anyway, the blood level of insulin always decreases following exercise, but the levels of LH and FSH have no certainly change. The overtraining frequently induces the decline of the endocrine function. The changes of the blood hormone following the exercise are different, we can get the following three types: ①rapid response. As soon as the exercise begins, the level of blood hormone will have an obviously increase, and attain the peak in a very short time; ②slow response. After the exercise begins, the level of blood hormone will change too, but the change is slowly and persists to the end of the exercise; ③delayed response. The change of blood hormone lags behind the exercise several ten minutes.

Along with the advance of sports in competition and for all, the following ten domains of "sport and endocrinosity" should be paid more attention to:

(1)The effect of exercise on the hypothalamus-pituitary-testicle axis

(2)The mechanism of mobility menoxenia

(3)The effect of exercise on the hypothalamus-pituitary-adrenal cortex axis

(4)Relationships between exercises and centre neurotransmitters

(5)The effect of exercise on the hormonal rhythms

(6)The exercise and the endocrine factors in non-endocrine organs

(7)The adjustment action of the traditional Chinese medicine on mobility endocrine malfunction

(8)The impact of exercise on some disease and endocrine changes

(9)The method study of sports endocrinology

(10)The diagnostic criteria for the endocrine disorder in athletes

Written by Xie Minhao